붓다의 경영

마음챙김으로 이끄는
지혜로운 리더십

오인택
김준근
안혜진
서국선

알토란북스

저자 소개

오인택

기술과 불교 철학을 융합하여 현대 경영의 새로운 패러다임을 제시하는
디지털 혁신가이자 영성 탐구자

현재 KTDS 본부장으로 재직 중인 IT공학박사이자, 30여 년간 정보통신기술(ICT) 분야에서 혁신을 선도해온 디지털 전환 전문가이다. 대규모 IT 시스템 구축과 운영, 디지털 플랫폼 개발을 통해 축적한 현장 경험을 바탕으로 기술이 사회 문제 해결에 기여하는 방안을 모색하고 있으며, 특히 마음과 경영의 시대적 과제에 대한 기술적 해법 연구에 집중하고 있다. 중앙대학교 일반대학원 문화예술경영학과 겸임교수로서 학문적 깊이를 더하고 있으며, 시조시인으로 활동하며 인문학적 소양을 갖추고 있다. 오랜 세월 불교 수행을 통해 명상과 호흡법을 익히고 불교 경전을 깊이 연구하며, 삶의 본질과 고통의 해결에 대한 지혜를 탐구해왔다. 다수의 CEO들을 대상으로 한 컨설팅 경험을 통해 현대 경영의 복잡한 문제들을 목격하면서, 부처님의 핵심 가르침인 고집멸도(苦集滅道)의 사성제가 경영 현장의 근본적 해법이 될 수 있음을 깨닫게 되었다. 이 책은 2,600년 전 붓다의 지혜와 현대 경영학이 만나는 지점에서 탄생한 독창적 통찰의 결실이다. 기술과 인문학, 그리고 영성이 조화롭게 어우러진 그의 관점은 급변하는 디지털 시대에 진정한 리더십이 무엇인지에 대한 새로운 패러다임을 제시한다.

김준근

인문학과 함께 가는
AI·디지털전환 전문가

서울대학교 서어서문학과를 졸업하고, KAIST경영대학원에서 정보경영 석사 학위를 취득하였다. 삼성전자, PwC, EY 등에서 글로벌 ERP 및 경영혁신 프로젝트를 수행하며 컨설팅 실무 경험을 쌓았고, 이후 KT전무, 이니텍 대표이사를 역임하며, AI, Big Data, IoT, 블록체인 등 기술 기반의 디지털 전환 전략과 신 사업을 이끌었다. HD현대중공업, 금융 지주사 등과의 AI/DX 분야 C레벨 제휴를 통해 실질적인 DX프로젝트를 주도하였다. IT, 디지털산업 분야에 몸 담고 있으면서도, 철학, 문학, 역사, 자연과학, 예술 등 인문학에 대한 넓은 관심과 애정으로 인간의 삶과 사회에 대한 성찰을 놓치지 않았다. 이는 경영자로서의 갖춰야 될 소양에 대한 철학적인 고민을 함께 해 온 자양분이 되었다. 붓다의 통찰과 수행법에서 조직 경영의 원리를 재발견하고, 그것을 AI와 디지털 전환 시대의 기업 리더십과 전략에 어떻게 접목할 수 있는지를 현실적 사례와 함께 풀어낸 이 책은 그의 인문학적 뿌리와 기술경영 실무 리더십이 만난 독창적 성과라 할 수 있다.
현재 그는 스타트업 코치이자 디지털전환전문가로 활동 중이며, 복잡성과 불확실성이 높아진 경영 환경에서 고전 철학의 실용적 지혜를 원용하는 길을 탐구하고 있다.

안혜진

건국대학교 창업지원본부 조교수

경희대학교에서 문학사를, 중앙대학교 문화예술경영학과에서 콘텐츠경영 전공으로 석·박사 학위를 취득하였다. 대학 재학 시절 중소기업진흥공단 기술창업 지원사업, 서울캠퍼스타운 지역활성화 창업사원 등 다수의 창업지원 프로그램에 선정되며 일찍이 경영에 대한 관심을 드러냈다. 이후 KDB 창업교육 프로그램과 한국콘텐츠진흥원의 아이디어 사업화 지원사업에서 사업책임자를 역임하는 등 창업교육과 콘텐츠 기반 사업화에 대한 풍부한 실무 경험을 쌓았다. 문화예술과 기술, 로컬 기반의 창업 생태계를 연구하는 융합 콘텐츠 연구를 지속해왔으며 문화콘텐츠와 창업교육을 넘나드는 학제적 시각에서 다수의 연구 성과를 발표해왔다. 특히 이번 저서에서는 불교철학과 인간행동에 대한 사유를 기반으로 경영학과 인문학의 접점을 탐구하고 이를 조직리더십 교육에 접목하고자 한다.

저자는 인문학적 뿌리와 실무 중심 창업교육 경험을 교차하며, 오늘날의 리더십과 기업가정신을 다시 사유하고자 한다. 현재는 융합콘텐츠 연구자이자 콘텐츠창업 분야의 교육자로서 기술과 사람, 시스템과 감각 사이의 균형을 질문하며 살아가고 있다.

서국선

형상을 깨뜨리는 수행자

중앙대학교 문예창작학과에서 글쓰기를 시작해, 문화예술경영학과에서 박사 공부를 하고 있다. 현실 위의 예술을 위한 방법론을 찾기 위해 예술의 자기충족적 세계를 뛰어넘는 서사와 구조를 탐색한다. 콘텐츠를 경영적 관점에서 분석하며 불교 경전의 연기(緣起)와 무아(無我)를 바탕으로 고정된 의미나 정체성에 머무르지 않는 연구를 추구한다.

그는 질문을 거듭하며, 현실의 예술과 콘텐츠를 어떻게 사회의 흐름에 연결할 것인가를 고민한다. 팔정도의 시선으로 기획하고, 무아의 자세로 일하며, 연기의 논리로 전략을 설계하는 연구자이자 실무자로서 수행하고 있다.

니까야 경영을 공부하며 AI에게 '파상(破相)', 형상을 깨뜨려 본질을 비추라는 법명을 받아 이를 사바세계에서 실천하기 위해 노력하고 있다.

서문

우리는 지금 거대한 변화의 소용돌이 속에서 표류하는 배와 같은 시대를 살고 있습니다. 기술은 눈부시게 발전하며 우리의 삶과 일하는 방식을 혁신하지만, 그 속도는 때때로 우리를 불안과 혼란 속으로 몰아넣습니다. 예측 불가능한 시장 환경, 끊임없이 등장하는 새로운 경쟁자, 그리고 더욱 복잡해지는 글로벌 공급망은 기업에게 끊임없는 혁신과 적응을 요구합니다.

이렇듯 물질적 풍요의 시대에 살고 있지만, 아이러니하게도 많은 현대인이 내면의 공허함과 외로움을 호소하고 있습니다. 경쟁이 가득한 사회 구조 속에서 개인은 소진되고 조직은 효율성이라는 이름 아래 인간적인 가치를 잃어가는 듯합니다.

이러한 복잡하고 불확실한 시대 속, 우리는 과연 어디에서 길을 찾아야 할까요? 서구 경영학이 오랫동안 제시해 온 과학적 분석과 효율성 중심의 접근 방식은 경제적으로 분명한 성과를 거두었지만, 동시에 많은 부작용도 드러내고 있습니다. 단기적 성과에 매몰된 의사결정, 경쟁 우위 확보를 위한 과도한 실적 압박, 그리고 구성원 간의 인간적인 유대감 약화는 지속 가능한 성장을 가로막는 요인으로 작용하기도 합니다.

그렇기에 바로 이 지점에서 2,600여 년 전 인도에서 시작된 초기 불교의 가르침을 담고 있는 『니까야(Nikāya)』가 우리에게 깊은 영감을 제공합니다.

『니까야』는 부처님의 실제 말씀을 가장 가깝게 전하는 경전으로 알려져 있으며, 인간 존재의 본질, 고통의 원인과 소멸, 그리고 궁극적인 행복에 이르는 길을 제시합니다. 언뜻 보기에 『니까야』의 가르침은 개인의 수행과 정신적인 성장에 초점을 맞춘 것처럼 보일 수 있습니다. 하지만 그 깊은 통찰 속에는 놀랍게도 현대 경영의 핵심 가치와 맞닿아 있는 지혜들이 풍부하게 담겨 있습니다.

이 책은 『니까야』의 지혜를 어떻게 현대 경영에 적용할 수 있을지에 대한 탐구의 결과물입니다. '니까야 경영'은 단순히 불교적인 가르침을 기업 경영에 접목하는 것을 의미하지 않습니다. 그것은 인간 본성에 대한 깊은 이해를 바탕으로, 개인과 조직, 그리고 사회 전체의 조화로운 성장을 추구하는 새로운 경영 철학이자 실천적인 방법론입니다.

이 여정을 통해 독자들은 더욱 성숙하고, 윤리적이며, 지속 가능한 미래를 위한길을 발견하게 될 것입니다. 격랑의 시대를 헤쳐나가며 진정한 성공과 행복을 추구하고자 하는 모든 이들에게, 『니까야』의 지혜가 어둠을 밝히는 등불과 같은 역할을 해줄 것이라 기대합니다.

오인택, 김준근, 안혜진, 서국선

목차

격변의 시대,
새로운 나침반이 필요한 순간

얼마 전, 한 기업의 CEO(최고경영자)가 깊은 혼란과 불안이 담긴 눈빛으로 내게 물었다.

"도대체 무엇을 믿고 경영해야 할지 모르겠습니다. 하루가 다르게 변하는 세상에서 10년 계획을 세운다는 것 자체가 우스꽝스럽게 느껴집니다."

이 질문은 비단 그만의 고민이 아니다. 오늘날 수많은 경영자가 비슷한 어려움에 직면해 있다. 우리는 인류 역사상 가장 급격한 변화의 소용돌이 한복판에 서 있다. 인공지능(AI)은 인간의 고유 영역이라 여겨졌던 창작과 판단의 영역까지 침범했으며, 기후변화는 더 이상 먼 미래의 과제가 아닌 현재의 생존 문제가 되었다. 코로나-19라는 작은 바이러스 하나가 전 세계 경제를 마비시킬 수 있다는 사실을 우리는 뼈저리게 경험했다.

이러한 시대에 과거의 성공 공식을 그대로 적용하는 것은 나침반 없이 항해하는 것과 같다. 아니, 오히려 고장 난 나침반을 붙들고 있는 것이 더 위험할 수 있다. 그렇다면 우리에게 필요한 새로운 나침반은 무엇일까?

전통 경영학의 깊은 균열

돌이켜보면, 지난 한 세기 동안 서구 경영학이 이룩한 성과는 실로 눈부셨다. 헨리 포드의 대량생산 시스템은 자동차를 부자들만의 전유물에서 대중의 필수품으로 바꾸어 놓았고, 피터 드러커의 경영 이론은 수많은 기업이 체계적으로 성장할 수 있는 토대를 마련해 주었다. 잭 웰치가 경영한 제너럴일렉트릭스(General Electric, 이후 GE)는 한때 전세계 경영자들의 벤치마킹 대상이었고, 마이클 포터의 『경쟁 전략론』은 수많은 경영학석사(MBA) 학생들의 교과서가 되었다.

하지만 그 화려한 성과 이면에는 치명적인 맹점이 도사리고 있었다. 지난 20여 년간 많은 기업인을 만나면서 이를 생생하게 목격해왔다. 어느 제조업체에서는 원가 절감을 위해 직원들의 복지를 대폭 삭감했다가 우수 인력의 대량 이탈을 경험했다. 또 다른 IT 기업에서는 분기별 실적에만 매몰되어 연구개발(R&D) 투자를 축소했다가 결국 혁신 경쟁에서 뒤처지게 되었다.

가장 충격적이었던 사례는 한 글로벌 기업의 국내 지사에서 일어난 일이다. 본사로부터 내려온 강력한 성과의 압박에 시달리던 직원들이 연쇄적으로 번아웃(Burn out, 소진)을 경험했고, 그 과정에서 두 명의 젊은 직원이 극단적인 선택을 했다.

그때 나는 깨달았다. 우리가 그토록 추구해온 효율성과 생산성이 정작 그것을 만들어내는 인간을 소모품으로 취급하고 있었다는 사실을 말이다.

전통적인 서구 경영학은 기업을 하나의 거대한 기계로 바라보는 '기계론적 사고'에 기반한 것이다. 투입(Input)과 산출(Output), 원인과 결과의 선형적 관계를 중시하며, 모든 것을 계량화하고 통제 가능한 변수로 만들려고 한다. 이러한 접근 방식은 안정적이고 예측 가능한 환경에서는 놀라운 효과를 발휘했다. 하지만 복잡하고 역동적인 현대의 비즈니스 환경에서는 오히려 족쇄가 되고 있다.

주주자본주의의 그림자

1970년대 밀턴 프리드만이 주창한 '기업의 유일한 사회적 책임은 주주의 가치 극대화'라는 명제는 지난 50년 간 글로벌 경영계의 절대 진리로 받아들여져 왔다. 이른바 주주자본주의(Shareholder Capitalism)의 시대였다.[1] 이 패러다임 하에서 기업들은 오직 주가 상승과 배당금 증대만을 목표로 삼았다. 그러나 그 결과가 어떠했는가?

주주자본주의의 끝은 처참했다. 기업은 단기적 실적에 매몰되어 장기적 비전을 잃었고, 무한경쟁을 부추기며 동반성장의 가치를 망각했다. 직원들은 인간이 아닌 '인적자원'으로 취급받았고, 고객은 '수익원'으로, 지역사회는 '비용 부담 주체'로 전락했다.

월스트리트의 한 투자은행에서 일했던 한 남자의 이야기가 떠오른다. 그는 매일 새벽 5시에 출근해서 자정에 퇴근하는 살인적인 스케줄을 견디며 누구나 부러워할 만한 엄청난 연봉을 받았다. 하지만 그의 표정에서는 성취감이나 만족감을 찾아볼 수 없었다.

"돈은 많이 벌지만 왜 사는지 모르겠어."

그의 중얼거림이 아직도 기억에 남는다. 그는 결국 모든 것을 포기하고 시골로 내려갔고, 이제는 작은 카페를 운영하고 있다고 했다. 그는 이제 삶의 이유를 찾았을까?

붓다의 혜안으로 본 현대 경영의 본질

이런 현실을 바라보면서 나는 문득 2,600년 전 붓다의 가르침을 떠올렸다. 붓다는 인간 고통의 근본 원인을 삼독(三毒), 즉 탐욕(貪), 분노(瞋), 어리석음(癡)으로 설명했다. 놀랍게도 이는 현대 기업들이 직면한 문제의 구조와 정확히 일치한다.

현대 기업의 끝없는 성장 욕구는 탐욕의 전형적인 모습이다. 더 많은 매출, 더 큰 시장점유율, 더 높은 이익률을 추구하는 것, 그 자체는 잘못이 아니다. 문제는 그 욕구가 절제되지 않을 때 발생한다.

몇 년 전 한 대형 유통업체의 사례를 보겠다. 이 회사는 급격한 확장을 위해 무리한 차입을 했고, 이자 부담을 줄이기 위해 직원들의 임금을 동결했다. 동시에 더 많은 매출을 위해 협력업체들에게 가격 인하를 강요했다. 결국 직원들의 사기는 땅에 떨어졌고, 협력업체들은 품질을 포기할 수밖에 없었다. 고객들은 서비스의 질 저하를 느끼기 시작했고, 결국 이 회사는 예상했던 성장은 커녕 심각한 경영 위기에 빠졌다.

치열한 경쟁 환경에서 기업들은 종종 경쟁사를 적으로 여기며 제로섬 게임에 몰입한다. 그 결과, 상대방을 이기기 위해서라면 수단과 방법을 가리지 않는 분노의 에너지가 조직 전체를 지배하게 되는 것이다.

국내 한 IT 대기업의 이야기이다. 이 회사는 부서 간 경쟁을 유도하기 위해 상대평가 시스템을 도입했다. 하위 10%는 무조건 퇴출시키고 상위 10%에게는 파격적인 보상을 제공했다.

처음에는 성과가 향상되는 듯했지만, 시간이 지나면서 부작용이 나타나기 시작했다. 동료를 경쟁자로 여기며 정보 공유를 거부하고, 다른 부서의 실패를 은밀히 바라는 분위기가 조성되었기 때문이다. 결국 조직 전체의 협력과 시너지는 사라지고 말았다. 상대평가 시스템으로 개인의 성과는 향상되었을지 몰라도 조직 전체의 경쟁력은 오히려 약화된 것이다.

붓다는 모든 고통의 뿌리가 무명(無明), 즉 진리를 제대로 보지 못하는 어리석음에 있다고 했다. 현대 경영학의 한계도 여기에 있다. 기업을 독립적이고 자족적인 존재로 바라보는 착각, 단기적 성과만을 추구하는 근시안적 사고, 경쟁을 적대시하는 이분법적 사고가 바로 그것이다.

즉 가장 큰 문제는 '어리석음'이다. 세상의 모든 것이 끊임없이 변하고 있다는 무상(無常)의 진리를 받아들이지 못하고, 과거의 성공 경험에 안주하며 현실을 왜곡해서 바라보는 것이다.

대표적인 예시로, 한때는 누구도 코닥(Kodak)의 몰락을 감히 예견하지 못했다. 코닥은 1888년부터 100년이 넘는 시간 동안 사진 필름 시장을 지배한 회사였기 때문이다. 심지어 디지털카메라 기술을 최초로 개발한 것도 코닥이었다.

하지만 코닥의 경영진은 기존의 필름 사업이 위협받을 것을 우려해 디지털 기술을 의도적으로 억압했다. 변화를 거부하고 과거의 영광에만 집착한 결과, 결국 코닥은 2012년에 파산신청을 하고 만다. 만약 그들이 변화의 불가피성을 받아들이고 적극적으로 디지털 전환을 추진했다면 어떻게 되었을까?

모든 기업은 고객, 직원, 협력업체, 지역사회, 환경과 복잡한 관계망 속에 존재한다. 이들 중 어느 하나라도 균형이 깨지면 기업의 지속 가능성이 위협받는다. 아무리 뛰어난 기술과 자본을 가진 기업이라도 사회로부터 신뢰를 잃으면 결국 도태될 수밖에 없다.

다행히 세계 곳곳에서 위기를 깨닫는 순간들이 나타나고 있다. 마이크로소프트의 CEO 사티아 나델라는 "우리의 미션은 지구상의 모든 사람과 조직이 더 많은 것을 성취할 수 있도록 돕는 것"이라고 말했다.

이제 이 미션은 단순한 기업 슬로건이 아니라 실질적인 경영 철학으로 자리 잡았다. 그리고 마이크로소프트는 경쟁사였던 애플이나 구글과도 협력하며, 선도적으로 개방형 생태계를 구축해 나가고 있다. 이들이 스스로 만들어낸 철학은 어떤 모습일까?

이해관계자 자본주의의 철학적 토대를 찾아서

이처럼 주주 가치 극대화에서 이해관계자 가치 극대화로의 패러다임 전환이 가속화되고 있다. 하지만 여전히 한 가지 의문이 남는다.

이 새로운 경영 철학의 확고한 토대는 무엇일까? 단순히 도덕적 당위나 사회적 압력 때문일까? 아니면 더 근본적이고 체계적인 철학적 기반이 있는 것일까? 바로 여기서 니까야 경영이 답을 제시한다.

붓다의 가르침은 단순히 개인의 정신적 해탈을 추구하는 종교 교리가 아니다. 그것은 인간과 세상의 본질을 꿰뚫어 보는 깊은 통찰인 동시에 모든 존재가 상호 연결되어 있음을 인식하고, 지혜로운 의사결정을 통해 진정한 번영을 이루는 길을 제시하는 실용적 철학이다.

상호의존성의 발견

『니까야』에서 붓다는 '연기(緣起)', 즉 상호의존성의 법칙을 아래와 같이 설명한다.

이것이 있으므로 저것이 있고,
이것이 생겨남으로 저것이 생겨난다.

이것이 없으므로 저것이 없고,
이것이 사라짐으로 저것이 사라진다.

이는 세상의 모든 현상이 독립적으로 존재하는 것이 아니라 서로 의존하며 영향을 주고받는다는 의미이다.

붓다의 '연기'를 기업 경영에 적용하면 어떨까? 기업의 성공은 결코 기업 혼자만의 노력으로 이루어지지 않는다. 우수한 직원들의 헌신, 고객들의 신뢰, 협력업체들의 지원, 지역사회의 협력, 그리고 건강한 생태환경이 모두 조화롭게 어우러질 때 비로소 가능하다.

현대 경영의 삼중고와 붓다의 해법

아침 6시, 서울 강남의 한 고층 빌딩에서 울리는 알람 소리. 매일같이 또 다른 하루가 시작된다. 39층에서 내려다보이는 도시의 풍경은 언제나 웅장하지만, 그 안에서 일하는 사람들의 표정은 왜 이렇게 지쳐 보일까?

그들은 모두 성공한 사람들이었지만, 깊은 눈 속에서는 어떤 공허함을 읽을 수 있었다.

"더 이상 예측이 불가능합니다."

작년 말 한 제조업체 CEO가 내게 했던 말이다. 그는 30년간 같은 업계에서 일해왔지만, 지금처럼 앞이 보이지 않는 적은 처음이라고 했다. 그의 말은 과장이 아니었다.

우리가 살고 있는 이 시대를 학자들은 VUCA 시대라고 부른다. 변동성(Volatility), 불확실성(Uncertainty), 복잡성(Complexity), 모호성(Ambiguity)의 첫 글자를 따서 만든 말이다.[2] 하지만 이런 학술적 용어로는 현장의 생생한 혼란을 다 담아낼 수 없다.

몇 년 전 한 글로벌 전자업체의 임원은 이런 이야기를 들려주었다. 이들은 신제품 출시를 앞두고 완벽한 마케팅 전략을 세웠다. 하지만 출시 직전 경쟁사가 전혀 예상치 못한 기술로 시장을 선점해 버렸다. 더 충격적인 것은 그 기술이 완전히 다른 업계에서 나왔다는 사실이다.

"우리는 같은 업계 경쟁사들만 주시하고 있었는데, 정작 위협은 전혀 다른 곳에서 온 거죠."

이런 상황에서 우리가 그동안 믿어왔던 경영 이론들은 어떤 답을 줄 수 있을까? 안타깝게도 대부분의 전통적 접근법은 급변하는 현실 앞에서 무력하게만 보인다.

얼마 전 한 대기업의 전략기획팀에서 5개년 계획을 수립했던 이야기를 전해 들었다. 그들은 정교한 분석 도구를 사용해 시장 전망을 예측하고, 경쟁사 분석을 통해 포지셔닝을 정했다.

하지만 계획을 수립한지 불과 6개월 만에 코로나-19가 터졌다. 모든 전제 조건이 바뀌어 버린 것이다. "이렇게 완벽하게 계획했는데…" 중얼거리던 팀장의 당황한 표정이 아직도 생생하다.

그러나 문제는 외부 환경만이 아니다. 전통적인 경영학은 인간을 너무 단순하게 바라봐왔다. 사람을 대체 가능한 자원으로 취급하며, 적절한 인센티브를 제공하면 원하는 성과를 낼 것으로 안일하게 생각한 것이다.

현실은 그렇지 않다. 최근 한 IT 대기업의 HR 분야 임원이 내게 털어놓은 고민은 무척 인상적이었다.

"우리는 최고의 복지와 연봉을 제공하는데, 왜 직원들이 계속 떠나갈까요?"

그는 진심으로 답답해했다.

하지만 답은 의외로 간단하다. 결국 그가 직원들과의 개별 면담을 통해 알게 된 것은, 직원들이 정말 원하는 것이 돈이 아니라 '의미'였다는 사실이다. 자신이 하는 일이 사회에 어떤 기여를 하는지, 개인적인 성장은 가능한지, 동료들과의 관계는 건강한지가 보너스나 휴가보다 더 중요했던 것이다.

그럼에도 과도한 경쟁 문화는 더욱 심각해지고 있다. 한 금융회사에서 상대평가를 도입한 후 어떤 변화가 일어났을까? 앞에서 언급한 IT 회사의 사례를 기억한다면 예상하기 쉬울 것이다. 처음에는 개인 성과가 향상되는 듯했다. 하지만 시간이 지나면서 부서 간 협력이 사라지기 시작했다. 정보 공유를 거부하고, 다른 팀의 실수를 은밀히 기다리며, 심지어 고객 앞에서까지 동료를 깎아내리는 일이 벌어졌다.

"우리가 경쟁해야 할 상대는 외부에 있는데, 왜 내부에서 서로 싸우고 있을까요?"

그 회사의 한 중간관리자가 한 말이다. 그는 조직 내 분위기가 삭막해지는 것을 보며 깊은 회의를 느끼고 있었다.

현대 경영의 삼중고를 해결하기 위해, 붓다의 해법이 절실한 순간이다.

붓다의 눈으로 본 현대 경영

일련의 현실을 바라보며 나는 문득 2,600년 전 붓다의 가르침을 떠올리게 되었다. 붓다는 인간 고통의 본질을 꿰뚫어 보았고, 그 해결책을 제시했다. 놀랍게도 그의 통찰은 현대 경영의 문제를 정확히 진단하고 있었다.

첫째, 무상의 지혜: 변화를 받아들이는 법

붓다는 세상의 모든 것이 끊임없이 변한다는 '무상(無常)'의 진리를 설파했다.

변화는 피할 수 없는 자연의 법칙이며, 이를 거부하려 할 때 고통이 생긴다는 것이다.
이를 기업 경영에 적용하면 어떻게 될까? 변화를 위협으로 보지 않고 기회로 인식하는 유연성이 필요하다. 아마존의 제프 베이조스가 "변화는 친구"라고 말한 것도 같은 맥락이다. 아마존은 온라인 서점에서 시작해 전자상거래, 클라우드 서비스, 인공지능까지 끊임없이 사업 영역을 확장해 왔다. 기존 사업에 안주하지 않고 변화의 물결을 타고 성장한 것이다.

둘째, 연기의 통찰: 모든 것은 연결되어 있다

붓다의 또 다른 핵심 가르침은 '연기(緣起)'이다. 모든 현상은 독립적으로 존재하지 않으며, 서로 의존하고 영향을 주고받는다는 의미이다. 이는 현대 경영에서 말하는 생태계 사고와 정확히 일치한다.
애플의 성공을 보라. 아이폰은 단순한 하드웨어가 아니다! 앱 개발자들, 음악 제작자들, 액세서리 제조업체들이 모두 참여하는 거대한 생태계의 중심이다. 애플은 혼자서만 잘하려 하지 않았다. 파트너들이 함께 성장할 수 있는 환경을 만들었고, 그 결과 모두가 윈윈(WIN-WIN)하는 구조가 되었다.
한국의 한 중소기업 CEO가 이런 말을 한 적이 있다.
"대기업들이 우리를 쥐어짜려고만 하는데, 정작 우리가 망하면 그들도 곤란해집니다. 왜 이런 간단한 이치를 모를까요?"
나는 그의 말에서 연기의 지혜를 느꼈다.

셋째, 내면의 평화: 조직문화의 변화

무엇보다 중요한 것은 구성원 개개인의 내면적 성장이다. 붓다는 외부 환경을 바꾸기 전에 먼저 자신의 마음을 들여다보라고 했다. 탐욕, 분노, 어리석음을 극복하고 자비와 지혜를 기르는 것이 진정한 해결책이라는 것이다.

최근 들어 '마음챙김(Mindfulness)' 경영이 주목받는 것도 이런 맥락이다. 구글, 애플, 나이키 등 글로벌 기업은 왜 직원들을 위한 명상 프로그램을 도입하고 있을까? 스트레스를 줄이고 집중력을 높이며, 무엇보다 자신과 동료에 대한 이해를 깊게 하는 것이 그 목적이다.

한 제약회사의 연구원이 명상 프로그램에 참여한 후 한 말이 인상적이었다.

"예전에는 실험이 실패하면 화가 나서 집중이 안 됐는데, 이제는 실패도 하나의 정보로 받아들이게 되었어요. 그러니까 오히려 더 창의적인 아이디어가 나오는 것 같아요."

새로운 길을 향하여

이제 우리는 기로에 서 있다. 과거의 성공 공식에 매달릴 것인가, 아니면 새로운 패러다임을 받아들일 것인가?

니까야 경영은 단순히 동양 철학을 서구 경영학에 접목시키는 것이 아니다. 그것은 인간 본성에 대한 깊은 이해를 바탕으로, 지속 가능하고 의미 있는 성장을 추구하는 경영학의 새로운 지평을 여는 것이다.

2,600년 전 붓다가 보리수 아래에서 깨달은 진리가 21세기 기업 경영에 어떤 통찰을 제공할 수 있을까?

그 답을 찾아가는 여정이 바로 이 책의 주제이다.

동양의 지혜, 『니까야』를 주목하다: 2,600년 전 지혜가 오늘날 경영에 주는 혁신적 통찰

한 실리콘밸리 테크 기업의 CEO는 매일 아침 30분씩 명상을 하며 하루를 시작한다고 했다. 그런 그에게 불교란 한 명의 경영학 멘토였다.

"불교 경전을 읽으면서 경영에 대한 새로운 관점을 얻게 되었습니다."

나는 처음에는 그의 말을 동서양의 만남, 낯선 종교에 대한 호기심 정도로 여겼지만, 시간이 지나면서 이것이 단순한 호기심이 아니라는 것을 깨달았다. 그렇다면 왜, 점점 많은 서구의 경영자들이 불교사상과 명상, 수행의 가치에 주목할까?

2,600년 전 보리수 아래에서 시작된 혁명

『니까야』는 붓다의 직접적인 가르침을 담은 초기 불교 경전이다. 팔리어로 기록된 이 경전들은 후대의 해석이나 첨가 없이 붓다의 육성에 가장 가까운 말씀들을 전하고 있다. 하지만 이것이 왜 21세기 경영자들에게 중요할까?

답은 의외로 간단하다. 『니까야』가 다루는 핵심 주제들이 무엇인지 생각해 보라.

인간의 욕망과 고통.

상호의존성.

지혜로운 의사결정.

지속 가능한 행복.

이 모든 것이 현대 기업이 직면한 근본적인 문제들과 정확히 일치하기 때문이다.

개인 수행을 넘어선 조직 경영의 지혜

처음 『니까야』를 접하는 사람들은 종종 이런 오해를 한다.

"불교 경전은 개인의 영적 수행을 위한 것이 아닌가요?"

하지만 조금 더 깊이 들여다보면 전혀 다른 풍경이 펼쳐진다.

얼마 전 한 제조업체의 노사갈등을 지켜보고 있었다. 수개월간 지속된 파업으로 양측 모두 지쳐 있었다. 전통적인 협상 기법들은 모두 실패했다.

그때 나는 문득 생각했다. 『니까야』의 '사성제(四聖諦)' 프레임워크를 적용해보면 어떨까?

먼저 고성제(苦聖諦).

현재의 고통을 있는 그대로 인정하자. 노동자들의 임금 동결로 인한 생활고, 경영진의 경쟁 압박으로 인한 스트레스를 서로 진솔하게 털어놓는 것이다.

다음으로 집성제(集聖諦).

이 고통의 근본 원인을 찾아보자. 단순히 임금 인상이나 비용 절감이 아니라, 서로에 대한 불신과 소통 부재가 진짜 문제이다.

그리고 멸성제(滅聖諦).

이 문제는 해결될 수 있다는 희망을 공유하자. 양측 모두 회사의 지속 가능한 성장을 원한다는 공통점을 발견할 수 있을 것이다.

마지막으로 도성제(道聖諦).

이제 구체적인 해결방안을 함께 찾아가는 일만 남았다. 단계적 임금인상과 함께 생산성 향상 프로그램을 마련하자. 그리고 무엇보다도 정기적인 소통 채널을 구축해 이 성공을 한 때의 이벤트로 끝내지 말자.

이렇게만 된다면 임금 문제를 해결할 수 있게 될 뿐만 아니라, 서로를 이해하고 존중하는 문화가 자리잡을 수 있을 것이다.

서구 과학과 만나는 동양 철학

흥미로운 것은 『니까야』의 가르침이 최신 경영학 연구 결과들과 놀랍도록 일치한다는 점이다.

『내면에서 더 잘 이끌어나가기(Leading Well from Within: A Neuroscience and Mindfulness-Based Framework for Conscious Leadership)』의 저자이자 의료 기반 컨설턴트인 다니엘 박사는 여러 연구를 바탕으로 명상을 하는 경영자들이 그렇지 않은 경영자에 비해 더욱 효율적인 의사결정을 내리고 스트레스 또한 효과적으로 관리한다고 하였다.[3)] 구글의 마음챙김 프로그램, 애플의 명상 앱 개발, 나이키의 직원 웰빙 프로그램 등이 모두 이런 맥락에서 나온 것들이다.

한편 MIT의 한 연구진은 '연민(Compassion)'이 조직 성과에 미치는 영향을 분석했다. 놀랍게도 연민적 리더십을 발휘하는 기업들이 직원 이직률이 낮고, 혁신 지수가 높으며, 고객 만족도도 뛰어났다. 이는 『니까야』에서 강조하는 자비(慈悲)의 가치와 정확히 일치하는 결과다.

연기법: 상호연결성의 경영학

『니까야』의 핵심 가르침 중 하나인 '연기(緣起)'는 현대 경영에 혁명적인 관점을 제공한다.

"이것이 있으므로 저것이 있고, 이것이 생겨남으로 저것이 생겨난다."

이 간단한 문장 속에 담긴 통찰은 실로 깊다.

아마존의 성공 비결을 보라. 제프 베이조스는 처음부터 고객, 직원, 주주, 사회가 모두 연결되어 있다고 보았다. 고객을 만족시키려면 직원이 행복해야 하고, 직원이 행복하려면 회사가 지속 가능해야 하며, 회사가 지속 가능하려면 사회에 가치를 제공해야 한다는 것이다. 이와 같은 '선순환 구조'가 바로 연기법의 실천이다.

한국의 한 중소기업 사례도 인상적이다. 이 회사는 협력업체와의 관계를 '갑을관계'가 아닌 '동반자 관계'로 설정했다. 단가를 깎는 대신 협력업체의 기술력 향상을 지원하고, 장기 계약을 통해 안정성을 보장했다. 결과는 어떠했을까?

협력업체들의 품질이 향상되었고, 납기도 정확해졌으며, 혁신적인 아이디어도 많이 등장했다. 결국 이 회사는 업계 최고 품질의 제품을 만들어내며 글로벌 시장에서 성공을 거두었다.

실용적 경영 도구로서의 『니까야』

『니까야』의 가르침은 추상적인 철학이 아니라 매우 실용적인 경영 도구이다. 예를 들어, 팔정도(八正道)는 완벽한 의사결정 프레임워크가 될 수 있다.

정견(正見)	올바른 관점으로 상황을 파악하라
정사유(正思惟)	편견 없이 깊이 사고하라
정어(正語)	진실하고 건설적으로 소통하라
정업(正業)	윤리적이고 의미 있는 행동을 하라
정명(正命)	지속 가능한 방식으로 사업하라
정정진(正精進)	꾸준히 노력하되 과도하지 않게 하라
정념(正念)	현재에 집중하며 상황을 명확히 인식하라
정정(正定)	마음의 평정을 유지하며 판단하라

실제로 한 글로벌 컨설팅 회사에서는 중요한 의사결정을 할 때 팔정도 체크리스트를 활용하고 있다. 복잡한 비즈니스 상황에서도 본질을 놓치지 않고 균형 잡힌 판단을 내릴 수 있다는 것이 그들의 평가다.

『니까야』를 바탕으로 한 경영론의 핵심은 '조화'와 '성과'가 대립하는 것이 아니라 상호 보완적이라는 점에 근간을 두고 있다. 직원들이 행복해야 생산성이 올라가고, 고객이 만족해야 매출이 증가하며, 사회에 기여해야 기업이 지속 가능하다는 것이다.

2,600년 전 붓다가 깨달은 지혜는 21세기 기업 경영에 어떤 변화를 가져올 수 있을까? 그 답은 이미 곳곳에서 나타나고 있다.

마음챙김 경영, 지속 가능 경영, 이해관계자 경영, 목적 중심 경영…… 이 모든 트렌드의 뿌리에는 『니까야』의 지혜가 자리하고 있다.

단순히 이윤을 추구하는 것이 아니라, 모든 존재의 행복과 번영을 추구하는 경영.

이것이 바로 니까야 경영이 제시하는 미래이다.

니까야 경영, 새로운 가능성을 열다: 사람이 먼저일 때 성과도 따라온다

몇 년 전 한 중견기업의 회장과 나눈 대화가 아직도 생생하다. 그는 붓다의 가르침과 니까야 경영에 대한 나의 이야기를 듣고 이렇게 물었다.

"우리가 직원들을 가족처럼 대하면, 정말 성과가 올라갈까요?"

그의 눈빛에는 진심 어린 의구심이 담겨 있었다.

30년간 치열한 경쟁 속에서 살아남아 온 그에게 '인간 중심 경영'은 이상향에 가까운 이야기로 들렸을 것이다.

하지만 18개월 후, 그 회사는 업계에서 가장 주목받는 기업이 되었다. 이직률은 절반으로 줄었고, 신제품 개발 속도는 2배 빨라졌으며, 고객 만족도는 최고 수준에 달했다. 무엇이 변한 것일까? 나는 그가 자신이 찾아낸 답을 들려주기를 기다리고 있다.

피상적 접목을 넘어선 본질적 변화

니까야 경영은 단순히 불교적 가르침을 기업에 끼워 맞추는 것이 아니다. 인간 본성에 대한 근본적 이해에서 출발하는 경영 철학의 혁명이다.

얼마 전 한 IT 스타트업의 창업자를 만났다. 그는 회사가 급성장하면서 발생한 문제들로 고민이 많았다.
"처음에는 모두가 가족 같았는데, 규모가 커지면서 서로 경쟁하고 견제하기 시작했어요. 어떻게 해야 할까요?"
나는 그에게 『니까야』의 '상호의존성' 개념을 설명해주었다.
개인의 성공과 조직의 성공, 그리고 사회의 번영이 분리될 수 없다는 것을.
한 사람의 실패가 전체의 실패로 이어질 수 있고, 반대로 한 사람의 성장이 모두의 성장으로 확산될 수 있다는 것을 말이다.
6개월 후 그 회사를 다시 방문했을 때, 분위기는 완전히 달라져 있었다.
대표는 개별 성과 평가 대신 팀 단위 평가를 도입했고, 성공 사례를 공유하는 문화가 자리 잡혔다. 경쟁이 아닌 협업을 통해 더 큰 성과를 만들어내기 시작한 것이다.

의식 있는 자본주의와의 만남

최근 세계적으로 주목받고 있는 '의식 있는 자본주의(Conscious Capitalism)'는 니까야 경영과 놀랍도록 많은 공통점을 가지고 있다. 의식 있는 자본주의의 몇 가지 핵심 원칙을 『니까야』와 함께 살펴보자.

첫째, 더 높은 목적의 추구

홀푸드 마켓의 창립자 존 맥키는 말했다.
"우리는 음식을 파는 것이 아니라 사람들의 건강과 행복을 팝니다."
이는 『니까야』에서 말하는 '바른 생계(正命)'의 현대적 실천이다. 단순히 돈을 버는 것이 아니라, 사회에 의미 있는 가치를 제공하는 것이 진정한 사업의 목적이라는 것이다.

국내의 한 제약회사도 비슷한 길을 걸었다. "우리의 존재 이유는 환자들의 고통을 덜어주는 것"이라는 미션을 명확히 하고, 단기 수익보다는 장기적인 연구개발에 투자한 것이다. 처음에는 주주들의 반발도 있었지만, 결국 혁신적인 신약을 개발해 글로벌 시장에서 큰 성공을 거두었다.

둘째, 이해관계자 지향의 경영

아마존의 제프 베이조스는 "고객에 집착하라"고 했지만, 이는 고객 외의 사람들을 배제하라는 의미는 아니다. 실제로 아마존은 직원들에게는 성장 기회를, 협력업체에게는 공정한 거래를, 사회에게는 일자리와 혁신을 제공하는 식으로 모든 이해관계자를 고려한 경영을 실천했다. 이것이 바로 경영에서 말하는 연기법의 실천이다.

셋째, 의식 있는 리더십의 힘

마크 베니오프 세일즈포스 CEO는 회사 내 성별 임금 격차를 해소하기 위해 300만 달러를 투자했다. "옳은 일이라서 했다"라는 그의 말에는 진정한 리더십의 본질이 담겨 있다. 이는 『니까야』에서 강조하는 내면 성찰 기반 리더십의 전형적인 사례이다.

한국의 한 건설회사 회장도 유사한 결정을 내렸다. 모 공사 현장에서 안전사고가 발생했을 때, 그는 비용을 이유로 문제를 축소하거나 넘기지 않고 모든 현장의 안전시설을 전면적으로 개선했다. 물론 단기적으로는 비용 부담이 컸지만, 결국 장기적으로는 사고율이 크게 줄고 직원들의 신뢰가 높아져 생산성도 향상되었다. 그는 바람직한 리더십을 펼친 것이다.

경제적 실용성의 증명

"인간 중심 경영이 이상적이긴 하지만, 현실적으로 수익성은 어떨까요?"

이 질문을 받을 때마다 고민에 잠기곤 했다.

하지만 결국, 데이터는 언제나 분명한 해답을 제시한다. 캘리포니아 의 한 전략·혁신 컨설팅 기업의 보고서에 따르면, 목적 중심 기업은 2000~2019년간 S&P 500보다 5배 높은 연평균 수익률을 달성했다.[4)]

또한 목적 중심 기업은 일반 기업에 비해 직원 이직률이 약 40% 낮고, 더욱 높은 고객 만족도와 충성도를 이끌어낸다는 분석도 존재한다.[5) 6)]

국내 사례도 마찬가지이다. 한 중견 제조업체는 직원 복지에 과감히 투자했다. 사내 어린이집, 헬스장, 휴게 공간을 대폭 확충하고, 유연근무제를 도입했다. 초기에는 비용 부담이 컸지만, 1년 후 놀라운 변화가 나타났다. 직원들의 결근율이 절반으로 줄었고, 제품 불량률도 크게 개선되었다. 무엇보다 직원들의 창의적인 아이디어가 쏟아져 나왔다. 불안과 고통을 덜어주는 인간 중심 경영이 시작되자, 직원들이 조직을 위해 적극적으로 기여하기 시작한 것이다.

이윤 추구의 함정에서 벗어나기

이윤만을 우선시하는 경영의 한계는 이미 곳곳에서 드러나고 있다. 한 대기업의 사례를 보자. 이 회사는 분기 실적을 맞추기 위해 연구개발비를 삭감하고 직원 교육을 축소했다. 단기적으로는 이익이 늘어났지만, 2년 후부터 경쟁력이 급격히 떨어지기 시작했다. 혁신적인 제품이 나오지 않았고, 우수한 핵심인재들이 회사를 떠났으며, 결국 시장에서 뒤처지게 되었다.

이윤 중심 경영은 단기 실적에는 유리할 수 있지만, 장기적인 지속 가능성에는 치명적인 약점이 있다. 불매 운동과 내부 갈등으로 인한 매출 손실은 초기에 절감한 비용보다 몇 배 이상 클 수 있다. 즉 이윤만을 좇는 경영은 결국 기업의 신뢰와 존속 자체를 위협하는 부메랑으로 되돌아온다.

더 큰 문제는 이윤만을 목표로 삼을 때 기업이 '왜 존재하는가'라는 본질적인 질문에 답하지 못하게 된다는 점이다. 정체성을 잃은 조직은 방향성과 동력을 상실하게 된다. 또한 구성원들 사이의 공동체 의식이 약화된다. 직원들이 자신을 단지 '돈을 버는 수단'으로 여기는 조직에 애정을 느낄 수 있을까? 소비자 역시 공감하지 못하는 브랜드에 충성할 이유가 없다.

반면 자신이 속한 조직이 세상에 긍정적인 영향을 미치고 있다는 확신을 갖게 될 때, 사람들은 열정과 책임감을 가지고 일한다. 이러한 집단적 에너지는 곧 기업의 진정한 경쟁력이 된다. 이것이 바로 '니까야 경영'이 미래 경영의 유력한 대안이 될 수 있는 이유다.

내면 성찰이 만드는 선순환

니까야 경영의 핵심 중 하나는 '내면 성찰을 통한 리더십 함양'이다. 붓다의 가르침이 단순히 마음을 다스리는 차원을 넘어, 조직 성과를 높이는 리더의 핵심 전략이 될 수 있다는 점에서 그 의미는 더욱 깊어진다.

마이크로소프트의 사티아 나델라 CEO가 취임 직후 가장 먼저 한 일은 무엇이었을까? 그는 전 임직원을 대상으로 '성장 마인드셋(Growth Mindset)' 교육을 시행했다. 실패를 두려워하지 말고, 서로에게서 배우며, 고객의 입장에서 생각하라는 메시지를 담은 이 교육은 『니까야』의 '정념(正念)', 즉 올바른 마음챙김의 실천과도 일맥상통한다.

새 리더가 지시한 교육의 결과는 놀라웠다. 정체되어 있던 마이크로소프트는 다시 혁신의 아이콘으로 부상했다. 클라우드 서비스 분야에서 아마존을 추격하고, AI 분야에서는 구글과 경쟁하며, 전 세계에서 가장 가치 있는 기업 중 하나가 되었기 때문이다.

한국의 한 중견기업 CEO도 유사한 경험을 했다. 그는 명상과 자기성찰을 통해 자신의 경영 스타일을 되돌아보았고, 그동안 자신이 직원들을 신뢰하지 못한 채 모든 것을 통제하려 했음을 깨달았다.

이후 그는 권한을 과감히 위임하고, 정기적으로 직원들과 소통하는 자리를 마련했다. 실수를 질책하는 대신 함께 해결책을 찾았고, 성과를 개인이 아닌 팀 전체의 성취로 돌렸다. 6개월 후, 직원 만족도 조사에서 CEO의 신뢰도는 30% 향상되었고, 이는 곧 전체 조직의 활력으로 이어졌다.

공감 능력이 높은 리더가 이끄는 조직일수록 혁신적인 아이디어가 많이 나온다는 연구 결과도 있다. 직원들이 자신의 의견이 존중받고 있다고 느낄 때, 더 적극적으로 참여하고 창의적인 제안을 내기 때문이다.

실제로 한 소프트웨어 회사에서는 '공감 리더십' 프로그램을 도입한 후 신제품 아이디어가 40% 증가했다. 리더들이 직원들의 입장에서 생각하고, 그들의 어려움을 이해하려 노력하면서 조직의 창의성이 활성화된 것이다.

니까야 경영이 지향하는 조화로운 성장은 단기적 희생을 감수한 장기적 성공이 아니다. 『니까야』의 목표는 지금 이 순간에도 의미 있고, 미래에도 지속 가능한 성장을 이루는 데 있다.

새로운 가능성의 지평

니까야 경영이 제시하는 인간 중심의 지속 가능한 성장은 더 이상 이상적인 꿈이 아니다. 이제 그것은 현실적이고 실용적인 경영 전략으로 나아가고 있다.

전 세계 곳곳에서 의식 있는 리더들이 『니까야』의 지혜를 실천하며 놀라운 성과를 만들어내고 있다. 이들은 사람이 우선일 때 성과도 따라온다는 것을, 그리고 조화로운 성장이야말로 가장 확실한 성장임을 몸소 증명하고 있다. 2,600년 전 붓다가 깨달은 인간 본성의 지혜가 오늘날 기업 경영의 새로운 가능성을 열고 있는 것이다. 이제 우리도 그 여정에 함께 나설 차례다.

제1부

부처님,
경영을 말하다

붓다의 지혜로
21세기 경영의 난제를 꿰뚫다

고타마 싯다르타의 리더십 여정:
왕자에서 세계의 스승으로

새벽 4시, 실리콘밸리의 한 스타트업 CEO가 홀로 사무실에 앉아 있다.
그의 책상 위에는 기업 공개를 앞둔 투자 제안서가 쌓여 있고, 월스트리트 저널 헤드라인에는 그의 회사가 언급되어 있다. 하지만 그의 표정은 밝지 않다.
"이 모든 성공이 과연 정말로 의미 있는 일일까?"
그의 중얼거림이 적막한 사무실에 메아리친다.
이와 같은 깊은 고민을 2,600년 전 한 왕자도 했다.
바로 훗날 '붓다'라 불리게 되는 고타마 싯다르타였다.[7)]

안락함 뒤에 숨은 진실을 마주한 왕자

기원전 6세기, 인도 북부 카필라바스투에서 샤카족의 왕자로 태어난 싯다르타는 오늘날의 재벌 3세와 다름없는 삶을 살았다. 화려한 궁전에서 최고의 교육을 받았고, 원하는 것은 무엇이든 가질 수 있는 환경이었다. 하지만 그의 마음속에는 풀리지 않는 근본적인 질문들이 자리하고 있었다.
어느 날 궁 밖으로 나선 싯다르타는 충격적인 광경들을 목격한다. 허리가 굽은 노인, 병으로 고통받는 환자, 그리고 싸늘한 시신. 이어서 평온한 표정의 수행자를 본 그는 깨달았다.

"풍요와 권력이 있어도 인간의 고통에서 근본적으로 벗어날 수는 없구나."

현대의 많은 CEO 역시 이와 비슷한 순간을 경험한다. 매출은 증가하고 주가는 오르지만, 정작 자신과 직원들의 삶은 행복하지 않다는 것을 깨닫는 순간말이다. 최근 한국의 한 대기업 회장이 인터뷰에서 이렇게 말했다.

"회사는 분명 성장했지만, 과연 우리가 사회에 진정한 가치를 제공하고 있는지는 여전히 의문입니다."

전략적 무소유: 진정한 리더십의 시작

29세가 된 싯다르타는 놀라운 결단을 내린다. 왕위 계승권은 물론 부와 권력, 사랑하는 아내와 갓 태어난 아들까지 모두 내려놓고 진리를 찾아 길을 떠난 것이다. 이는 자포자기가 아니라, 더 큰 가치를 위한 전략적 선택이었다.

현대에도 이러한 결단은 이어지고 있다. 마이크로소프트의 빌 게이츠는 CEO 자리에서 물러난 이후 재단 활동에 전념했고, 페이스북의 마크 저커버그는 자신의 지분 99%를 사회에 환원하겠다고 선언했다. 이들의 선택은 싯다르타의 '전략적 무소유'와 같은 맥락으로 해석할 수 있다.

한국의 한 중견기업 창업자 역시 비슷한 길을 걸었다. 회사가 안정 궤도에 오르자 그는 경영권을 전문 경영인에게 넘기고 사회적 기업 육성에 전념했다. 그의 신념은 "개인의 소유욕에서 벗어나야 진정한 리더십이 시작된다"는 것이었다.

6년간의 학습과 실험

출가 후 싯다르타는 진리를 찾아 당대 최고의 스승들을 찾아다녔다. 알라라

칼라마, 웃다카 라마푸타와 같은 명망 있는 수행자들에게서 명상법을 익혔지만, 궁극적인 해답은 얻지 못했다. 이에 그는 극한의 고행을 시도했다. 하루에 쌀 한 알만 먹으며 무려 6년간 몸을 혹독하게 단련했다.

이러한 시련의 과정은 현대 경영자들의 학습 여정과도 닮아있다. MBA를 마치고, 다양한 컨설팅을 받으며 수많은 경영 서적을 탐독하더라도 여전히 해답을 찾지 못하는 상황이 바로 그것이다. 한 스타트업 창업자가 "5년간 모든 경영 이론을 적용해봤지만, 결국 답은 직접 부딪히며 깨달아야 하는 것이었다"라고 고백했듯 말이다.

싯다르타 역시 마찬가지였다. 극한의 고행으로 몸이 해골처럼 말랐지만 깨달음은 찾아오지 않았다.

그러던 어느 날, 싯다르타의 마음 속에 어린 시절 아버지의 농경 의식 중 자연스럽게 경험했던 평온한 명상의 상태가 떠올랐다. 그는 문득 깨달았다.

"진리는 극단이 아닌 중도(中道)에 있구나."

그 순간, 싯다르타는 고행을 중단하고 다시 음식을 섭취하기 시작했다.

보리수 아래의 깨달음

기원전 528년, 부다가야의 보리수 아래에서 싯다르타는 다짐했다. "깨달음을 얻기 전까지는 이 자리를 떠나지 않겠다." 그는 깊은 명상에 들어갔다.

그날 밤, 그는 자신의 모든 전생을 보았고 생명의 윤회를 깨달았다. 마침내 고통의 원인과 해결책을 명확히 이해하게 된 것이다.

이 순간 그는 '붓다', 즉 '깨달은 자'가 되었다.

그가 깨달은 진리는 명료했다. 모든 고통이 욕망과 집착에서 비롯되며, 이를 소멸시킴으로써 진정한 평화를 얻을 수 있다는 것이었다. 그리고 그보다 더 중요한 사실은 이 진리가 특정한 사람이 아닌 모든 인간에게 적용되는 보편적 진리라는 점이었다.
현대 경영에서도 이와 같은 '깨달음의 순간'이 존재한다. 스타벅스의 창립자 하워드 슐츠는 이탈리아 여행 중 커피 문화의 본질을 발견했고, 아마존의 제프 베이조스는 인터넷의 급격한 확산에서 전자상거래의 미래를 직감했다. 이러한 순간들은 단순한 아이디어를 넘어서 세상을 보는 관점의 전환이 된다.

변혁적 리더십의 탄생과 포용적 공동체

깨달음을 얻은 후, 붓다는 처음에는 깊은 진리를 사람들이 이해할 수 있을지 주저했다. 하지만 브라흐마 신의 간청(실제로는 자신의 내적 확신)을 받아들여 고심 끝에 첫 설법을 시작했다.
사르나트에서 다섯 비구에게 전한 붓다의 첫 설법은 역사를 바꾸었다. 그들이 붓다의 첫 제자가 되면서 승가(Sangha)라는 공동체가 시작되었고, 이후 45년간 붓다는 인도 전역을 다니며 가르침을 전했다.
붓다의 리더십은 현대 경영학에서 이야기하는 '변혁적 리더십'과 부합한다. 그는 권위나 강압이 아닌 자신의 삶과 가르침을 통해 사람들에게 깊은 영감을 주었다. 카리스마는 있었지만 자만하지 않았고, 지혜는 깊었지만 언제나 겸손했다.
한국의 한 IT 기업 CEO는 자신의 경험을 이렇게 이야기했다.
"처음에는 강력한 리더십으로 조직을 이끌려 했지만, 오히려 반발만 샀죠. 하지만 제가 먼저 변하고 직원들을 진심으로 배려하기 시작하니 조직이 자연스럽게 따라와 주더군요."
그의 고백처럼, 진정한 변혁은 리더 스스로의 변화부터 시작된다. 붓다처럼 자신의 삶을 먼저 실천할 때, 비로소 타인과 함께할 수 있는 것이다.

붓다가 창설한 승가 공동체는 당시로서는 매우 혁신적인 조직이었다. 신분제가 엄격했던 인도 사회에서 출신과 계급을 초월한 공동체를 만들었기 때문이다. 남성 출가자(비구), 여성 출가자(비구니), 남성 재가자(우바새), 여성 재가자(우바이)로 구성된 '사부대중'은 각자의 역할은 달랐지만 모두 평등하게 존중받았다.

이는 현대 경영의 '다양성과 포용(Diversity & Inclusion)' 개념과 정확히 일치한다. 구글, 애플, 마이크로소프트와 같은 글로벌 기업이 추구하는 포용적 조직문화의 원형을 2,600년 전 붓다가 이미 구현하고 있었던 것이다.

단순함의 힘

붓다의 삶과 가르침은 극도로 단순했다. 세 벌의 옷과 발우 하나만 소유했으며, 하루 한 끼만 먹었다. 그러나 바로 그 단순함이 오히려 그의 가르침을 더욱 명확하고 강력하게 만들었다.

애플의 스티브 잡스 또한 비슷한 철학을 가지고 있었다. "단순함이야말로 가장 정교한 것이다"라는 그의 명언처럼, 복잡한 기술을 단순하고 직관적인 제품으로 구현해 냈다. 아이폰은 수백 개의 버튼이 있던 스마트폰을 단 하나의 홈 버튼으로 바꾸며 시장을 혁신한 대표적인 사례이다.

한국의 한 스타트업도 이러한 철학을 실천해 폭발적인 반응을 이끌어냈다. 복잡한 기능을 과감히 덜어내고, 오직 핵심 기능 하나에 집중한 앱을 출시한 것이다. '빼는 용기가 더하는 지혜보다 중요하다'는 진리가 기술경영 현장에 구현된 순간이었다.

현대 리더들을 위한 교훈

붓다의 리더십 여정은 오늘날의 리더들에게 다음과 같은 다섯 가지 중요한 교훈을 전한다.

첫째, 안락함에 안주하지 않는 용기.
성공했을 때, 더 큰 도전을 찾아 나서야 한다.
둘째, 겸손한 학습자의 자세.
아무리 경험이 많아도 배움을 멈추지 않는 것이 진정한 리더의 모습이다.
셋째, 본질에 집중하는 단순함.
복잡한 것을 단순하게 만드는 것이 진정한 혁신으로 이어진다.
넷째, 권위가 아닌 영감으로 이끄는 리더십.
사람들이 자발적으로 따르고 싶어 하는 리더가 되어야 한다.
다섯째, 포용적인 공동체를 만드는 능력
리더는 다양성을 인정하고 모두가 성장할 수 있는 환경을 조성해야 한다.

싯다르타의 리더십 여정과 현대 경영의 시사점

지난 30년간 수많은 기업들의 CEO들과 교류하면서, 나는 한 가지 흥미로운 패턴을 발견했다. 가장 성공적인 리더들일수록 2,600년 전 고타마 싯다르타가 보여준 리더십의 모습과 놀라운 유사성을 보인다는 것이다. 아래는 그의 리더십 여정이 현대 경영에 주는 통찰을 정리한 것이다.

왕자에서 수행자로의 결단

싯다르타의 이야기를 들여다보면, 몇 년 전 한 기업 3세가 내게 했던 말이 떠오른다.

"아버지가 물려준 안정적인 사업에 만족할 수도 있지만, 진짜 제가 하고 싶은 일을 찾고 싶어요."

결국 그는 안정된 가업을 떠나 자신만의 가치를 담은 사회적 기업을 창업했다. 실패할 위험이 컸지만, 그의 선택은 싯다르타와 같은 진정한 용기에서 나온 것이었다.

전략적 무소유 리더십

현재의 안락함에 안주하지 않고 더 큰 가치를 추구하며, 물질적 소유와 집착에서 벗어나 본질에 집중하고, 단기적 이익보다 장기적 가치와 사회적 기여를 우선시하는 것이다.

이러한 철학의 대표적 사례는 '철강왕' 앤드루 카네기다. 막대한 부를 축적한 그는 말년에 거의 전 재산을 사회에 환원하며 '부자로 죽는 것은 수치'라는 철학을 행동으로 증명했다.[8] 그의 유산은 빌 게이츠, 워런 버핏의 기부 서약(Giving Pledge)으로 이어졌고, 한국의 정주영, 이병철 같은 1세대 기업가들도 비슷한 길을 걸었다.

내면의 성찰과 통찰력

실리콘밸리의 한 스타트업 CEO는 매일 새벽 1시간씩 명상을 한다. "복잡한 비즈니스 결정을 내릴 때 감정에 휩쓸리지 않고 본질을 볼 수 있게 된다"라는 것이 그의 설명이다. 이는 현대 신경과학 연구로도 입증되고 있다. 명상은 뇌의 전전두엽을 활성화해 의사결정 능력을 향상시키며, 이와 관련한 과학적 연구는 지금도 계속되고 있다.

마이크로소프트의 사티아 나델라도 CEO 취임 후 '성장 마인드셋(Growth Mindset)'을 강조하며 조직문화를 혁신했다. 이는 그의 리더십 철학이 자기 성찰에 기반한 것이기 때문이다. 그의 리더십 철학은 분명하다. "리더십은 밖이 아니라 안에서 시작된다."

사티아 나델라는 직원들에게 경쟁보다 배움을 장려했고, 실수에서 성장하는 문화를 조직 전반에 확산시켰다. 이는 붓다의 가르침처럼, 내면의 변화가 외적 혁신으로 이어진다는 것을 보여주는 대표적 사례다.

가르침을 나누는 리더십

한국의 한 중견기업 창업자는 성공 이후 경영 아카데미를 설립해 후배 기업가들을 무상으로 교육하고 있다. 그의 철학은 '내가 받은 도움을 다음 세대에 전하는 것'인데, 이는 깨달음 이후 45년간 진리를 전한 붓다의 삶과 닮아있다.

이처럼 진정한 리더십은 지식이나 자원의 독점이 아니라 나눔을 통해 공동체 전체의 성장을 이끄는 것이다. 따라서 리더는 자신의 성장을 타인의 성장으로 확장시킬 수 있어야 한다.

권위가 아닌 영감으로 이끄는 리더십

친환경 정책으로 널리 알려진 파타고니아의 CEO, 이본 쉬나드. 그러나 그는 결코 자신의 권위를 앞세워 환경 정책을 강요하지 않았다. 대신 자신이 먼저 실천하는 모습을 보여주었다. 회사 건물을 친환경적으로 리모델링하고, 직원들이 환경 활동에 참여할 수 있도록 업무 시간을 보장했다. 그 결과 직원들이 자발적으로 환경 보호 활동에 동참했다. 영감으로 이끄는 리더십이 조직 전체를 변화시킨 것이다.

일관된 원칙과 가치

아마존의 제프 베이조스는 연간 주주서한을 통해 회사의 장기적 비전을 꾸준히 전달했다. 단기 실적 압박에도 흔들리지 않고, 그는 '고객 중심'과 '장기적 사고'라는 원칙을 일관되게 유지했다. 이와 같은 모습을 통해 그는 직원들과 투자자들의 신뢰를 얻었다.

이러한 태도는 깨달음을 얻기까지 오랜 고행을 견뎌낸 싯다르타의 태도와 닮아있다. 붓다는 쉬운 길을 거부하고, 진리를 향한 긴 여정을 선택했으며, 끝내 그 길에서 물러서지 않았다. 베이조스의 리더십 또한 불확실한 길을 인내하며 원칙을 지켜낸 사례라 할 수 있다.

본질에 집중하는 단순함

스티브 잡스의 애플은 '무소유 철학'의 현대적 구현이다. 수백 개의 기능을 가진 경쟁사 제품들과 달리, 아이폰은 핵심 기능에만 집중했다. "1,000개의 'No'를 말해야 하나의 'Yes'를 할 수 있다"라는 잡스의 철학은 붓다의 무소유 정신과 일맥상통한다.

한국의 한 스타트업은 사무실 인테리어에 수억 원을 쓰는 대신 그 돈을 R&D에 과감히 투자했다. 화려한 겉모습보다 진짜 실력이 중요하다는 창업자의 철학이 반영된 선택이었다. 3년 후 이 회사는 업계 1위가 되었고, 그제야 비로소 새 사무실을 마련했다.

2,600년 간 변치 않는 리더십

이 내용을 정리하면서 한 가지 분명해진 사실이 있다. 진정한 리더십의 본질은 시대를 초월한다는 점이다. 기술은 변하고 시장은 바뀌지만, 사람들이 따르고 싶어 하는 리더의 모습은 2,600년 전이나 지금이나 크게 다르지 않다. 안락함에 안주하지 않는 용기, 끊임없는 자기성찰, 진정성 있는 소통, 그리고 본질에 집중하는 단순함. 고타마 싯다르타가 보여준 리더십은 오늘날에도 여전히 유효하며, 오히려 복잡하고 빠르게 변하는 현대 사회에서 더욱 절실하게 요구되고 있다.

변화의 소용돌이 속에서 방향을 잃기 쉬운 현대의 리더들에게, 붓다의 리더십 여정은 든든한 나침반 역할을 해주고 있다. 그의 길을 따라 걷는 것이야말로 진정한 리더가 되는 지름길일 것이다.

사성제와 현대 경영 전략:
고대 지혜를 통한 지속 가능한 가치 창출 방안

고대 지혜와 현대 기업의 만남

급변하는 시장 환경, 복잡한 이해관계, 그리고 단기 성과주의의 압박 속에서 현대 기업은 다양한 형태의 고통(Dukkha)을 겪고 있다. 이러한 고통은 단순히 재무적 어려움을 넘어서 조직 내부의 갈등, 변화에 대한 저항, 사회적 책임에 대한 압력 등 다층적인 양상으로 나타난다.

불교의 사성제(四聖諦)는 이러한 고통의 본질을 이해하고, 그 원인을 파악하며, 궁극적으로 고통을 소멸시키는 길을 제시하는 심오한 철학적 틀이다. 이 틀은 특히 경영자들에게 기업의 전략 수립, 리더십 개발, 조직문화 혁신에 있어 새로운 관점을 제공할 수 있다.

불교 경제학은 전통 경제학이 이익 극대화에 초점을 맞추는 것과 달리, 고통의 최소화와 전반적인 웰빙을 중시하며 물질적 욕망의 단순화를 강조한다. 이러한 관점은 지속 가능성과 윤리적 경영의 중요성이 강조되는 오늘날의 기업 환경에 깊은 통찰을 제공한다. 이제 기업은 단순히 이윤을 추구하는 조직을 넘어서 사회적·환경적 책임을 다하며, 모든 이해관계자에게 가치를 제공해야 한다는 요구에 직면하고 있다.

본 장에서는 불교의 사성제를 경영학적 관점에서 재해석하고, 각 진리가 현대 기업이 직면한 문제를 진단하고 해결하는 데 어떻게 활용될 수 있는지를 탐구한다. 또한 무상(無常), 연기(緣起), 무아(無我), 마음챙김(Mindfulness) 등 불교의 핵심 개념들을 구체적인 경영 전략 및 실천 방안과 연결지어 기업의 장기적인 성공과 사회적 가치 창출을 위한 통찰을 살펴볼 것이다.

고성제(苦聖諦): 현대 기업의 숨겨진 고통을 직시하다

"우리 회사 매출은 작년 대비 15% 증가했는데, 왜 모든 게 이렇게 불안할까?" 이러한 고민은 오늘날 수많은 경영자들이 공유하는 현실이다. 겉으로는 성공하고 있는 것처럼 보이지만, 내면 깊숙이 느끼는 근본적인 불안과 불만족. 이것이 바로 불교에서 말하는 '고(苦, Dukkha)'의 현대적 모습이다.

단순한 고통을 넘어선 존재의 불완전성

불교에서 '고(苦)'는 우리가 일반적으로 생각하는 고통이나 아픔과는 차원이 다르다. 그것은 모든 존재가 갖는 근본적인 불완전성, 즉 아무리 완벽해 보여도 결코 완전히 충족되지 않는 상태를 의미한다. 이러한 고의 개념은 현대 경영에서도 나타난다.

현대 경영학에서 이를 이해하는 가장 좋은 사례는 애플이다. 애플은 아이폰으로 스마트폰 혁명을 일으켰고, 세계에서 가장 가치 있는 기업이 되었다. 그럼에도 불구하고 스티브잡스는 "혁신을 멈추는 순간 우리는 죽는다"라고 말했다. 이는 외적인 성공과 무관하게 작동하는 끊임없는 불안정성, 즉 '고'의 본질을 정확히 표현한 것이다.

'고'는 단지 실패나 어려움을 의미하는 것이 아니라 성공 속에서도 여전히 존재하는 내면의 결핍과 불안을 의미한다. 이를 대입해 보면, 기업 역시 일시적인 성취 뒤에도 쉽게 만족하지 못하고, 계속해서 더 큰 무언가를 끊임없이 추구하기 마련이다.

그렇다면 오늘날의 기업은 어떤 고를 겪고 있을까?

현대 기업이 겪는 삼중고의 구조

첫째, 성장 중독의 덫: 끝없는 욕망의 순환

현대 기업이 겪는 가장 대표적인 고통 중 하나는 성장 지상주의에서 비롯된다. 이는 마치 갈증난 사람이 바닷물을 마시는 것과 같다. 마시면 마실수록 더 갈증이 심해지듯, 성장할수록 더 큰 성장에 대한 욕망이 증폭된다.

미국의 대형 은행 웰스파고(Wells Fargo) 사례는 이 문제를 극명하게 보여준다. 2016년, 직원들이 고객 모르게 수백만 개의 가짜 계좌를 개설한 '가짜 계좌 스캔들'이 세상에 알려지며 충격을 안겼다. 이 사건의 출발점은 달성 불가능한 성장 목표였다. 과도한 실적 압박 속에서 직원들은 판매 목표를 달성하기 위해 비윤리적인 선택을 했고, 고객을 기만한 결과는 참혹했다. 수십억 달러의 벌금, 경영진 사퇴, 무엇보다 150년에 걸쳐 쌓아온 신뢰가 완전히 붕괴되었기 때문이다. 이처럼 성장을 향한 무분별한 집착과 강박은 오히려 기업의 기반 자체를 무너뜨리게 된다.

한국의 한 대형 할인점 체인 또한 유사한 사례로 여겨진다. 이 회사는 매년 30% 이상의 성장을 목표로 확장을 무리하게 추진했고, 수익성 검토 없이 전국 각지에 점포를 개설했다. 결과는 전체 점포의 절반 이상이 적자 구조에 빠졌고 심지어 기업의 존립 위기까지 겪어야 했다.

이 두 사례는 다음과 같은 명제를 던진다.

성장이 목적이 되는 순간, 수단과 방법이 흐려지고 조직은 쉽게 길을 잃는다는 것이다.

둘째, 무상(無常)에 대한 저항: 변화를 거부하는 고집

모든 것은 끊임없이 변한다는 '무상'의 원리를 받아들이지 못할 때, 변화에 저항할 때 기업은 오히려 더 큰 고통과 위기에 직면하게 된다. 변화를 위협으로 보는 순간, 기업은 성장을 멈추고 도태의 길에 들어서기 때문이다.

앞서 언급한 코닥의 몰락이 가장 전형적인 사례다. 코닥은 디지털 카메라 기술을 세계 최초로 개발한 기업이었지만, 경영진은 디지털 기술이 기존 필름 사업을 위협할까 두려워했다.

"우리의 수익원인 필름이 사라지면 어떻게 하나?"

두려움은 혁신을 가로막았다. 그리고 시장은 코닥을 기다려주지 않았다. 디지털 카메라 시장이 급속도로 성장하는 동안 코닥은 과거의 영광에 취해 있었고, 결국 2012년 파산신청이라는 결말을 맞이했다.

국내 사례도 있다. 한 백화점 체인은 온라인 쇼핑몰의 성장을 일시적 유행으로 치부했다. 온라인이 오프라인 매장의 경험을 대체할 수 없다고 확신했기 때문이다. 그러나 코로나-19 팬데믹은 이런 안일한 믿음을 완전히 무너뜨렸다. 비대면 소비가 일상화되면서 디지털 전환이 필수가 되었고, 디지털 역량이 부족했던 이 백화점은 매출이 50% 이상 급감하는 위기를 겪었다.

셋째, 내부 분열의 고통: 조직 내 갈등과 비효율

기업이 직면하는 고통은 외부 환경에서만 비롯되지 않는다. 외부 환경만큼 중요한 것이 내부 환경이다. 조직 내의 갈등, 비효율적인 프로세스, 소통의 부재는 기업의 에너지를 내부에서 소모시키는 심각한 고통이다.

한 글로벌 IT 기업의 한국 지사에서 벌어진 사례는 이를 잘 보여준다. R&D 부서와 마케팅 부서가 제품 방향성을 놓고 2년 가까이 갈등을 이어갔다. R&D는 기술적 완성도를, 마케팅은 시장성을 각각 우선시하며 타협점을 찾지 못했고 결국 출시가 2년간 지연되었다. 그 사이 경쟁사가 유사한 제품을 먼저 출시하며 시장을 선점해 버렸다.

한 중간관리자는 이렇게 토로했다. "우리가 싸워야 할 상대는 밖에 있는데, 왜 안에서 서로 싸우고 있을까?" 이 말은 조직 내부 갈등의 비효율성과 본질적 낭비를 단적으로 드러낸다.

그렇다면 이러한 고통은 어떻게 극복할 수 있을까?

전략적 진단 도구의 새로운 활용: 고통을 기회로 전환하는 방법

SWOT 분석: 약점과 위협을 성장의 신호로 읽기

전통적인 SWOT 분석은 강점(Strength)과 기회(Opportunity)에 집중하는 경향이 있다. 하지만 불교적 관점에서는 약점(Weakness)과 위협(Threat)이야말로 기업이 주목해야 할 '고통의 신호'로 해석될 수 있다.

한 중견 제조업체의 사례를 보자. 이 회사는 기술력과 품질 면에서는 시장의 인정을 받았지만, 고객 서비스 부문에서는 지속적으로 낮은 평가를 받아왔다. 경영진은 이를 사소한 문제로 치부했지만, 실제로는 고객 이탈률이 지속적으로 증가하는 심각한 신호였다.

이 약점을 '고통의 신호'로 재해석하면 전혀 다른 그림이 그려진다. 기술력은 뛰어나지만 고객과의 소통이 부족했기 때문에 브랜드 충성도와 시장 경쟁력이 서서히 잠식되고 있었던 것이다. 회사는 이를 계기로 고객서비스팀을 확충하고 CRM 시스템을 도입해 고객과의 상호작용을 체계화했다. 그 결과 1년 후, 고객 만족도는 30% 향상되었고, 매출도 15% 증가했다.

PESTEL 분석: 무상의 지혜로 거시환경 변화 수용하기

정치(Political), 경제(Economic), 사회(Social), 기술(Technological), 환경(Environmental), 법률(Legal) 등 기업 경영에 영향을 미치는 외부 요인들은 본질적으로 끊임없이 변화하는 속성을 지닌다. 이런 변화를 '무상'의 자연스러운 현상으로 받아들일 때, 기업은 외부 환경의 변화를 전략적 기회로 해석해 유연하게 대응할 수 있다.

테슬라의 일론 머스크는 환경 규제 강화를 기회로 전환한 대표적인 사례다. 전통 자동차 회사들이 환경 규제를 불편한 제약으로 여기며 로비활동으로 저항할 때, 머스크는 이를 전기차 시장을 확장할 수 있는 절호의 기회로 봤다.

"규제는 바뀔 수밖에 없다. 그렇다면 그 변화에 앞서 나가는 것이 최선의 전략이다."

일론 머스크의 철학은 테슬라를 세계 최고의 전기차 회사로 만들었다. 다른 회사들이 변화에 저항하는 동안 테슬라는 변화를 선도했고, 그 결과 시장에서 압도적인 우위를 점할 수 있었다.

시나리오 플래닝: 미래의 고통을 예측하고 대비하기

불확실한 미래에 대비한 시나리오 플래닝은 다가올 미래의 고통을 사전에 예측하고 준비하는 데 매우 유용한 전략 도구다. 여기서 중요한 것은 최악의 시나리오조차 '극복 가능한 도전'으로 인식하는 관점이다.

한국의 한 중견 물류회사는 코로나-19 이전부터 '팬데믹 시나리오'를 준비해

왔다. 대부분의 기업이 팬데믹을 극단적이고 비현실적인 상황으로 여길 때, 이 회사는 팬데믹에 대해 언젠가 반드시 마주할 수 있는 현실적 리스크로 간주했다.

결국 코로나-19가 발생하고 다른 기업들이 혼란 속에서 허둥댈 동안, 이 회사는 즉시 비대면 물류 시스템과 안전 프로토콜을 가동할 수 있었다. 그리고 팬데믹 기간 동안 매출 40% 증가라는 뛰어난 성과를 거둘 수 있었다.

고통의 전략적 재해석: 위기를 기회로 만드는 발상의 전환

기업이 고통을 피해야 할 문제가 아닌 '변화의 신호'로 인식할 때, 조직의 민첩성은 극적으로 향상된다.

넷플릭스의 DVD에서 스트리밍으로의 전환 과정이 좋은 예다. 2010년 넷플릭스는 DVD 배송 사업에서 스트리밍 사업으로 방향을 전환하기로 했다. 하지만 이 과정에서 기존 DVD 사업의 매출이 급격히 줄어드는 고통을 겪어야 했다. 많은 투자자와 직원들이 왜 잘되고 있는 사업을 포기하느냐며 반대했다. 하지만 CEO 헤이스팅스는 "고통 없이는 성장도 없다"라는 철학으로 변화를 밀어붙였다.

결과는 모두가 아는 바와 같다. 넷플릭스는 글로벌 스트리밍 시장의 절대 강자가 되었고, DVD 배송에 머물렀다면 결코 이뤄낼 수 없었던 성장을 이뤄냈다. 단기적인 고통을 감수하지 않으면 더 큰 장기적 고통을 피할 수 없다는 교훈을 보여준 사례다.[9)]

가치 재정립의 촉매제, 고

고통을 경험하는 과정에서 기업은 자신의 존재 이유와 가치를 근본적으로 돌아보게 된다.
유니레버의 '퍼포즈 드리븐(Purpose-Driven)' 전환이 그 대표적인 사례다. 2000년대 초, 성장 둔화와 시장점유율 하락이라는 고통을 겪은 유니레버는 단순한 매출 증대를 넘어 지속 가능한 삶의 개선이라는 새로운 목적을 설정했다.
이러한 가치 재정립은 CSR 차원을 넘어 비즈니스 전략의 핵심이 되었다. 실제로 친환경 제품 라인의 매출은 일반 제품보다 50% 빠르게 성장했고, 브랜드 가치와 직원 만족도 역시 크게 향상되었다.

ESG 관점에서의 통합적 고통 관리

현대 기업의 고통을 제대로 이해하려면 환경(Environmental), 사회(Social), 지배구조(Governance) 측면을 통합적으로 봐야 한다.

E	환경적 고통	기후변화, 자원 고갈, 환경 규제 강화 등
S	사회적 고통	불평등 심화, 노동자 권익 이슈, 사회적 신뢰 하락 등
G	지배구조적 고통	투명성 부족, 윤리적 문제, 이해관계자 갈등 등

파타고니아는 이런 다차원적 고통을 정면으로 마주하고 해결하려는 기업의 대표적 사례다.
"우리는 지구를 구하기 위해 사업을 한다"는 선언은 단순한 마케팅 슬로건이 아니라, 환경적 고통을 비즈니스모델의 핵심으로 받아들이겠다는 의지의 표현이다.
실제로 파타고니아는 매년 매출의 1%를 환경보호에 기부하고, 제품의 수명을 연장하기 위한 수선 서비스를 제공하며, 심지어 고객들에게 새 제품을 사지 말라고 권하기도 한다. 이런 반(反) 소비 메시지는 일반적인 비즈니스 상식으로는 이해하기 어렵다.

그러나 결과는 놀라웠다. 브랜드 충성도는 극대화되었고, 젊은 세대들의 열렬한 지지를 받으며 매출은 꾸준히 성장했다. 진정성 있는 고통 해결이 최고의 마케팅임을 증명한 사례다.

고통을 정확히 진단하고 받아들이는 기업은 위기 상황에서도 빠르게 회복하는 능력을 가지게 된다. 코로나-19 팬데믹 기간 동안 빠르게 회복한 기업들의 공통점은 고통을 회피하지 않고 정면으로 마주했다는 것이다. 이들은 위기를 새로운 형태의 고통으로 받아들이면서도 과거의 경험을 바탕으로 신속하게 대응하고 적응해나갔다.

고통을 통한 진화의 시작

사성제의 첫 번째 진리인 고성제는 단순히 문제를 인식하는 차원을 넘어선다. 그것은 기업 존재의 본질적인 불완전성을 받아들이고, 이를 지속적인 진화와 혁신의 원동력으로 전환하는 지혜다.

현대의 위대한 기업들은 모두 이런 고통의 지혜를 체득한 조직들이다. 그들은 고통을 피하려 하지 않고, 대신 고통을 통해 더 강해지고 더 지혜로워지는 길을 선택했다.

고통은 기업의 적이 아니라 가장 솔직한 조언자다. 고통의 신호를 정확히 읽고 받아들일 때, 기업은 비로소 진정한 성장의 길로 들어설 수 있다.

다음에는 이러한 고통의 근본 원인이 무엇인지, 집성제(集聖諦)를 통해 깊이 탐구해보자.

집성제(集聖諦): 기업 고통의 뿌리를 찾아서

탐욕, 집착, 무지 - 현대 경영의 세 가지 독(毒)

작년 여름, 어느 대기업 임원과 술자리를 함께했다. 잔을 기울이던 그가 문득 이렇게 말했다.

"회사는 잘 나갑니다. 근데 요즘은 아침에 출근할 때마다 자꾸 허전해져요. 다들 지쳐있고, 뭔가 중요한 걸 놓치고 있는 기분이에요."

그의 고민 속에는 붓다가 2,600년 전 깨달은 집성제(集聖諦)의 핵심이 담겨 있었다. 고통에는 반드시 원인이 있으며, '원인을 제거하면 고통도 사라진다'는 진리 말이다. 그렇다면 고통의 원인은 무엇인가? 현대 기업이 겪는 고통의 뿌리에는 탐욕(貪), 분노(瞋), 어리석음(癡)이라는 세 가지 독이 똬리를 틀고 있다.

첫 번째 독, 탐욕: 성장 지상주의의 함정

현대 기업의 가장 큰 고통 원인 중 하나는 성장에 대한 탐욕이다.

성장 자체는 건전하지만, 그것이 유일한 목표가 되고 맹목적인 집착으로 변할 때 문제는 시작된다.

한 국내 대형 할인매장 체인은 2000년대 초 매년 50개씩 점포를 늘리는 확장 제일주의를 추진했다. 수익성 검토 없이 '일단 점포 수부터 늘리자'는 방침이었다.

5년 후 결과는 어땠을까? 참혹하기 그지없었다. 전체 점포의 60%가 적자를 기록했고, 과도한 확장 비용으로 회사 전체가 유동성 위기에 빠졌다. '크기가 곧 힘'이라는 잘못된 믿음이 회사를 거의 망하게 만든 것이다.

성장에 대한 탐욕은 여러 가지 부작용을 낳는다.

첫째, 혁신 동력이 약화된다. 기존 사업 확장에만 몰두하다 보면 새로운 기술이나 비즈니스모델에 대한 관심이 줄어든다.
둘째, 고객 만족도가 저하된다. 양적 성장에만 집중하면 서비스 품질이 떨어지기 마련이다.
셋째, 조직문화가 왜곡된다. '무조건 성장'이라는 압박 속에서 직원들의 번아웃과 윤리적 문제가 발생한다.
앞서 소개한 웰스파고 은행의 가짜 계좌 스캔들이 이를 단적으로 보여주는 사례다. 무리한 성장 목표를 달성하기 위해 직원들은 고객의 동의 없이 수백만 개의 계좌를 개설했다. 무슨 수를 써서라도 목표를 달성하라는 조직의 압박이 불러온 참사였다.
하지만 더 위험한 것은 과거의 성공 방식에 집착하는 태도다. 한때 성과를 이끌어낸 전략이나 제품에 매달린 채, 변화의 필요성을 외면하는 행동은 조직을 더 큰 위기로 몰아넣기 마련이다.

두 번째 독, 집착과 리더의 에고: 자만심과 자기 의심의 양면

리더의 에고는 조직에 치명적인 독이 될 수 있다. 특히 한 번 성공을 경험한 리더일수록 자만심의 함정에 빠지기 쉽다. "내가 이 회사를 여기까지 키웠는데, 누가 감히 나를 가르쳐?"라는 생각이 들기 시작하는 순간, 조직은 서서히 무너지기 시작한다.
한 글로벌 IT 기업의 창업자이자 CEO의 사례는 많은 생각할 거리를 남긴다. 회사가 급성장하자 그는 모든 결정을 혼자 내리기 시작했다. 임원들의 의견은 경험 부족이라며 일축하고, 현장 직원들의 고충은 그저 '투정'으로 치부했다. 결과는 어땠을까? 유능한 임원들은 하나둘 떠나갔고, 남은 직원들조차 의견

내기를 포기했다. 회사는 사실상 한 사람의 독재 체제가 되었고, CEO 한 명의 실수가 조직 전체를 흔드는 취약한 구조가 되어버렸다. 결국 그는 잘못된 제품 전략으로 큰 손실을 입고서야 자신의 자만심을 인정하게 되었다.

에고의 또 다른 그림자는 '집착'과 '자기 의심'이다. 성공한 리더조차도 마음속으로 "내가 과연 잘하고 있는 걸까?"라는 의문에 끊임없이 시달리곤 한다. 이런 자기 의심이 지나치면 '완벽해야 한다'는 강박으로 바뀌고, 결국 어떤 결정도 쉽게 내리지 못하는 '결정 마비' 상태에 빠지게 된다.

또 다른 사례는 어떨까? 한 중견기업 CEO는 중요한 결정을 내릴 때마다 수십 번 회의를 반복했다. 조금이라도 위험 요소가 있으면 좀 더 검토해보자며 결정을 미뤘다. 그 사이 경쟁사들이 시장을 선점했고, 기회는 조용히 사라졌다. 완벽에 대한 집착은 결국 아무것도 하지 못하게 만든다.

리더의 에고는 조직 전체를 자기파괴적 행동으로 이끈다. 자만에 집착하는 리더는 실패한 아이디어라도 자신이 낸 것이라면 끝까지 고집한다. 반대로 자기 의심에 빠진 리더는 결정을 미루고 회피하며 조직을 표류하게 만든다. 집착은 에고가 스스로 파낸 무덤이자, 리더십의 가장 깊은 그림자다.

더욱 심각한 문제는 이런 리더 밑에서 일하는 직원들의 무력감이다. "어차피 윗사람 마음대로 결정될 텐데 내가 뭘 해도 소용없어"라는 체념이 조직 전체에 퍼지는 순간, 리더의 에고나 집착보다 더 큰 위기가 시작된다. 그때부터 조직에는 혁신이 사라지고, 책임을 회피하는 분위기만 남게 된다.

세 번째 독, 무지: 상호연결성에 대한 몰이해

현대 경영에서 가장 위험한 독은 무지(無知)다. 여기서 무지는 단순히 정보 부족을 뜻하는 것이 아니다. 세상의 상호연결성과 복잡성을 이해하지 못하는, 보다 근본적인 인식의 한계를 말한다.

많은 기업이 여전히 부서별로 분할된 사고에 갇혀 있다. 마케팅 부서는 매출만, R&D 부서는 기술만, 인사 부서는 비용만 생각한다. 하지만 실제로는 모든 것이 긴밀하게 연결되어 있다. 한 부서의 결정은 다른 부서에 영향을 주고, 결국 조직 전체로 파급된다.

한 제조업체에서 일어난 일이 이를 잘 보여준다. 원가절감팀이 부품 조달비용을 10% 줄이는 데 성공했다. 단기적으로는 뛰어난 성과였다. 하지만 품질이 떨어진 부품 때문에 제품 불량률이 증가했고, 결국 고객 클레임 처리 비용과 브랜드 이미지 손상으로 인해 원가절감 효과의 10배가 넘는 손실을 입었다. 나무만 보고 숲을 보지 못한 전형적인 사례다. 각 부서가 자신의 KPI만 좇고 전체 시스템의 건강성을 외면한 결과인 셈이다.

기업을 둘러싼 이해관계자들의 복잡한 관계를 이해하지 못하는 것도 심각한 무지다. 주주, 직원, 고객, 공급업체, 지역사회, 정부. 이 모든 이해관계자는 서로 영향을 주고받는다. 그것이 약이든, 독이든 말이다.

한 대형 유통업체가 비용 절감을 위해 협력업체에 일방적으로 납품단가 인하를 요구했다. 단기적으로는 비용이 줄었지만, 협력업체들의 품질 관리 능력이 떨어지면서 결국 고객 만족도가 하락했다. 고객들이 떠나가자 매출이 줄었고, 그 부담은 다시 협력업체들에게 전가되며 악순환이 반복되었다.

이처럼 가장 위험한 무지는 장기적 인과관계를 무시하는 것이다. 오늘의 결정이 내일, 내년, 10년 후에 어떤 결과를 가져올지 고민하지 않는 근시안적 사고다.

무분별한 개발로 인한 환경 파괴도 마찬가지다. 당장의 이익을 위해 환경 규제를 무시하거나 회피하는 기업들을 보라. 그들은 지금 당장은 이득을 볼지 몰라도 갈수록 강화되는 환경 규제와 높아지는 소비자의 환경 의식을 감당해야 한다. 그때 가서 허둥대며 대응한다면 훨씬 더 큰 비용을 치르게 될 것이다. 붓다의 연기법은 이런 무지를 깨뜨리는 혜안을 제시한다.

연기법(緣起法): 상호의존성의 인식

이것이 있으므로 저것이 있고, 이것이 생겨남으로 저것이 생겨난다.

이것이 없으므로 저것이 없고, 이것이 사라짐으로 저것이 사라진다.

불교의 연기법을 기업 경영에 적용하면 이렇다.

직원이 행복해야 고객이 만족하고,

고객이 만족해야 매출이 늘고,

매출이 늘어야 주주가 기뻐하며,

주주가 기뻐해야 투자가 이어지고,

투자가 이어져야 직원들의 일자리가 안정된다.

즉 모든 것이 순환하며 연결되어 있다는 것이다. 아마존의 성공 비결도 여기에 있다. 제프 베이조스는 다음과 같은 선순환 구조를 고안했다.

"더 낮은 가격이 더 많은 방문자를 끌어오고, 방문자가 증가하면 판매자도 모여들며, 그 결과 선택의 폭이 넓어지고 고정 비용을 더 잘 활용할 수 있게 됩니다. 다시 가격을 낮출 수 있는 선순환이 발생하는 거죠."

제프 베이조스가 강조한 '플라이휠(Flywheel)' 전략은 한 요소를 개선하면 다른 모든 요소가 함께 좋아지는 시스템이다.

상호의존성을 이해하면 문제 해결 방식도 달라진다. 증상만 치료하지 않고 시스템 전체를 개선하려 한다.

토요타의 '카이젠(改善)' 철학이 좋은 예다. 카이젠의 핵심은 점진적 개선이다. 단순히 효율 개선이 아니라, 조직문화와 문제 해결 방식 전체를 개선하는 것이다. 그 실천도구 중 하나는 토요타의 품질관리 및 문제해결 기법인 '5 Why' 기법이다. 말 그대로 문제가 발생하면 "왜?"를 다섯 번 물어보며 근본 원인을 찾는 것이다.[10)]

예를 들어 자동차에 제품 불량이 발생했다고 하자. 첫 번째 "왜 불량이 일어났지?"에 대한 답은 "작업자의 단순 실수"일 수 있다. 하지만 계속 "왜"를 파고들면 "작업 지침이 불명확했다", "교육이 부족했다", "소통 체계에 문제가 있다", "경영진의 관심이 부족했다" 등 시스템적 원인이 드러난다. 즉 문제의 표면적인 원인이 아니라 시스템적 원인을 파악해서 전체를 개선하는 방법이다.

탐욕, 에고, 무지라는 세 가지 독을 제거하려면 '비애착'의 지혜가 필요하다. 여기서 비애착은 무관심이 아니라 건전한 거리두기를 의미한다. 성과에 최선을 다하되, 그 결과에 집착하지 않는 것이다.

스티브 잡스의 사례가 흥미롭다. 그는 완벽주의자로 유명했지만, 동시에 과감한 방향 전환도 서슴지 않았다. 아이폰 개발 과정에서 거의 완성된 제품을 전면 재설계한 적이 있다. 이미 투입한 비용이 아깝다는 팀원들의 반대에도 불구하고 과거에 매이면 미래를 놓친다며 과감하게 변화를 추진했다.

에고를 극복하려면 겸손함이 필요하다. 자신이 모든 것을 다 아는 것이 아니라는 인정, 실수할 수 있다는 받아들임, 다른 사람들로부터 배울 점이 있다는 개방성이 중요하다.

무지를 극복하려면 다양한 관점을 수집하고 통합하는 시스템이 필요하다. 한 사람의 판단에 의존하지 않고, 여러 전문가의 의견을 종합해서 결정하는 것이다.

다시 아마존으로 돌아가서, 베이조스의 '의견 불일치와 헌신' 원칙은 비애착의 지혜에 해당하는 좋은 사례다. 중요한 결정을 할 때는 반대 의견도 충분히 듣되, 일단 결정이 나면 모든 구성원이 헌신적으로 실행하는 것이다. 다양성과 실행력을 동시에 확보하는 지혜로운 경영법이다.

원인을 알면 해답이 보인다

집성제가 주는 가장 큰 통찰은 "고통에는 반드시 원인이 있다"는 것이다. 그리고 그 원인을 정확히 파악하면 해결책도 찾을 수 있으리라는 희망을 전한다.

현대 기업이 겪는 대부분의 문제—혁신 부족, 조직 갈등, 지속 가능성 위기 등은 결국 탐욕, 에고, 무지라는 세 가지 뿌리에서 나온다. 이 뿌리를 제대로 이해하고 해결하려 노력할 때, 기업은 진정한 변화와 성장을 이룰 수 있다.

멸성제(滅聖諦): 고통 없는 경영, 지속 가능한 번영의 길

2019년 가을, 다보스 포럼에서 세계 최대 자산운용사 블랙록의 래리 핑크 회장의 선언이 경영계를 뒤흔들었다.

"사회적 목적 없는 기업은 더 이상 존재 이유가 없다."

이는 단순한 선언이 아니었다. 10조 달러가 넘는 자산을 운용하는 거대 기관투자자가 기업 평가 기준을 근본적으로 바꾸겠다는 의미였다.

이 순간이야말로 멸성제(滅聖諦)가 현대 경영에 던지는 메시지의 핵심이다. 탐욕과 집착, 무지로부터 벗어나 진정한 평화와 지속 가능한 번영을 이루는 것. 이것이 바로 21세기 기업이 추구해야 할 궁극적 목표다.

성장 지상주의의 종말과 가치 창출로의 패러다임 전환

"더 크게, 더 빠르게, 더 많이."

20세기를 지배했던 성장 공식이다. 하지만 이제 이 공식은 분명한 한계를 드러내고 있다. 무분별한 성장이 초래한 환경 파괴, 사회적 불평등, 그리고 기업 내부의 번아웃 문제가 그 증거다.

한국의 한 중견 제조업체는 1990년대부터 매년 20% 이상의 성장을 목표로 삼아왔다. 하지만 2010년대에 접어들면서 성장률은 점점 둔화됐고 직원들의 번아웃은 심각한 수준에 이르렀다. 결국 경영진은 근본적인 질문을 던지게 된다.

"우리가 추구하는 성장이 정말 의미 있는 것인가?"

이 질문에서 변화가 시작되었다. 회사는 목표성장률을 10%로 낮추는 대신, 고객 만족도와 직원 행복지수를 핵심 지표에 추가했다. 그리고 '세상을 더 안전하게 만드는 제품을 제작하겠다'는 새로운 미션을 설정하고, 수익성이 낮더라도 사회적 가치가 높은 제품 개발에 투자를 늘렸다.

3년 뒤, 결과는 모두의 예상을 뛰어넘었다. 직원 만족도가 크게 향상되었고, 혁신적인 제품들이 잇따라 출시되면서 매출과 성장 역시 자연스럽게 증가한 것이다.

이해관계자 자본주의: 함께 번영하는 생태계 구축

2019년 미국 경영자 원탁회의(Business Roundtable)에서 181개 대기업 CEO가 서명한 성명서는 경영사상사의 전환점을 보여주는 사건이었다. 이 성명서에서 그들은 이렇게 선언했다.

"기업의 목적은 모든 이해관계자에게 가치를 제공하는 것이다."

1970년대 밀턴 프리드만이 주창한 '주주 가치 극대화'라는 철칙을 공식적으로 폐기한 역사적 순간이었다.

이런 변화의 배경에는 상호의존성에 대한 깊은 자각이 있었다. 주주만 배불리면 된다는 생각이 얼마나 근시안적이었는지를 기업들이 스스로의 경험을 통해 깨닫기 시작한 것이다.

이해관계자 중심 경영의 핵심은 공급망 전체의 상생이다. 대기업이 협력업체를 일방적으로 쥐어짜는 구조에서 벗어나, 함께 성장하는 파트너십을 구축하는 것이 핵심이다. 공급망이 무너지면 기업도 무너진다는 단순한 진실이 이제는 현실로 다가오고 있다.

ESG 경영: 비폭력 원칙의 현대적 실천

환경(E): 지구와 공존하는 비즈니스

환경적 지속 가능성은 이제 더 이상 선택이 아니라 생존을 위한 필수가 되었다. 기업들이 점차 깨달은 것은 환경을 파괴하는 행동이 결국 자신들의 생존 기반을 위협한다는 사실이다.

유니레버의 'Sustainable Living Plan'은 이러한 변화를 상징하는 대표적인 사례다. 2010년에 시작된 이 프로젝트는 2030년까지 환경 영향을 절반으로 줄이고, 10억 명의 건강과 웰빙을 증진시키며, 가치사슬 전반에서 수백만 명의 삶을 향상시키겠다는 야심찬 목표를 담고 있다.

유니레버는 '지속 가능성은 비용이 아니라 혁신의 동력'이라는 철학 아래 친환경 제품 개발에 집중적으로 투자했다. 그 결과, 지속 가능한 브랜드들의 성장률이 일반 브랜드보다 50% 높았고, 이는 전체 비즈니스의 성장을 견인하는 주요한 힘이 되었다.

사회(S): 모든 구성원의 행복 추구

사회적 책임은 단순한 기부나 봉사를 넘어 비즈니스모델 그 자체에 내재되어야 한다. 이에 기업은 자사의 활동을 통해 사회 문제를 해결하고, 모든 구성원의 행복을 함께 추구하는 구조를 만들어야 한다.

세일즈포스의 '오하나(Ohana) 문화'는 이를 실천하는 대표적인 사례다. 하와이어로 '가족'을 뜻하는 오하나는 모든 구성원을 가족처럼 존중하고 배려하겠다는 철학을 담고 있다. 따라서 성별, 인종, 성적 지향에 관계없이 모든 직원을 평등하게 대우하며, 급여 형평성 확보를 위한 투자도 꾸준히 이어지고 있다.

세일즈포스의 CEO 마크 베니오프가 남녀 간 급여 격차를 해소하기 위해 300만 달러를 투자한 것도 돈의 문제가 아니라 그게 '옳은 일'이라고 생각했기 때문이었다. 이러한 조직문화 덕분에 세일즈포스는 매년 '일하기 좋은 회사' 순위에서 항상 상위권에 이름을 올리고 있으며, 전 세계의 우수한 인재들이 몰려드는 기업이 되었다.

지배구조(G): 투명하고 윤리적인 경영

투명한 지배구조는 모든 이해관계자들의 신뢰를 얻는 데 있어 가장 기본이 되는 요소다. 정보를 투명하게 공개하고, 윤리적인 의사결정 과정을 갖추며, 모든 이해관계자의 목소리를 경청하는 것. 이것이 건강한 지배구조의 핵심이다.

노르웨이정부연기금(Government Pension Fund Global, GPFG)의 투자 기준은 좋은 본보기다. 세계 최대 국부펀드인 이 기금은 무기, 담배, 석탄 산업에 연루되는 기업에는 아예 투자하지 않는다. 단기 수익보다는 장기적 가치와 윤리적 기준을 더욱 우선시하는 것이다. 일각에서는 이를 비판하는 목소리가 나오기도 했지만, 결과적으로 착한 투자는 장기 수익률의 향상을 불러왔다. 이는 윤리적 투자가 경제적으로도 더 나은 결과를 가져올 수 있다는 사실을 보여준 유명한 사례다.

지금까지 우리는 멸성제의 의미와 가치를 알아보았다.

그렇다면 멸을 실현하고(멸성滅聖), 근본적인 변화로 진정한 평화를 얻는 방법은 무엇일까?

열반(Nirvana)의 경영학적 의미

불교에서 멸(滅)은 단순히 문제를 제거하는 차원을 넘어선다. 탐욕, 집착, 무지의 뿌리를 근본적으로 없애 고통 자체가 발생하지 않는 완전한 전환의 상태에 이르는 것이다.

그렇다면 이것은 기업 경영에서 어떤 의미일까? 단기적인 이익 추구나 성장에 대한 강박에서 완전히 벗어나, 기업 존재의 본질적 목적을 다시 묻고 재정립하는 것이다. 이러한 근본적 전환이 이루어질 때, 기업은 외부 환경 변화에도 쉽게 흔들리지 않는 내적 안정성을 가지게 된다.

이와 관련해 애플의 사례가 흥미롭다. 스티브 잡스는 "고객이 원하는 것을 만드는 것이 아니라, 고객이 원하게 될 것을 만든다"고 했다. 그리고 이들은 시장조사나 단기적 반응에 의존하지 않고 자신들의 비전과 철학에 따라 제품을 개발했다. 이처럼 장기적 가치 창출에 집중한 결과, 혁신적인 제품들을 연이어 시장에 출시할 수 있었다.

트리플 바텀 라인: 균형 잡힌 성과 관리

멸을 경영에 실현하기 위해서는 재무적 성과뿐만 아니라 환경적·사회적 성과까지 종합적으로 고려하는 접근법이 필요하다. 바로 '트리플 바텀 라인(Triple Bottom Line)'이다. 이 접근법은 이익(Profit), 사람(People), 지구(Planet)의 균형을 맞추는 것이 핵심이다.

아이스크림 회사 벤 앤 제리스(Ben & Jerry's)는 '사업은 즐거워야 한다'는 철학에서 출발했다. 직원들이 행복해야 고객도 행복하게 만들 수 있다는 믿음은 경영에도 그대로 반영되었다. 벤 앤 제리스는 CEO와 일반 직원의 급여 격차를 7:1로 제한하고, 환경보호와 사회공헌에 적극 참여했다. 이익, 사람, 지구의 균형을 완벽하게 맞춘 셈이다.

초기에는 비즈니스에 감성이 개입되는 것이 아니냐는 비판도 있었지만, 결과는 그 반대였다. 벤 앤 제리스는 글로벌 브랜드로 성장했고 마침내 유니레버에 3억 2천만 달러에 인수되었다. 그리고 지금도 여전히 최고의 아이스크림 브랜드 중 하나로 사랑받고 있다. 착한 기업이 더 오래간다는 것을 증명한 사례다.

비폭력 원칙: 상생의 생태계 구축

불교의 비폭력(Ahimsa) 원칙을 경영에 적용하면, 기업 활동이 그 어떤 존재에게도 해를 끼치지 않아야 한다는 의미가 된다. 이는 법적 규제 준수를 넘어 윤리적 부의 창출을 지향한다.

스타벅스의 C.A.F.E.(Coffee and Farmer Equity) 프로그램은 이 원칙을 잘 보여주는 사례다. 스타벅스는 값싼 원두를 사들이는 대신 농부들에게 정당한 가격을 지불하고, 지속 가능한 농법을 교육하며, 지역 공동체 발전에 기여하기로 결정했다. 이 프로그램은 도입 초기에는 커피 원가 상승의 원인이 되었지만, 장기적으로는 안정적인 원두 공급망 구축과 브랜드 가치 향상으로 이어졌다. 특히 '착한 소비'를 원하는 고객들의 지지를 받으며 매출 역시 꾸준히 성장했다.

비폭력 원칙은 공급망 전체에 적용되어야 한다. 개발도상국의 노동자들이 착취당하지 않도록 하고, 환경이 파괴되지 않도록 하며, 지역 공동체가 혜택을 받을 수 있도록 하는 것이다.

비폭력 원칙의 궁극적 확장은 미래 세대에 대한 책임이다. 현재의 이익을 위해 미래의 자원을 고갈시키거나 환경을 파괴하는 일은 미래 세대에 대한 폭력이다.

테슬라의 미션인 '지속 가능한 에너지로의 전환 가속화'가 이를 잘 보여준다. 일론 머스크는 단순히 전기차를 파는 것이 아니라, 인류의 지속 가능한 미래를 위한 혁신을 추구한다고 말한다. 단기적인 손실을 감수더하더라도 장기적 가치 창출에 집중하는 자세는 비폭력의 자세와 맞닿아 있다.

상호의존적 공동창조: 경쟁에서 협력으로

멸의 실현은 기업 간의 관계를 경쟁에서 협력으로 전환시킨다. 제로섬 게임이 아닌 모두가 윈-윈하는 구조를 만드는 것이다.

가장 흥미로운 변화 중 하나는 역시 구글과 애플의 관계이다. 한때 스마트폰 시장에서 치열하게 경쟁했던 두 기업은 이제는 특정 영역에서 협력한다. 코로나-19 접촉 추적 기술을 공동 개발한 것이 대표적이다. 인류 공동의 과제 앞에서는 경쟁보다 협력이 중요하다는 인식 덕분이다.

혼자서는 해결할 수 없는 복잡한 문제들을 여러 기업이 협력해서 해결하는 사례가 늘어나고 있다. 오픈소스 개발, 산업별 컨소시엄, 글로벌 이니셔티브 등이 그 예다.

리눅스 재단의 성공이 대표적이다. 경쟁 관계인 수많은 IT 기업이 리눅스라는 공통 플랫폼 개발에 협력했다. 각자의 이익을 추구하면서도 동시에 전체 생태계의 발전에 기여하는 모델이었기 때문이다.

멸을 실현한 기업들의 공통점은 강력한 브랜드 충성도다. 고객들이 단순히 제품을 사는 것이 아니라, 그 기업의 가치와 철학에 공감하기 때문이다.

파타고니아 고객들은 단순히 옷을 사는 것이 아니라 환경보호 운동에 참여한다는 의식을 갖는다. 테슬라 고객들은 자동차를 사는 것이 아니라 지속 가능한 미래에 투자한다고 생각한다. 이런 깊은 공감대가 위기 상황에서도 흔들리지 않는 충성도로 이어진다.

멸을 실현한 기업들은 단기적 시장 변동에 휘둘리지 않는 장기적 리더십을 확보한다. 유행에 따라 오르락내리락하는 것이 아니라, 꾸준히 자신만의 가치를 추구하며 시장을 선도해나간다.

멸성제가 현대 경영에 주는 가장 큰 통찰은 "진정한 성공은 고통의 소멸에서 시작된다"라는 것이다. 탐욕과 집착, 무지에서 벗어날 때 비로소 기업은 지속 가능한 번영을 이룰 수 있다.

이는 단순히 도덕적 당위의 문제가 아니다. 21세기 비즈니스 환경에서는 이것이 가장 실용적이고 효과적인 전략이다. 기후변화, 사회적 불평등, 기술 혁신 등 복잡한 도전 과제들 앞에서 홀로 생존하려는 기업은 도태될 수밖에 없다. 모든 이해관계자와 함께 번영하는 길만이 진정한 성공으로 이어진다.

도성제(道聖諦): 팔정도로 완성하는 지혜로운 경영

2018년 가을, 한국의 한 대기업 회장이 내게 물었다.

"이론은 이제 충분합니다. 구체적으로 어떻게 해야 하죠?"

그는 지난 2년간 ESG 경영, 이해관계자 자본주의 등 수많은 새로운 개념들을 접했지만, 정작 현실에서 어떻게 실천해야 할지 막막해했다.

바로 이 지점에서 도성제(道聖諦)의 가치가 빛을 발한다. 불교의 팔정도(八正道)는 고통의 소멸에 이르는 구체적이고 체계적인 실천법이다. 이를 현대 경영에 적용하면, 기업이 지속 가능한 가치 창출과 진정한 번영에 도달하기 위한 명확한 로드맵이 된다.

팔정도는 단순한 덕목의 나열이 아니다. 정견(正見)에서 시작해 정정(正定)으로 완성되는 유기적인 체계로, 리더와 조직이 함께 성장하며 변화하는 총체적 접근법이다.

정견(正見): 현실을 꿰뚫어 보는 통찰력

정견은 단순히 정보를 많이 아는 것이 아니라, 현상 이면의 진실을 꿰뚫어 보는 통찰력이다. 현대 경영에서 이는 시장의 표면적 변화가 아닌 근본적 흐름을 읽는 능력을 의미한다.

넷플릭스의 헤이스팅스가 보여준 통찰이 대표적이다. 2000년대 초 대부분의 사람들은 넷플릭스를 우편으로 DVD를 빌려주는 회사로 여겼다. 하지만 헤이스팅스는 진짜 본질을 다르게 봤다.

"우리는 콘텐츠 배송 회사다. 매체가 DVD든 스트리밍이든 상관없다."

이런 정견 덕분에 넷플릭스는 시장이 변하기 전에 먼저 스트리밍으로 전환할 수 있었다. 경쟁사인 블록버스터가 'DVD 대여업'이라는 틀에 갇혀 있을 때, 넷플릭스는 '엔터테인먼트 전달'이라는 본질에 집중했다.[11]

한국의 한 중견기업에서 '정견 워크숍'을 도입해 유의미한 변화를 이끌어냈다. 매월 마지막 주 금요일에 전 부서 팀장들이 한자리에 모여 각자의 관점에서 회사 상황을 분석하고 공유했다. 마케팅팀은 고객 관점에서, R&D팀은 기술 관점에서, 재무팀은 수익성 관점에서 같은 이슈를 다르게 해석하며 의견을 나눴다.

처음에는 관점 차이로 갈등도 있었지만, 시간이 지나면서 구성원들은 점점 다면적 사고 능력을 키워갔다. 그러자 놀라운 변화가 일어났다. 신제품 기획 회의에서 마케팅 담당자가 기술적 제약을 먼저 고려하고, R&D 담당자가 시장 반응을 예측하기 시작한 것이다. 자연스럽게 부서 간 갈등은 줄어들고 의사결정 속도도 눈에 띄게 빨라졌다.

정사유(正思惟): 윤리적 의도와 장기적 비전

정사유는 올바른 동기와 의도를 갖는 것이다. 현대 경영에서 이는 단기적 이익 추구를 넘어 장기적 가치 창출을 지향하는 마음가짐을 의미한다.

정사유의 핵심은 개인이나 조직의 이익만이 아닌 사회 전체의 이익을 고려하는 것이다. 한국의 한 제약회사는 코로나-19 팬데믹 초기 마스크 생산 라인을 대폭 확충했다. 당시 마스크 가격이 급등하고 있었기 때문에, 단기적으로는 큰 수익을 낼 수 있는 기회였다. 하지만 이 회사는 정부 권고가격을 준수하며 안정적인 공급에 집중했다.

"우리가 더 많은 돈을 벌 수도 있지만, 지금은 국민의 안전이 더 중요합니다."

CEO의 결정은 단기적으로는 기회비용을 감수한 선택이었지만, 장기적으로는 브랜드 신뢰도를 크게 높이는 계기가 되었다. 팬데믹 이후, 이 회사의 제품들은 '신뢰할 수 있는 브랜드'로 인식되며 시장 점유율이 크게 상승했다.

정어(正語): 진실한 소통과 투명성

정어는 진실하고 이로운 말을 하는 것이다. 경영에서 이는 투명한 소통과 진정한 경청을 의미한다. 많은 리더가 '소통'을 말하지만, 실제로는 일방적인 지시나 설득에 그치는 경우가 많다.

마이크로소프트의 사티아 나델라가 보여준 변화는 인상적이다. 그가 CEO에 취임하기 전까지 마이크로소프트의 직원들은 '우리가 업계 최고'라는 오만함에 사로잡혀 있었다. 하지만 나델라는 "모두 아는 사람(Know-it-all)에서 함께 배우는 사람(Learn-it-all)"으로 바뀌어야 한다고 과감히 선언했다. 이는 자신도 완벽하지 않다는 것을 인정하고, 구성원들과 함께 배우며 성장하겠다는 리더로서의 의지를 표현한 말이었다.

리더가 먼저 겸손함을 실천하자 조직 전체의 소통 문화가 달라지기 시작했다. 직원들이 자유롭게 의견을 개진하기 시작했고, 부서 간 협력도 활발해졌다. 결과적으로 혁신적인 아이디어들이 쏟아져 나왔고, 마이크로소프트는 오랜 침체를 딛고 다시 혁신 기업으로 거듭나게 되었다. 내부의 사일로(Silos)를 혁신하고 변화에 올라탄 것이다.

정업(正業): 해롭지 않은 행동의 실천

정업은 어떤 존재에게도 해를 끼치지 않는 행동을 하는 것이다. 현대 경영에서 이는 환경보호, 노동자 권익 보장, 공정한 거래 등을 통해 실현된다.

유니레버는 모든 제품의 전 생애주기에서 환경 영향을 최소화하기 위한 기술 개발에 앞장서 왔다. 플라스틱 포장재를 제거한 도브의 고체 샴푸, 탄소 중립을 실현한 벤 앤 제리스의 아이스크림이 그 대표적인 결과물이다.

이처럼 지속 가능성을 추구하는 브랜드들의 성장률은 일반 브랜드보다 50% 높았고, 이들이 전체 비즈니스 성장을 견인하는 핵심 동력이 되었다. 환경을 보호하면서 동시에 더 큰 수익을 창출한 것이다.

정명(正命): 해롭지 않은 방식의 부 창출

정명은 생계를 유지하는 방식 자체가 타인과 환경에 해를 끼치지 않아야 한다는 원칙이다. 현대 기업에 적용하면 비즈니스모델 그 자체가 지속 가능해야 한다는 의미다. 테슬라의 미션은 정명의 대표적인 사례다. '지속 가능한 에너지로의 전환 가속화'라는 목표는 단순히 전기차를 파는 것을 넘어, 화석연료 의존도를 줄이고 인류의 지속 가능한 미래에 기여하겠다는 방향성을 담고 있다.

한국의 소셜벤처들도 정명의 실천 사례들을 보여주고 있다. 사회적 기업 '동구밭'은 고품질의 수제 비누를 생산하는 동시에 발달장애인들에게 안정적인 일자리를 제공한다.[12] '장애인 고용'이라는 사회적 가치와 '우수한 제품 품질'이라는 경제적 가치를 동시에 추구하는 구조다. 초기에는 생산성이 낮고 관리 비용이 많이 들었지만, 시간이 지나면서 차별화된 경쟁 우위를 확보했다. 소비자들은 단순히 비누를 구매하는 것이 아니라 사회적 가치 창출에 동참한다는 의미를 느꼈고, 결과적으로 일반 제품보다 30% 더 비싼 가격에도 불구하고 꾸준한 판매 증가를 기록하고 있다.

정정진(正精進): 꾸준한 노력과 변화 추진력

정정진은 올바른 방향으로의 꾸준한 노력을 의미한다. 현대 경영에서 이는 지속적인 개선(Kaizen)과 근본적 혁신(Innovation)을 균형 있게 추진하는 것이다.

토요타의 'Toyota Production System'이 정정진의 대표적 사례다. "완벽은 없다. 항상 개선할 점이 있다"는 철학 하에 토요타의 모든 직원이 일상적으로 개선 아이디어를 제안한다. 작은 개선들이 누적되어 큰 변화를 만들어내는 것이다. 한 해에 수백만 건의 개선 제안이 나오고, 그 중 상당수가 실제 적용된다. 이런 꾸준한 노력이 토요타를 세계 최고 품질의 자동차 회사로 만들었다.

정정진의 또 다른 측면은 변화에 대한 저항을 극복하는 것이다. 새로운 비즈니스모델이나 기술 도입 시 조직 내부의 저항을 지혜롭게 관리해야 한다. GE의 잭 웰치가 1980년대 추진한 변화가 대표적이다. '1등 아니면 철수'라는 강력한 메시지 하에 사업 구조조정을 단행했지만, 동시에 직원들의 역량 개발과 문화 혁신에도 집중했다.

그는 강압적인 변화가 아니라 구성원들이 스스로 변화의 필요성을 인식하고 참여하도록 유도했다. 'Work-Out' 프로그램을 통해 일선 직원들이 직접 문제점을 찾고 해결책을 제시하도록 했다. 이런 참여적 접근 덕분에 그는 혁신을 이룰 수 있었다.

정념(正念): 현재에 집중하는 리더십

정념은 현재 순간에 온전히 집중하며 상황을 객관적으로 인식하는 능력이다. 현대 경영에서 이는 감정이나 편견에 휩쓸리지 않고 명확한 판단을 내리는 것을 의미한다.

구글의 마음챙김 프로그램이 대표적이다. 'Search Inside Yourself'라는 이름의 이 프로그램은 직원들이 스트레스를 관리하고 집중력을 높이며, 더 나은 의사결정을 내릴 수 있도록 돕는다.

정념은 또한 객관적 데이터와 직관적 통찰을 조화롭게 활용하는 능력이기도 하다. 아마존의 베이조스는 '우리는 수학과 직감 모두를 사용한다'고 말했다.

중요한 결정을 할 때는 철저히 데이터를 분석하지만, 동시에 고객 입장에서 직관적으로 생각해본다. 킨들이나 알렉사 같은 혁신적 제품들은 이런 균형 잡힌 접근에서 나왔다.

정정(正定): 핵심에 집중하는 경영

정정은 마음의 집중과 안정을 의미한다. 현대 경영에서 이는 복잡한 환경 속에서도 핵심에 집중하는 능력이다.

애플의 스티브 잡스가 보여준 집중력이 대표적이다. 그는 "1000번의 아니오를 해야 하나의 예스를 할 수 있다"고 말했다. 수많은 가능성 중에서 정말 중요한 것만 선택하는 것이다. 잡스가 복귀한 후 애플은 복잡했던 제품 라인을 대폭 정리했다. 수십 개의 컴퓨터 모델을 4개로 줄이고, 각각에 모든 역량을 집중했다. 이런 선택과 집중이 아이맥, 아이팟, 아이폰 같은 혁신적 제품을 탄생시켰다.

동시에 정정은 장기적 비전을 유지하면서도 단기적 실행에 집중하는 능력을 의미한다. 아마존의 'Day 1' 철학이 이를 잘 보여준다. 베이조스는 "Day 1은 시작의 날"이라며, 아무리 회사가 커져도 스타트업의 초심을 잃지 말자고 강조했다. 장기적으로는 '지구상에서 가장 고객 중심적인 회사'라는 비전을 추구하면서도 매일의 경영에서는 고객 만족도 향상이라는 구체적 목표에 집중하는 것이다.

팔정도의 통합적 실천: 전인적 리더십의 완성

팔정도는 8개의 독립적인 요소가 아니라 하나의 통합된 체계다. 정견으로 시작해 정정으로 완성되는 순환적 구조로 각 요소가 서로를 강화하며 발전한다.

한국의 한 중견기업에서 팔정도 리더십 프로그램을 도입하면 어떨까?

6개월간 매월 하나씩 팔정도의 요소를 깊이 있게 학습하고 경영 현장에서 실천해보는 것이다.

첫 달에는 정견(올바른 이해)을 위해 회사와 시장에 대한 다각적 분석을 수행한다.

둘째 달에는 정사유(올바른 의도)를 위해 기업의 미션과 비전을 재정립한다.

이처럼 단계별로, 체계적으로 진행한다면 리더들의 의식과 행동에 점진적인 변화가 나타날 것이다. 나는 이들의 6개월 후 놀라운 변화를 감히 짐작해볼 수 있다.

의사결정은 더 신중하고 윤리적으로 바뀔 것이며, 직원들과의 소통은 더욱 투명하고 진정성 있게 개선될 것이다. 무엇보다도 단기적 성과 압박에 휘둘리지 않고 장기적인 가치 창출에 집중하는 리더십이 자리잡게 될 것이다.

팔정도의 가장 큰 특징은 내면의 변화가 외부 성과로 자연스럽게 이어진다는 점이다. 리더가 정념(마음챙김)을 통해 내적 평온을 얻으면, 스트레스 상황에서도 흔들림 없이, 명확한 판단을 내릴 수 있다. 또한 정견(올바른 이해)을 통해 통찰력을 기르면 복잡한 문제의 본질을 꿰뚫는 힘이 생긴다.

실제로 팔정도를 실천한 이들이 공통적으로 말하는 변화는 '여유'가 생긴다는 것이다. 이들은 예전처럼 급하게 서두르거나 감정적으로 반응하지 않게 되었다. 대신 차분하게 상황을 분석하고, 장기적 관점에서 최선의 결정을 내리는 태도가 몸에 배기 시작한다.

지혜로운 경영의 완성

도성제의 팔정도는 현대 경영자들에게 구체적이고 실천가능한 로드맵을 제시한다. 이는 단순한 기법이나 도구가 아니라, 리더와 조직이 함께 성장하며 지속 가능한 가치를 창출하는 총체적 접근법이다.

정견에서 시작해 정정으로 완성되는 이 여정은 기업을 진정으로 '고통 없는' 상태로 이끈다. 외부 환경 변화에 휘둘리지 않고 모든 이해관계자와 조화를 이루며, 지속 가능한 번영을 달성하는 것이다.

21세기 기업들이 직면한 복잡한 도전들을 보라. 기후변화, 사회적 불평등, 기술 혁신, 팬데믹 등은 기존의 경영 방식으로는 해결할 수 없다. 팔정도로 대표되는 깊은 지혜와 체계적 실천만이 진정한 해답을 제시할 수 있다.

사성제의 여정이 완성된 지금, 우리는 니까야 경영의 전체 그림을 볼 수 있다. 고통을 직시하고(고성제), 원인을 파악하며(집성제), 해결 가능성을 확신하고(멸성제), 구체적으로 실천하는(도성제) 이 체계적 접근법이야말로 현대 기업이 나아가야 할 길이다.

무상(無常): 변화와 춤추는 기업의 지혜

2007년 1월 9일, 스티브 잡스가 맥월드(미국 IDG 월드 엑스포가 주최한 애플 제품 발표·전시 이벤트)에서 아이폰을 발표하던 순간을 기억하는가?

"오늘 애플이 휴대폰을 재발명합니다."

그의 선언은 단순한 신제품 출시가 아니었다. 그것은 전 세계 수십억 명의 삶을 바꾸고, 수많은 산업을 재편하며, 기업들의 운명을 가른 역사적 순간이었다. 그날 이후 노키아, 모토로라, 블랙베리 같은 거대 기업들이 몰락했고, 우버, 에어비앤비, 인스타그램 같은 새로운 기업들이 등장했다. 불과 15년 만에 세상이 완전히 달라진 것이다.

이것이 바로 '무상(無常)'의 현실이다.

무상은 "모든 것은 끊임없이 변한다"는 불교의 핵심 원리다. 2,600년 전 붓다가 깨달은 이 진리는 오늘날 그 어느 때보다 절실한 경영의 지혜가 되었다. 변화를 거부하는 기업은 생존할 수 없고, 변화를 받아들이는 기업만이 번영할 수 있는 시대가 온 것이다.

변화를 위협으로 보는 전통적 사고의 한계

20세기 산업사회의 경영학은 예측가능성과 통제를 중시했다. 5년, 10년 계획을 세우고, 그 계획대로 실행하는 것이 성공의 비결이라고 여겨졌다. 하지만 21세기에 들어서면서 이런 접근법의 한계가 드러나기 시작했다.

2000년 세계 10대 기업 목록을 보면 지금과 완전히 다르다. 당시 1위였던 제너럴일렉트릭(GE)은 지금 다우지수에서도 제외되었고, 코닥은 파산했으며, 야후는 버라이즌에 팔렸다. 반면 당시 목록에 없던 애플, 아마존, 구글이 지금은 세계 최고 기업들이다.

무엇이 이런 극적인 변화를 가능하게 했을까?

변화하는 세상에 적응하느냐, 과거에 안주하느냐의 차이였다.

블록버스터의 착각: 현상 유지의 함정

2004년 넷플릭스가 스트리밍 서비스를 제안했을 때, 블록버스터 CEO 존 앤티오코는 단언했다.

"사람들은 집에서 영화를 보는 것보다 매장에서 직접 고르는 경험을 더 좋아합니다."

당시 블록버스터는 전 세계 9,000개 매장을 운영하는 거대 기업이었다. 연간 60억 달러의 매출을 올리고 있었고, 넷플릭스는 작은 스타트업에 불과했다.

그러나 '우리가 왜 그들을 두려워해야 하나?'라는 자만심이 변화에 대한 감수성을 무뎌지게 했다.
소비자들의 선택은 어떠했는가. 편리함과 다양성을 제공하는 스트리밍 서비스로 빠르게 이동했다. 2010년 블록버스터가 파산신청을 할 때까지도 경영진은 일시적인 현상이라고 부인했다. 무상을 받아들이지 못한 대가였다.

넷플릭스: 자기 파괴를 통한 진화

넷플릭스의 성공 비결은 끊임없는 자기 혁신에 있다. DVD 우편 배송으로 시작한 이 회사는 스스로 그 사업을 파괴하며 스트리밍으로 전환했다. 그리고 다시 콘텐츠 제작으로 진화했다.
CEO 리드 헤이스팅스는 "우리는 항상 스스로를 파괴할 준비가 되어 있다"고 말했다. 실제로 2007년 스트리밍 서비스를 시작할 때, 수익성 높은 DVD 사업이 타격을 받을 것을 알고 있었다. 하지만 '변화하지 않으면 다른 누군가가 우리를 변화시킬 것'이라는 믿음으로 과감히 전환했다.
결과는 모두가 아는 바와 같다. 넷플릭스는 글로벌 엔터테인먼트 산업의 패러다임을 바꾸며, 세계에서 가장 가치 있는 미디어 기업이 되었다.

아마존: 끊임없는 실험과 확장

아마존의 제프 베이조스는 무상의 원리를 가장 잘 이해한 경영자 중 하나다. "변화는 우리의 친구"라고 말하며, 끊임없는 실험과 혁신을 추진했다.
온라인 서점으로 시작한 아마존은 전자상거래, 클라우드 서비스, 인공지능, 물류, 심지어 우주 사업까지 확장했다. 많은 사업이 실패했지만, 베이조스는 '실패는 혁신의 필수 요소'라며 실험을 멈추지 않았다. 알렉사, AWS, 아마존프라임 같은 혁신적 서비스들은 모두 이런 끊임없는 실험에서 나왔다. 항상 스타트업의 마음가짐으로 변화를 추구한 결과다.

무상의 경영학적 함의: 수동적 적응에서 능동적 주도로

무상을 진정으로 이해한 기업들은 불확실성을 두려워하지 않는다. 오히려 그 속에서 새로운 기회를 찾아낸다. 코로나-19 팬데믹은 이를 잘 보여주는 사례다.

많은 전통적인 기업들은 팬데믹을 예상치 못한 위기로 받아들이며 방어적으로 대응했다. 하지만 무상의 원리를 체득한 기업들은 달랐다. 줌, 넷플릭스, 아마존, 테슬라 등은 급변하는 상황을 오히려 기회로 활용하며 더 큰 성장을 이뤘다.

한국의 한 교육 스타트업도 비슷한 경험을 만들었다. 팬데믹으로 오프라인 교육이 전면 중단되자, 단 3일 만에 온라인 플랫폼을 구축했다. '위기는 곧 기회'라는 마음가짐으로 빠르게 대응한 결과, 사용자 수가 10배 증가하는 성과를 거두었다.

무상을 받아들인 기업들의 또 다른 특징은 실패를 두려워하지 않는다는 점이다. 아마존에는 실패를 축하하는 문화가 있다. 베이조스는 "큰 성공을 위해서는 큰 실패가 필요하다"고 말했다. 실제로 파이어폰처럼 실패한 제품도 있었지만, 그 경험은 훗날 알렉사 같은 혁신으로 이어졌다.

무상의 원리는 제품이나 서비스뿐만 아니라 조직 구조에도 적용된다. 변화하는 환경에 맞춰 조직을 유연하게 재편하는 것이다.

스포티파이의 조직문화인 '스쿼드(Squad)' 모델이 대표적인 예다. 작고 자율적인 팀들이 독립적으로 운영되면서도 전체 목표에 맞춰 유기적으로 협력하는 구조다. 이 모델은 시장 변화에 따라 팀을 빠르게 재구성할 수 있어 민첩성이 크게 향상되었다.
한국의 한 IT 기업도 비슷한 변화를 시도했다. 기존의 수직적인 조직 구조를 수평적 프로젝트 중심 팀으로 재편했다. 처음에는 혼란이 있었지만, 시간이 지나면서 의사결정 속도가 빨라지고 혁신 역량이 크게 향상되었다.

창조적 파괴의 동력: 시장을 선도하는 혁신

무상을 체득한 기업들은 기존 산업의 경계에 얽매이지 않는다. 테슬라가 대표적이다. 일론 머스크는 테슬라를 단순한 자동차 회사가 아닌 '지속 가능한 에너지 회사'로 정의했다. 이제 테슬라는 전기차뿐만 아니라 태양광 패널, 에너지 저장 시스템, 심지어 로켓까지 만든다.
기존 자동차 업계의 상식으로는 이해할 수 없는 확장이다. 하지만 '지속 가능한 미래'라는 일관된 비전 아래에서는 모든 것이 연결된다.
애플의 성공도 비슷한 맥락이다. 스티브 잡스는 하드웨어, 소프트웨어, 서비스를 통합한 생태계를 구축했다. 아이폰, 앱스토어, 아이클라우드가 유기적으로 연결되어 사용자 경험을 극대화한 것이다.
이런 생태계적 사고는 기존 업계의 분업화된 구조를 완전히 뒤바꿨다. 삼성, LG 같은 경쟁사들도 비슷한 전략을 추진하며 산업 전체가 변화했다.

한국 기업들의 무상 실천 사례

네이버: 포털에서 플랫폼으로

2000년대 포털 사이트로 출발한 네이버는 끊임없이 변화를 통해 스스로를 재정의해 왔다. 블로그, 카페, 지식iN을 통해 사용자 참여를 확대했고, 이후 네이버페이, 네이버 클라우드, 웹툰 등으로 사업 영역을 넓혀갔다.

특히 모바일 메신저 '라인(LINE)'의 성공은 무상의 원리를 잘 보여준다. 모바일 혁명이 시작되자 네이버는 지체 없이 메신저 서비스에 투자했고, 일본과 동남아시아 시장에서 폭발적인 반응과 함께 큰 성공을 거두었다. 기존 포털 사업에 안주했다면 결코 얻을 수 없었던 성과였다. 끊임없는 변화와 유연한 대응이 바로 네이버의 성장 동력이었다.

카카오: 메신저에서 슈퍼앱으로

카카오톡으로 시작한 이 회사는 이후 카카오페이, 카카오택시, 카카오뱅크로 서비스를 확장하며 슈퍼앱 생태계를 구축해 나갔다. 김범수 창업자는 메신저만으로는 한계가 있다는 현실을 일찍이 발견하고 끊임없는 도전을 강조했다. 그는 수많은 실험과 실패를 감내하며 지금의 종합 플랫폼 생태계를 만들어냈다. 변화를 두려워하지 않는 문화는 카카오 혁신의 핵심 동력이었으며, 디지털 시대에 걸맞는 국내 대표 플랫폼 기업으로 도약할 수 있게 했다.

지속적 재탄생: 무상을 조직 DNA로 만들기

무상의 원리를 조직에 내재화하려면 지속적인 학습 문화가 필요하다. 3M의 '15% 룰'이 대표적이다. 직원들이 업무 시간의 15%를 자유로운 연구에 사용할 수 있도록 한 것이다.

이 정책에서 포스트잇, 스카치테이프 같은 혁신 제품들이 나왔다. 100년 넘는 역사를 가진 3M이 지금도 혁신 기업으로 평가받는 이유다.

무상의 지혜는 현대 기업에게 가장 필요한 역량을 제시한다. 변화를 거부하지 않고 받아들이며, 나아가 변화를 주도하는 능력. 그것이 바로 무상의 본질이다.

21세기는 변화의 속도가 기하급수적으로 빨라지는 시대다. 인공지능, 생명공학, 양자컴퓨팅 등 새로운 기술들이 또 다른 혁명을 예고하고 있다. 이런 환경에서 과거의 성공에 안주하는 기업은 생존할 수 없다.

무상의 원리를 체득한 기업만이 이 격변의 시대를 헤쳐나갈 수 있다. 변화를 두려워하지 않고, 실패를 학습의 기회로 여기며, 끊임없이 스스로를 재정의하고 재탄생하는 기업들이 미래의 승자가 될 것이다.

그리고 그 중심에는 리더의 역할이 있다. 변화를 두려워하지 않고 앞장서 실험하며 실패를 끌어안는 리더십이 필요하다.

무엇보다 중요한 것은 실패에서 배우는 문화다. 실패를 감추거나 처벌하지 않고, 오히려 그 속에서 교훈을 찾아 다음 혁신의 자양분으로 삼는 것이다. 구글의 포스트 모템(Post-mortem) 문화가 대표적인 예시다. 프로젝트가 실패하면 그 원인을 철저히 분석하고 이를 공유한다. 같은 실수를 반복하지 않고, 더 나은 결과를 만들어내기 위해서다.

코닥과 블록버스터의 교훈을 기억하자. 그리고 넷플릭스와 아마존의 지혜를 배워야 한다. 무상의 강물에 맞서 싸우지 말고, 그 흐름에 몸을 맡기며 유연하게 헤엄치는 것이다.

연기(緣起): 모든 것이 연결된 경영의 생태계

2008년 9월 15일, 리먼브라더스가 파산했을 때 전 세계가 충격에 빠졌다.

단 하나의 투자은행 파산이 어떻게 전 세계 경제를 마비시킬 수 있었을까? 미국 부동산 시장의 문제가 왜 한국의 중소기업까지 직격탄을 맞게 했을까? 답은 '연기(緣起)'에 있다. 모든 것이 서로 연결되어 있고, 하나의 변화가 전체 시스템에 파급효과를 미친다는 불교의 핵심 원리다. 2,600년 전 붓다가 깨달은 이 진리는 오늘날 글로벌 경제와 기업 경영에서 그 어느 때보다 현실적인 의미를 갖는다.

"이것이 있으므로 저것이 있고, 이것이 생겨남으로 저것이 생겨난다. 이것이 없으므로 저것이 없고, 이것이 사라짐으로 저것이 사라진다."

이 간단한 문장 속에 현대 경영의 가장 중요한 통찰이 담겨 있다.

독립적 존재라는 환상의 붕괴

전통적인 경영학은 오랫동안 기업을 독립된 존재로 바라보는 경향이 있었다. 각 부서는 자신의 목표에만 집중하고, 기업은 자사의 이익만 추구하며, 경쟁사는 제로섬 게임의 상대로 간주하는 사고방식이 지배적이었다. 하지만 이런 분절적 사고는 심각한 문제를 일으킨다.

한국의 한 대기업에서 일어난 사례가 이를 잘 보여준다. 원가절감팀이 부품 조달비를 20% 줄이는 데 성공했다. 단기적으로는 큰 성과였다. 하지만 6개월 후 문제가 터졌다. 저가 부품 때문에 제품 불량률이 급증했고, 고객 클레임이 폭발적으로 늘어났다. A/S 비용이 급등했고, 브랜드 이미지에도 큰 타격이 가해졌다. 결국 원가절감으로 얻은 성과보다 10배가 넘는 손실이 발생했다. 한 부서의 성공이 전체 시스템의 실패로 이어진 전형적인 사례였다.

월마트의 깨달음: 공급망도 생태계다

월마트의 변화는 연기의 원리를 잘 보여준다. 1990년대까지 이 회사는 공급업체들을 단순한 '비용 센터'로 여겼다. 이 때문에 납품가를 최대한 낮추는 것이 유일한 목표였다.

하지만 2000년대에 들어서며 문제가 생겼다. 과도한 가격 압박으로 공급업체들의 품질이 떨어지기 시작했고, 일부는 아예 사업을 포기할 정도였기 때문이다. 안정적인 공급망이 흔들리자 월마트도 타격을 받았다.

이때 월마트는 근본적인 깨달음을 얻었다.

"공급업체가 망하면 우리도 망한다."

그리고 2005년부터 '공급업체 파트너십 프로그램'을 시작했다. 단순한 가격 협상이 아니라 함께 성장하는 관계로 전환한 것이다. 월마트는 공급업체들의 효율성 개선을 지원하고, 장기 계약을 보장하며, 공동 R&D도 진행했다.

시간이 지나자 공급업체들의 혁신 역량이 향상되었고, 월마트의 경쟁력도 크게 강화되었다. 상생의 연기법이 실현된 것이다.

토요타: 전체 최적화 철학

토요타생산시스템(TPS)은 연기법의 현대적 구현이라 할 수 있다.

토요타는 처음부터 자동차 생산을 단순한 공정의 집합이 아닌 하나의 유기적 시스템으로 인식했다. 전통적인 제조업체들이 각 공정의 효율을 개별적으로 최적화하려 했던 반면 토요타는 전체 흐름의 조화와 균형에 집중했다. 그 철학의 결정체가 바로 '저스트 인 타임(Just-In-Time, JIT)' 생산 방식이다.

'저스트 인 타임'의 핵심은 각 공정이 다음 공정의 요구에 맞춰 정확한 시점에 정확한 양의 부품을 공급하는 것이다. 한 곳에서 문제가 생기면 전체가 멈출 수 있다는 취약점이 있으나, 동시에 문제를 즉시 발견하고 해결할 수 있다는 장점도 존재한다. 토요타는 부분의 효율이 아니라 전체의 최적화를 지향했고, 그 결과 세계 최고 수준의 품질과 생산성을 갖춘 자동차 기업으로 우뚝 설 수 있었다.

한국 기업들의 연기법 실천

삼성전자의 반도체 사업도 연기법의 좋은 사례다. 삼성은 단순히 메모리칩을 만드는 것이 아니라, 전체 IT 생태계의 발전을 함께 추진했다. 고객사들의 기술 개발을 지원하고, 새로운 애플리케이션 발굴에도 투자하는 방식이다.

예컨대 스마트폰이 등장할 때 삼성은 모바일 최적화 메모리를 개발하며 시장 확산에 기여했다. 스마트폰 시장이 커질수록 메모리 수요도 늘어나는 선순환 구조를 만든 것이다.

최근에는 AI, 자율주행차, IoT 등 새로운 분야의 생태계 형성에도 적극 참여하고 있다. 단순한 부품 공급업체가 아니라 혁신 생태계의 핵심 파트너 역할을 하는 셈이다.

현대자동차의 '동반성장' 정책도 연기법의 실천이다. 과거에는 '납품단가 10% 인하' 식의 일방적 요구가 일반적이었다. 하지만 이는 협력업체들의 품질 저하와 관계 악화로 이어졌다.

이에 현대자동차는 2000년대 중반부터 완전히 다른 접근을 시작했다. 협력업체의 기술력 향상을 위한 교육과 자금 지원, 장기 계약을 통한 안정성 보장, 공동 R&D 프로그램 운영 등 진정한 파트너십을 구축했다.[13)]

현대차그룹 정의선 회장은 "협력업체가 성장해야 우리도 성장한다"고 강조한다. 실제로 협력업체들의 기술력이 향상되면서 현대차의 품질과 경쟁력도 크게 개선되었다. 전체 생태계가 함께 발전하는 모델을 만든 것이다.

위기에서 드러나는 연결의 중요성

코로나-19 팬데믹은 전 세계의 상호의존성을 극명하게 시사했다. 중국 우한의 봉쇄가 전 세계 공급망을 마비시켰고, 유럽의 확산이 한국 경제에 직격탄을 날렸다. 그 누구도 혼자서는 안전할 수 없다는 사실이 드러났다.

하지만 위기는 동시에 연대의 중요성도 보여줬다. 마스크와 방역물품을 서로 지원하고, 백신 기술을 공유하며, 경제 회복을 위해 협력한 나라들이 더 빠르게 회복했다.

기업 차원에서도 마찬가지였다. 협력업체들과 긴밀한 관계를 유지한 기업들이 공급망 위기를 더 잘 극복했다. 평소에 상생 관계를 구축해둔 것이 위기 상황에서 결정적인 도움이 된 것이다.

기후변화 문제는 연기법의 또 다른 실증이다. 한 나라의 탄소 배출이 전 지구에 영향을 미치고, 극지방의 빙하 융해가 해안 도시들을 위협한다. 그 누구도 혼자서는 해결할 수 없는 문제다.

이에 대응하여 글로벌 기업들이 탄소중립 연대를 구축하고 있다. 애플은 2030년까지 공급망 전체의 탄소중립을 선언했다. 단순히 자사만의 목표가 아니라 협력업체들까지 포함한 생태계 차원의 목표다.

마이크로소프트는 2030년까지 탄소 네거티브를 달성하겠다고 발표했다. 자사의 배출량을 제로로 만드는 것을 넘어, 과거 배출한 탄소까지 제거하겠다는 야심찬 계획이다. 이를 위해 전 세계 수많은 기업과 연구기관, 정부와 협력하고 있다.

투명성과 협의체: 연기법의 제도화

연기법을 실천하려면 가치사슬 전체의 투명성이 필요하다. 어디서 무엇이 어떻게 만들어지는지 알아야 전체 시스템을 최적화할 수 있다.

나이키의 변화가 대표적이다. 1990년대 아동노동 논란에 휩싸인 후, 나이키는 공급망의 완전한 투명성을 추진했다. 모든 협력업체의 위치와 작업 조건을 공개하고, 정기적인 감사를 실시한다.

처음에는 비용과 복잡성이 경영의 발목을 잡는 듯했다. 하지만 장기적으로는 큰 이익을 얻었다. 품질이 향상되었고, 브랜드 신뢰도가 크게 개선되었으며, 위험 관리 능력도 강화되었다.

유니레버의 'Sustainable Living Plan'은 이해관계자 협의체의 모범 사례다. 환경단체, 노동조합, 학계, 정부, 소비자 단체 등 다양한 이해관계자들과 정기적으로 소통한다. 중요한 결정을 내릴 때는 반드시 이들의 의견을 수렴한다. 때로는 단기적 이익에 반하는 결정을 내리기도 하지만, 장기적으로는 모든 이해관계자가 만족하는 결과를 얻는다.

순환경제와 데이터 생태계

연기법적 사고는 새로운 혁신 기회도 제공한다. 한 기업의 폐기물이 다른 기업의 원료가 되는 순환경제 모델이 대표적이다.

칼스버그와 H&M의 협력은 무척 흥미로운 사례다. 맥주 생산 과정에서 나오는 보리 찌꺼기를 패션회사인 H&M이 섬유 원료로 활용하는 것이다. 칼스버그는 폐기물 처리 비용을 절약하고, H&M은 친환경 원료를 확보하며, 환경도 보호되는 일석삼조의 효과다.

디지털 시대의 연기법은 데이터 생태계 구축으로 나타난다. 구글, 애플, 아마존 같은 플랫폼 기업들이 이를 잘 보여준다. 이들은 사용자 데이터를 기반으로 더 나은 서비스를 제공하고, 그 서비스가 더 많은 사용자를 끌어들이며, 더 많은 데이터가 축적되는 선순환을 만들었다. 개별 서비스의 최적화가 아니라 전체 생태계의 최적화를 추구한 결과다.

회복탄력성: 연결될수록 강해진다

연기법적 사고는 위험 관리에서도 중요하다. 모든 것이 연결되어 있다면, 위험도 분산시킬 수 있다. 한 곳에서 문제가 생겨도 다른 곳에서 보완할 수 있는 구조를 만드는 것이다.

아마존의 AWS는 전 세계 수십 개 지역에 데이터센터를 분산 배치했다. 한 지역에서 문제가 생겨도 다른 지역에서 서비스를 계속 제공할 수 있다. 연결되어 있기 때문에 오히려 더 안전한 것이다.

또한 코로나-19 기간 중 많은 기업이 상호 지원 네트워크의 중요성을 깨달았다. 평소에 좋은 관계를 유지한 기업들끼리 어려운 시기를 함께 극복했다. 한국의 한 중견기업은 협력업체들과 '위기 대응 컨소시엄'을 구성했다. 한 회사가 어려우면 다른 회사들이 지원하고, 시장 기회가 생기면 함께 나누는 것이다.

이는 개별적으로는 약할 수 있지만, 연결되면 강해지는 연기법의 힘이다.

연결된 세상에서 번영하는 법

연기법이 현대 경영에 주는 가장 중요한 통찰은 '혼자서는 성공할 수 없다'는 것이다. 기업의 성공은 고객, 직원, 협력업체, 지역사회, 환경 등 모든 이해관계자와의 조화로운 관계에서 나온다.

21세기는 연결의 시대다. 인터넷, 소셜미디어, 글로벌 공급망을 통해 세상은 그 어느 때보다 촘촘하게 연결되어 있다. 이런 환경에서 과거의 독립적·경쟁적 사고로는 성공할 수 없다.

대신 상호의존성을 인식하고, 시스템적으로 사고하며, 모든 이해관계자와 상생하는 기업만이 지속 가능한 번영을 이룰 수 있다. 부분의 최적화가 아닌 전체의 최적화, 제로섬이 아닌 포지티브섬, 경쟁이 아닌 협력이 새로운 성공의 원칙이다.

"이것이 있으므로 저것이 있다"는 연기법의 진리는 현대 기업에게 명확한 메시지를 준다. 다른 모든 존재의 번영이 곧 나의 번영이며, 전체의 성공이 곧 개별의 성공이라는 것이다. 이것이야말로 2,600년 전 붓다가 깨달은 연기법이 21세기 경영에 주는 가장 귀중한 선물이다.

무아(無我): 에고를 내려놓은 리더의 힘

한국의 한 스타트업의 창업자이자 CEO는 모든 의사결정을 혼자 내리는 것으로 유명했다. "내가 이 회사를 여기까지 키웠는데, 누가 나보다 잘 알겠는가"라는 확신이 있었던 것이다.

하지만 회사가 성장하면서 문제가 생기기 시작했다. 우수한 인재들이 하나둘 떠나갔고, 혁신적인 아이디어는 더 이상 나오지 않았다. 가장 치명적인 것은 중요한 시장 기회를 놓친 것이었다. 팀원들이 몇 번이나 새로운 트렌드를 보고했지만, CEO는 묵살했다.

"내 경험으로는 그렇지 않아."

결국 그 기회는 경쟁사가 선점했고, 회사는 심각한 위기에 빠졌다. 그때야 CEO는 깨달았다.

"내가 모든 것을 아는 것이 아니구나. 오히려 내 고집이 회사를 망치고 있었구나."

이것이 바로 무아(無我)가 현대 리더십에 던지는 핵심 메시지다.

독립적이고 불변하는 '자아'는 환상이며, 진정한 성공은 그 환상을 내려놓을 때 시작된다는 것이다.

에고의 두 얼굴: 자만심과 자기 의심

리더의 에고는 주로 두 가지 형태로 나타난다. 첫 번째는 과도한 자만심이다. 성공을 거둔 리더일수록 내가 해냈다는 착각에 빠지기 쉽다.

엘리자베스 홈즈의 테라노스(Theranos) 사건이 대표적이다. 한때 '여성 스티브 잡스'로 불리며 90억 달러의 기업가치를 인정받았던 그녀는 자신을 혁신의 아이콘으로 여겼다. 하지만 실제로는 기술적 한계를 무시하고, 직원들의 우려를 묵살하며, 언론과 투자자들을 속였다.

"나는 틀릴 수 없다"는 자만심은 결국 회사를 파멸로 이끌었고, 그녀 자신도 사기 혐의로 실형을 선고받았다.

국내에서도 비슷한 사례들을 찾을 수 있다. 한 대기업의 2세 경영자는 "내가 천재다"라는 확신 하에 무리한 사업 확장을 추진했다. 임원들의 반대에도 불구하고 내 판단을 믿으라며 밀어붙였다. 결과는 수천억 원의 손실과 그룹 전체의 위기로 나타났다.

에고의 또 다른 면은 과도한 자기 의심이다. 자신의 판단을 믿지 못해 결정을 계속 미루는 리더들 말이다.

한 중견기업 CEO는 모든 결정에 대해 수십 번의 회의를 반복했다. "틀리면 어떡하지?"라는 두려움은 그의 행동을 마비시켰다. 그 사이 경쟁사들이 시장을 선점했고, 기회는 사라졌다.

"완벽한 결정을 내리고 싶다"는 욕구 자체가 에고의 발현이다. 실수를 통해 배우고 성장한다는 겸손함보다는, 완벽한 자신의 이미지를 유지하려는 욕구가 더 강했던 것이다.

무아를 체득한 리더들의 혁신

사티아 나델라: 겸양의 리더

2014년 마이크로소프트의 CEO가 되었을 때 그가 가장 먼저 한 일은 자신의 무지를 인정하는 것이었다.

"저도 모르는 것이 많습니다. 여러분이 가르쳐주세요."

그가 전사 미팅에서 한 이 말은 마이크로소프트 역사상 가장 중요한 선언 중 하나로 평가받는다. 나델라는 리더가 모든 답을 알 필요는 없으며, 오히려 끊임없이 배우고 성장하는 자세가 더 중요하다고 강조했다.

그러자 직원들이 자유롭게 의견을 제시하기 시작했고, 부서 간 협력이 활발해졌다. 과거 경쟁사였던 애플, 구글과도 협력 관계를 구축했다. 침체에 빠져 있던 마이크로소프트는 다시 혁신 기업으로 거듭나게 되었다.

제프 베이조스: 권한 분산의 철학

아마존의 창업자 제프 베이조스가 도입한 '투웨이 도어(Two-way door)' 원칙은 바로 의사결정을 내리는 리더가 아닌, 좋은 의사결정이 나올 수 있는 환경을 만드는 리더의 가치를 담고 있다.[14] '투웨이 도어'는 되돌릴 수 있는 결정은 현장에서 빠르게 내리도록 권한을 분산하고, 되돌릴 수 없는 중요한 결정만 신중하게 검토하는 방식이다. 이 접근법은 조직 전체의 의사결정 속도와 유연성을 크게 향상시켰다.

또한 베이조스는 '반대하되 따르기(Disagree and Commit)' 문화를 정착시켰다. 의사결정 과정에서는 누구나 자유롭게 반대 의견을 낼 수 있고 열정적으로 토론할 수 있으나, 결정이 내려진 후에는 모든 구성원이 하나로 뭉쳐 실행에 집중하는 원칙이다. 이는 리더의 독단이 아닌 집단지성을 바탕으로 한 실행력 중심의 조직 운영이다.

‘버퍼’의 투명 경영

소셜미디어 관리 도구 ‘버퍼(Buffer)’는 ‘완전 투명 경영’으로 유명한 조직이다. 모든 직원의 급여, 회사의 매출과 비용, 심지어 이메일까지 공개한다. 버퍼의 CEO 조엘 가스코인은 다음과 같이 말했다.

“숨길 것이 없으면 두려울 것도 없다.”

이런 투명성은 직원들 간의 신뢰를 크게 높였다. 급여 격차나 회사 방향성에 대한 불필요한 추측이 사라졌고, 모든 구성원이 회사의 상황을 정확히 파악하고 최선의 결정을 내릴 수 있게 되었다.

한국 기업의 변화: 수평적 조직문화의 등장

한국 기업들도 변화하고 있다. 카카오의 경우 ‘수평적 호칭 문화’를 도입해 직급에 관계없이 ‘님’으로 부르고, 모든 회의실을 개방해 누구든 자유롭게 이용할 수 있도록 했다.

보다 중요한 것은 의사결정 과정의 변화다. 중요한 결정을 내릴 때 해당 분야 전문가들의 의견을 적극 수렴하고, 젊은 직원들의 아이디어도 진지하게 검토한다. ‘나이나 직급이 아니라 아이디어의 질이 중요하다’는 문화가 자리 잡았다.

한 임원은 털어놓았다.

“솔직히 처음에는 권위가 무너지는 것 같아 불안했습니다. 하지만 시간이 지나면서 오히려 더 존경받는다는 것을 깨달았죠. 직원들이 제안하는 아이디어의 질도 훨씬 높아졌습니다.”

한국 스타트업의 무아 실험

핀테크 기업 토스는 '수평적 의사결정' 문화로 주목받는다. 중요한 제품 기능을 결정할 때 직급이 아니라 해당 분야의 전문성을 기준으로 한다. UI/UX 관련 결정은 디자이너가, 데이터 분석은 데이터 사이언티스트가 주도하는 것이다. CEO나 임원들도 해당 분야 전문가의 의견을 존중하고 따른다.

"CEO라고 모든 분야의 전문가가 될 수는 없죠." 각자의 전문성을 인정하고 신뢰하는 것이 더 좋은 결과를 만든다는 것이 토스 이승건 대표의 철학이다.

한편 배달의민족은 '옆집 형 같은 회사'를 지향한다. 권위적이지 않으면서도 친근하고 신뢰할 수 있는 관계를 만드는 것이다. 김봉진 창업자는 "사장이라는 타이틀보다는 함께 일하는 동료로 인식되고 싶다"고 말했다. 실제로 배달의 민족에서는 직급 구분 없이 편하게 소통하고, 좋은 아이디어가 있으면 누구든 자유롭게 제안할 수 있다.

무아 리더십 개발 프로그램

무아적 리더십을 기르기 위해서는 지속적인 자기 성찰이 필요하다. 최근 많은 글로벌 기업들이 리더십 개발 프로그램에 명상과 마음챙김을 도입하고 있다. 그 대표적인 사례가 구글의 'Search Inside Yourself' 프로그램이다. 이 프로그램은 리더들이 자신의 감정과 편견을 객관적으로 관찰하고, 타인에 대한 공감 능력을 기르는 훈련을 포함한다.

한 참가자는 "처음에는 '이런 것도 회사에서 배우나' 싶었는데, 실제로 해보니 의사결정의 질이 확연히 달라졌다"고 평가했다. 감정적 반응 대신 이성적이고 신중한 판단을 할 수 있게 되었고, 직원들과의 소통도 훨씬 부드러워졌다는 것이다.

무아적 리더십 개발에서 또 하나 중요한 요소는 다면 평가다. 상사, 동료, 부하 직원들로부터 솔직한 피드백을 받아 자신의 리더십을 객관화하는 과정이다.
한 제조업체에서는 분기마다 '리더십 360도 평가'를 실시하고 있다. 리더의 소통 방식, 의사결정 과정, 팀워크 등을 다각도로 점검받는 구조다. 처음에는 거부감도 있었지만, 시간이 지나면서 리더들의 태도 변화와 성장이 뚜렷하게 나타나고 있다.
경험 많은 리더들이 후배들을 지도하는 멘토링 프로그램도 무아 리더십에 효과적이다. 자신의 실패 경험을 솔직하게 나누고, 에고를 내려놓는 법을 전수하는 것이다.
한 IT 기업의 시니어 임원은 이렇게 조언했다. "젊었을 때는 모든 것을 혼자 해결하려 했어요. 하지만 나이가 들면서 다른 사람들의 도움이 얼마나 소중한지 비로소 알게 됐습니다." 이런 경험의 공유는 젊은 리더들에게 큰 깨달음을 줄 수 있다.
무아적 조직문화를 만들려면 성과 평가 시스템의 전환도 필수적이다. 개인의 성과뿐만 아니라 팀워크와 협력 능력 역시 중요하게 평가되어야 하기 때문이다.
한 글로벌 컨설팅 회사는 '협력 지수(Cooperation Index)'를 도입했다. 다른 팀을 얼마나 도왔는지, 지식 공유를 얼마나 했는지가 승진의 중요한 기준이 된다. 이를 통해 개인주의적인 문화에서 협력 중심의 문화로 전환할 수 있었다.
마지막으로 무아적 의사결정을 위해서는 프로세스 자체의 개선도 필요하다. 아마존의 '빈 의자(Empty Chair)' 제도가 좋은 예다. 회의 때 고객을 상징하는 빈 의자를 두고, 모든 결정을 고객 관점에서 검토하는 것이다. 이를 통해 개인의 이해관계나 부서의 이익을 넘어 전체 관점에서 최선의 결정을 내릴 수 있다. '나' 중심에서 '우리', 더 나아가 '고객' 중심으로의 의사결정 문화를 정착시키는 실천이다.

진정한 리더십의 시작, 무아

무아의 지혜는 현대 리더십에 근본적인 전환을 요구한다. 자신을 우주의 중심으로 여기는 에고에서 벗어나, 모든 구성원과 상호의존적으로 연결된 존재임을 인식하는 것이다.

이런 전환이 일어날 때 비로소 진정한 리더십이 시작된다. 권위와 통제가 아닌 섬김과 공동창조, 독단이 아닌 집단지성, 경쟁이 아닌 협력이 새로운 성공의 원칙이 된다.

21세기는 복잡성과 불확실성의 시대다. 한 사람이 모든 답을 알 수 없고, 혼자서는 아무것도 해결할 수 없다. 무아를 체득한 리더만이 이런 환경에서 조직을 성공으로 이끌 수 있다.

"나는 누구인가?"라는 질문에서 시작해 "우리는 누구인가?"로 확장되는 여정. 이것이야말로 2,600년 전 붓다가 깨달은 무아의 지혜가 현대 리더십에 주는 가장 소중한 선물이다.

마음챙김(Mindfulness):
혼란 속에서 명료함을 찾는 리더의 지혜

2008년 금융위기 당시, 전 세계가 패닉 상태에 빠져 있을 때 한 CEO는 자신만의 침착한 대응을 시작했다. 모든 언론이 '경제 대공황이 재현되었다'며 외치고 주식시장이 매일같이 폭락할 때, 포드 자동차의 회장 빌 포드 주니어는 매일 아침 명상으로 하루를 시작했다.[15)]

"지금 이 순간에 집중해야 한다. 과거의 후회나 미래의 불안에 휩쓸리면 올바른 판단을 할 수 없어."

후에 빌 포드 주니어는 명상이 그의 생명선(lifeline)이었다고 고백했다.

그의 명상에 대한 철학은 단순한 개인적 취향이 아니었다. 그것은 마음챙김이라는 2,600년 된 지혜를 현대 경영에 적용한 결과였다.

결과적으로 포드 자동차는 파산 위기에 처했을 때에도 위기를 극복해냈다. 감정에 휩쓸리지 않고 현실을 있는 그대로 보는 능력, 그것이 바로 마음챙김이 현대 리더십에 주는 가장 큰 선물이었다.

마음챙김이란 무엇인가: 단순한 명상을 넘어서

마음챙김은 단순히 눈을 감고 앉아 있는 명상이 아니다. 그것은 지금 이 순간에 대한 의도적이고 비판단적인 알아차림이다. 과거의 후회나 미래의 불안에 사로잡히지 않고, 현재에 온전히 집중하는 능력이다.

현대 경영자들이 마주하는 가장 큰 문제 중 하나는 정보 과부하와 멀티태스킹이다. 동시에 수십 개의 프로젝트를 관리하고, 수백 개의 이메일을 처리하며, 끊임없는 회의에 참석한다. 이런 환경에서 진정으로 중요한 것에 집중하기는 매우 어렵다.

마음챙김은 이런 혼란 속에서도 명료함을 유지하는 능력을 길러준다. 수많은 정보와 압박 속에서도 본질을 놓치지 않고, 감정적 반응 대신 이성적 판단을 내릴 수 있게 한다.

인간의 뇌는 빠른 판단을 위해 '휴리스틱(heuristics)'이라는 수많은 단축키를 사용한다. 하지만 이런 단축키들은 종종 편향된 결과를 낳는다. 확증편향, 앵커링 효과, 손실 회피 등이 대표적이다.

마음챙김은 이런 자동적 반응을 멈추고, 한 걸음 뒤로 물러서서 상황을 객관적으로 바라볼 수 있게 한다. "내가 지금 어떤 감정 상태인가? 이 판단이 사실에 기반한 것인가, 아니면 편견에 의한 것인가?"라고 스스로 묻는 습관을 기르게 하기 때문이다.

구글의 Search Inside Yourself와 마음챙김의 성과

구글이 2007년 시작한 'Search Inside Yourself' 프로그램은 기업 내 마음챙김 도입의 대표 사례다. 구글 엔지니어였던 차드 멩 탄이 개발한 이 프로그램은 감성지능과 마음챙김을 결합한 리더십 교육으로 주목을 받았다.[16)]

도입 초기에는 사내에서도 의구심이 많았다. "기술회사에서 명상이라니?"라는 반응이 나올 정도였다. 하지만 참가자들의 변화는 기대 이상이었다. 스트레스가 감소하고, 집중력이 향상되었으며, 동료들과의 관계도 개선되었다. 무엇보다 창의적인 아이디어가 더 많이 나왔다.

구글 CEO였던 에릭 슈미트는 "이 프로그램이 우리 회사 문화를 바꿨다"고 평가했다. 치열한 경쟁이 일상인 실리콘밸리에서 협력적이고 창의적인 조직 문화를 형성하는 데 결정적인 역할을 했다는 것이다.

'Search Inside Yourself' 프로그램은 다음 세 가지 핵심 요소로 구성된다.

첫째, 자기 인식(Self-awareness)이다. 자신의 감정과 반응 패턴을 객관적으로 관찰하는 능력을 기른다.

둘째, 자기 조절(Self-regulation)이다. 스트레스나 압박 상황에서도 차분함을 유지하고, 감정적 반응 대신 이성적이고 책임 있는 행동을 선택하는 능력이다.

셋째, 동기부여(Motivation)다. 외부의 단기적 보상이 아닌 내재적 동기에 기반한 지속 가능한 성과를 추구하는 마음가짐을 기른다.

마음챙김의 효과는 개인적 경험담이 아니라 과학적 연구로도 입증되고 있다. 하버드 의대의 연구에 따르면, 8주간의 마음챙김 훈련 후 뇌의 구조적 변화가 관찰되었다. 스트레스와 관련된 편도체의 활동은 줄어들고, 집중력과 관련된 전전두엽의 활동은 증가했다.

기업 차원의 연구도 흥미롭다. 마음챙김 프로그램을 도입한 기업들에서 직원들의 스트레스 수준이 평균 32% 감소했고, 집중력은 14% 향상되었다. 이직률도 25% 줄어들었다.

더 중요한 것은 의사결정의 질 향상이다. 마음챙김을 실천하는 관리자들은 더 신중하고 윤리적인 결정을 내리는 경향을 보였다. 단기적 이익보다는 장기적 가치를 고려하는 비율이 높아졌다.

그렇다면 마음챙김 효과에 대한 한국 기업들의 도전과 성과는 어떨까?

삼성전자는 2015년부터 임원진을 대상으로 마음챙김 프로그램을 시작했다. 처음에는 한국 기업 문화에 맞을까 하는 우려도 있었지만, 결과는 긍정적이었다.[17)]

한 임원은 내게 자신이 겪은 효과에 대해 이렇게 말했다.

“예전에는 직원이 실수하면 즉시 화를 냈는데, 마음챙김을 배운 후에는 한 번 멈추고 생각하게 됩니다. 왜 그런 실수가 일어났는지 원인을 파악하고, 어떻게 개선할지 건설적으로 논의해보는 거죠.”

회의 문화도 바뀌었다. 예전에는 감정적인 논쟁이 자주 벌어졌지만, 이제는 더 차분하고 논리적인 토론이 가능해졌다. 결과적으로 의사결정의 질이 향상되고, 팀워크도 개선되었다.

미국 시카고를 기반으로 한 보험기업 ‘Hines & Associates’는 ‘마음챙김 기반 스트레스 완화(Mindfulness-Based Stress Reduction, MBSR)’ 프로그램을 도입했다. 8주간의 체계적인 훈련을 통해 직원들의 스트레스 관리 능력을 기른 결과, 프로그램 종료 후 스트레스 수준, 긴장·피로·분노·활력 등 스트레스 및 기분 장애가 개선되었다.[18)]

MBSR 프로그램은 개발자들을 대상으로 진행했을 때도 큰 효과가 있었다.[19)] 복잡한 코딩 작업에 장시간 집중해야 하는 개발자들에게, 마음챙김은 집중력 향상과 번아웃 방지에 큰 도움이 된다.

한 개발팀장은 마음챙김을 배운 후 코드 리뷰의 질이 눈에 띄게 좋아졌다고 평가했다. “예전에는 급하게 훑어보고 넘어갔는데, 이제는 더 꼼꼼하고 집중해서 볼 수 있게 되었습니다.”

실패 사례에서 배우는 교훈

모든 마음챙김 프로그램이 성공하는 것은 아니다. 실패 사례들도 적지 않다. 이러한 실패 사례를 분석해보면 몇 가지 공통점이 있다.

가장 큰 문제는 형식적 도입이다. '요즘 유행이니까', '다른 회사들도 하니까'라는 이유로 명확한 철학이나 목표 없이 시작하는 경우가 많다. 이런 접근은 직원들의 참여도를 떨어뜨리고, 프로그램은 일회성 이벤트로 끝나버리기 십상이다.

한 기업의 사례가 이를 잘 보여준다. 임원들의 지시로 마음챙김 프로그램을 시작했지만, 정작 임원들은 단 한 번도 참여하지 않았다. "너희들이나 해라"는 식의 접근은 직원들의 냉소를 불러일으켰고, 결국 프로그램은 1년 만에 조용히 폐지되었다.

또한 마음챙김에 대한 오해도 큰 걸림돌이 된다. 한국 기업 문화에서는 '명상 = 종교'라는 인식이 일부 남아있다. 특히 연령대가 높은 임원들 중에는 "회사에서 웬 종교 활동?"이라며 거부감을 드러내는 경우도 있다. 이런 오해를 해소하기 위해서는 마음챙김의 과학적 근거와 비즈니스 효과를 명확히 제시해야 한다. 즉 종교적 수행이 아니라 뇌과학과 심리학에 기반한 리더십 개발 도구라는 점을 설명해야 한다.

시간 부족도 흔한 반대 이유 중 하나다. "바쁜데 언제 명상을 하나?"라는 반응은 자연스럽다. 특히 성과 압박이 심한 조직일수록 마음챙김을 시간 낭비로 여기며 비생산적인 활동으로 치부하기 쉽다. 하지만 역설적으로 바쁠수록 마음챙김이 더 필요하다. 10분의 마음챙김으로 2시간의 집중력을 얻을 수 있다면, 그것은 낭비가 아니라 가장 효율적인 투자다.

전략적 역량으로서의 마음챙김

마음챙김의 실행은 중요하다. 그러나 기업이 이를 단순한 웰빙 프로그램으로 본다면, 그 성과에 한계가 있을 수밖에 없다. 마음챙김의 진정한 가치는 전략적 역량 강화에 있다. 특히 윤리적 의사결정에서 그 효과가 두드러진다.

웰스파고 은행의 가짜 계좌 스캔들을 보자. 수백만 개의 허위 계좌를 만든 직원들은 실적 압박 때문에 어쩔 수 없었다고 변명했다. 하지만 마음챙김을 실천했다면 다른 선택을 했을 수도 있다.

마음챙김은 단기적 압박에 휩쓸리지 않고, 장기적 관점에서 옳은 일을 할 수 있는 내적 힘을 준다. "지금 당장은 어려워도 올바른 길을 가겠다"는 용기를 길러줄 것이다. 이를 통해 리더와 구성원들은 불확실성 속에서의 명료함을 얻을 수 있다.

코로나-19 팬데믹이 전례 없는 불확실성을 안겨준 때를 떠올려보라. 당시 리더들은 불완전한 정보를 바탕으로 중대한 결정을 내려야만 했다.

마음챙김을 실천하는 리더들은 이런 예측불가능한 상황을 더 잘 헤쳐나갈 수 있다. 마음챙김은 패닉에 빠지지 않고 차분하게 상황을 분석하고, 감정적 반응 대신 이성적 판단을 내릴 수 있도록 돕는다. 매일 변하는 상황에 일희일비하지 않고, 본질에 집중할 수 있게 되는 것이다.

마음챙김은 창의성에도 긍정적 영향을 미친다. 헤지펀드 브리지워터 어소시에이츠(Bridgewater Associates)의 창업자이자 명상을 사랑하는 CEO로 알려진 레이 달리오는 명상이 창의성, 스트레스 해소, 의사결정에 미치는 긍정적인 영향을 여러 차례 강조했다.[20] 그의 말에 따르면 마음이 차분할 때는 새로운 아이디어가 떠오르기 쉽다. 스트레스와 압박 상태에서는 기존 패턴에만 의존하게 되지만, 마음챙김 상태에서는 열린 사고가 가능하다는 것이다.

마음챙김은 개인의 역량뿐만 아니라 조직의 문화를 전환시킬 수 있는 전환점이 될 수 있다.
가장 눈에 띄는 변화는 소통의 질 향상이다. 마음챙김을 실천하는 사람들은 더 잘 듣고, 더 신중하게 말한다.
한 제조업체에서는 회의 시작 전 2분간 침묵의 시간을 갖고, 현재 순간에 집중한다. 그 후 진행되는 회의는 이전과 확연히 달랐다. 감정적인 언쟁이 줄어들고, 더 깊이 있는 토론이 가능해졌다. 무엇보다 서로의 의견을 진심으로 경청하는 분위기가 조성되었다.
마음챙김은 공감 능력도 기른다. 자신의 감정을 잘 관찰할 수 있는 사람은 타인의 감정도 더 잘 이해한다. 이는 협력적인 조직문화의 기반이 된다. 한 IT 회사에서는 마음챙김 도입 후 팀워크가 눈에 띄게 개선되었다. 개발자들 간의 갈등이 줄어들고, 서로 도와주는 문화가 자리 잡았다. 결과적으로 프로젝트 성공률도 크게 향상되었다.

마음챙김 실천 방안과 도입 전략

조직에서 마음챙김을 실천하기 위해서는 몇 가지 준비와 전략이 필요하다. 그 단계를 순차적으로 탐색해보자.
첫째, 마음챙김을 조직에 도입할 때는 점진적 접근이 중요하다. 처음부터 전사적으로 시행하기보다는, 관심 있는 부서나 팀부터 시작하는 것이 좋다. 성공 사례를 만들고, 그 효과가 입증되면 자연스럽게 확산시키는 전략이 효과적이다. 강제적 도입은 오히려 저항만 불러일으킬 수 있다.
둘째, 가장 중요한 것은 리더의 솔선수범이다. CEO나 임원들이 먼저 실천하고, 그 변화를 직원들이 체감할 수 있어야 한다. CEO가 매일 아침 사무실에서 10분간 명상하는 모습을 직원들에게 공개한다면 어떻겠는가? 처음에는 다들 어색해하겠지만, 시간이 지나며 직원들도 관심을 갖고, 참여하게 될 것이다.

셋째, 장기적인 실천을 위해서는 조직의 특성과 문화에 맞는 마음챙김 프로그램을 설계해야 한다. 제조업과 IT업, 대기업과 스타트업은 각각 다른 접근법이 필요하다. 예컨대 빠른 변화가 특징인 스타트업에는 짧고 강도 높은 프로그램이 적합할 것이다. 반면 전통적인 제조업체에는 천천히 문화를 바꿔나가는 장기적 접근이 필요하다.

넷째, 마음챙김의 효과를 객관적으로 측정하고 평가하는 시스템도 필요하다. 스트레스 수준, 집중력, 의사결정의 질 등을 정기적으로 측정해 프로그램의 효과를 입증해야 한다. 일부 기업들은 이미 뇌파 측정이나 심박변이도 검사 등 과학적 도구를 활용해 마음챙김의 효과를 정량화하고 있다.

미래의 리더십: 마음챙김 기반 경영

인공지능이 발달할수록 인간만이 가진 고유한 역량이 더욱 중요해진다. 창의성, 공감, 윤리적 판단 등이 그것이다. 마음챙김은 이런 인간적 역량을 기르는 핵심 도구다.

AI가 데이터 분석과 예측은 잘하지만, 복잡한 인간관계나 윤리적 딜레마는 여전히 인간 리더의 몫이다. 마음챙김을 통해 기른 지혜와 통찰력이 더욱 귀중해질 것이다.

마음챙김은 단기적 성과에 매몰되지 않고, 장기적 관점에서 지속 가능한 성장을 추구하는 마음가짐을 기른다. 이는 ESG 경영의 철학적 기반이 된다.

환경 파괴나 사회적 갈등을 일으키는 사업은 단기적으로는 이익이 될 수 있지만, 장기적으로는 모든 이해관계자에게 해가 된다. 마음챙김을 통해 이런 전체적 관점을 갖출 수 있다.

깨어있는 리더가 지혜로운 조직을 만든다. 이들에게 마음챙김이란 단순한 스트레스 해소법이 아니다. 21세기 리더가 갖춰야 할 핵심 역량이며, 지속 가능한 조직문화를 만드는 기반으로 인식한다면 조직을 운영하는 청사진을 그릴 수 있다.

혼란과 불확실성이 일상이 된 시대에, 마음챙김은 리더들에게 내적 안정성과 명료함을 제공한다. 감정에 휩쓸리지 않고 현실을 정확히 파악하며, 윤리적이고 지혜로운 결정을 내릴 수 있게 한다.

무엇보다 마음챙김은 경쟁이 아닌 협력, 단기 이익이 아닌 장기 가치, 개인 성공이 아닌 공동 번영을 추구하는 마음가짐을 기른다. 이것이야말로 지혜로운 경영이 지향하는 궁극적 목표와 일치한다.

성공 사례 분석:
『니까야』의 지혜를 실천하는 기업들

윤리가 경쟁력이 되는 시대

"우리는 지구를 구하기 위해 사업을 합니다."

파타고니아 창립자 이본 쉬나드의 선언은 처음에는 많은 사람에게 터무니없게 들렸다. 2011년 블랙프라이데이에 "이 재킷을 사지 마세요(Don't Buy This Jacket)"라는 전면광고를 낸 것은 비즈니스 상식으로 보자면 미친 짓이었다.

하지만 결과는 우리가 아는 대로다. 매출은 30% 증가했고, 브랜드 충성도는 극대화되었다. 고객들은 단순히 옷을 사는 것이 아니라 환경보호 운동에 참여한다는 의식을 갖게 되었다. 이것이야말로 정명(正命)의 현대적 실현이 아닌가.

정명은 '올바른 생계', 즉 다른 존재에게 해를 끼치지 않는 방식으로 살아가는 것을 의미한다. 이본 쉬나드는 이를 기업 경영의 핵심 철학으로 만들었다. 파타고니아는 매년 매출의 1%를 환경보호에 기부한다. 'Earth Tax'라고 부르는 이 제도는 1985년부터 시작되어 지금까지 1억 달러가 넘는 금액이 투입되었다.

그러나 파타고니아는 단순한 기부를 넘어 비즈니스모델 자체를 환경친화적으로 설계했다. 기존 제품을 수선해서 오래 쓰라고 말하며 전 세계 80여 개 도시에서 무료 수선 서비스를 제공하고, 중고 거래 플랫폼 'Worn Wear'까지 운영한다.

이런 철학은 기존 마케팅 이론으로는 설명할 수 없는 수준의 고객 충성도를 만들어냈다. 파타고니아 고객들은 단순한 소비자가 아니다. 그들은 자신을 환경운동의 동지로 여기며, 브랜드와 가치를 공유하는 공동체의 일원이 되었다. 브랜드에 대한 감정적 애착은 극대화되었고, 고객생애가치(CLV)는 업계 평균의 3배 이상에 달했다. 한 번 고객이 되면 평생 충성하는 경우가 많고, 단순 구매를 넘어 자발적으로 브랜드를 홍보하며 새로운 고객을 유치하는 역할까지 한다.

2017년 트럼프 행정부가 국립공원 보호구역을 축소하려 하자, 파타고니아는 홈페이지를 "대통령이 당신의 땅을 훔쳤습니다"라는 메시지로 바꿨다. 매출 감소를 감수한 정치적 발언이었지만, 오히려 고객들의 열광적인 지지를 받았다. 파타고니아의 혁신은 자사 제품에 그치지 않는다. 공급망 전체를 윤리적으로 전환하는 데 앞장서고 있다. 'Fair Trade Certified' 제품 확대, 농부들을 대상으로 한 공정 가격 지급, 지역 공동체 발전 기여, 유기농 면 사용과 재활용 소재 개발까지. 플라스틱 병을 재활용해 만든 플리스 제품은 업계의 혁신을 이끌었다. 환경보호가 곧 기술혁신의 동력이 된 것이다.

21세기에 들어 정명을 실천하는 기업들이 늘어나고 있다. 단기 이익보다 장기 가치를, 주주 이익보다 이해관계자 전체의 번영을, 경쟁보다 상생을 추구하는 기업들이다. 그리고 놀랍게도 이들이 시장에서 가장 큰 성공을 거두고 있다.

지속 가능성을 통한 성장

테슬라의 CEO 일론 머스크의 사명은 '지속 가능한 에너지로의 전환 가속화'다. 이는 불교의 정명 원리와 정확히 일치한다.

테슬라의 진정한 혁신은 통합적 생태계 구축에 있다. 전기차, 충전 인프라, 에너지 저장 시스템, 태양광 패널을 모두 연결한 것이다. 이는 연기법의 완벽한 실현이다. 각 요소가 서로를 강화하는 선순환 구조를 만들었다. 테슬라 차량이 늘수록 충전소가 필요해지고, 충전소가 많아질수록 전기차 구매가 늘어난다. 태양광과 배터리 기술도 서로 시너지를 낸다.

이케아는 2030년까지 '순환경제'를 완전히 달성하겠다고 선언했다. 모든 제품을 재생 가능하거나 재활용 가능한 재료로 만들고, 폐기물을 최소화하겠다는 것이다. 이는 이미 상당한 성과를 거두고 있다. 2020년 기준으로 제품의 60%가 재생 가능한 재료로 만들어졌고, 매장에서 발생하는 폐기물의 90%를 재활용하고 있다. LED 조명으로 전환해 에너지 사용량도 크게 줄였다.

이케아는 제품 판매를 넘어 서비스로 사업을 확장하고 있다. 가구 임대 서비스, 중고 가구 매입, 조립 및 배송 서비스 등을 통해 새로운 수익 모델을 만들고 있다. 특히 '바이백' 프로그램은 무척 인상적이다. 고객이 더이상 사용하지 않는 이케아 가구를 다시 사들여 리퍼비시 후 재판매하는 것이다. 고객은 현금을 받고, 이케아는 새로운 수익원을 확보하며, 환경도 보호되는 일석삼조의 효과다.

『니까야』의 경영적 실현

이들 기업의 공통점은 명확한 가치와 목적을 중심으로 경영한다는 것이다. 단순한 이익 추구를 넘어 사회적 의미를 추구한다. 이는 직원들에게 강한 동기부여를 제공하고, 고객들에게는 감정적 유대감을 만든다.

특히 젊은 세대일수록 이런 가치 중심 브랜드를 선호한다. 밀레니얼과 Z세대는 기능과 가격뿐만 아니라 브랜드의 가치와 철학을 중요하게 여긴다. 이들 기업은 이런 트렌드를 선도하고 있다.

윤리적 경영은 혁신의 강력한 동력이 된다. 환경 제약이나 윤리적 기준이 오히려 창의적 해결책을 찾게 만든다. 파타고니아의 재활용 소재 기술, 유니레버의 친환경 제품, 테슬라의 배터리 기술 등이 모두 이런 과정에서 나왔다.

제약이 혁신을 만든다는 것은 경영학에서 잘 알려진 원리다. 윤리적 제약은 단순히 비용을 증가시키는 것이 아니라, 새로운 기회를 창출하는 원천이 된다.

이들 기업은 모두 장기적 관점에서 경영한다. 분기별 실적보다는 지속 가능한 성장을, 시장점유율보다는 브랜드 가치를, 매출 증가보다는 고객 충성도를 중시한다. 이런 접근법은 단기적으로는 비효율적일 수 있지만, 장기적으로는 더 큰 경쟁우위를 만든다. 특히 불확실성이 높은 현대 경영환경에서는 이런 안정성이 더욱 중요하다.

이들은 모두 주주뿐만 아니라 모든 이해관계자를 고려한다. 직원, 고객, 공급업체, 지역사회, 환경까지 포함하는 포괄적 접근이다. 이는 위험을 분산시키고, 더 많은 지지 기반을 확보하게 한다.

코로나-19 같은 위기 상황에서도 이들 기업이 상대적으로 안정적이었던 이유다. 평소에 좋은 관계를 구축해둔 이해관계자들이 어려운 시기에 도움을 주었다.

한계와 도전 과제, 그리고 시사점

이들 기업이 직면한 공통 과제는 규모 확장이다. 작을 때는 가치를 유지하기 쉽지만, 커질수록 어려워진다. 특히 글로벌 확장 과정에서 문화적 차이나 현지 규제 때문에 타협해야 하는 경우가 생긴다.

파타고니아도 중국 시장 진출 과정에서 이런 딜레마를 겪었다. 환경보호 메시지가 현지에서 어떻게 받아들여질지, 공급망 관리를 어떻게 할지 등 복잡한 문제들이 있었다.

또한 아무리 좋은 가치를 가지고 있다고 하더라도 수익성을 무시할 수는 없다. 특히 주주들과 투자자들의 압박이 있을 때 균형을 맞추기 어렵다. 유니레버도 일부 행동주의 투자자(activist investor)들의 압박을 받은 적이 있다.

중요한 것은 가치와 수익성이 대립하는 것이 아니라 상호 보완적이라는 인식이다. 장기적으로는 가치 중심 경영이 더 큰 수익을 가져다 준다는 확신이 필요하다.

한국 기업들도 이런 변화에 적응해야 한다. 특히 글로벌 시장에서 경쟁하려면 가격과 기능뿐만 아니라 가치와 의미를 제공해야 한다.

삼성전자의 'Solve for Tomorrow' 프로그램, LG의 '더 나은 삶' 철학, 현대차의 '수소 사회' 비전 등도 이런 맥락에서 나온 것들이다. 하지만 국내의 경우 아직 마케팅 수준에 그치는 경우가 많다.

이제는 개별 프로그램이 아닌 전사적 차원의 시스템적 접근이 필요하다. 가치가 단순한 슬로건이 아니라 실제 의사결정과 행동에 반영되어야 한다.

필수가 된 윤리적 경영

ESG 투자의 확산, 소비자 의식 변화, 규제 강화 등으로 윤리적 경영은 선택이 아닌 필수가 되고 있다. 이제 매출이나 이익만으로는 기업을 평가하기 어려워지고 있다. 사회적 영향, 환경적 기여, 직원 만족도 등 다차원적 평가가 필요하다.

정념을 실천하는 기업의 성공 사례는 니까야 경영이 단순한 이상론이 아님을 보여준다. 2,600년 전 붓다의 지혜가 21세기 비즈니스 세계에서도 여전히 유효하며, 오히려 더 큰 성공을 가져다준다는 것을 증명한다.

정명, 연기, 무아, 마음챙김 등 『니까야』의 핵심 원리들이 현대 기업의 성공 요인과 정확히 일치한다. 이는 우연이 아니라 인간 본성과 사회 구조에 대한 깊은 통찰의 결과다.

앞으로는 이런 지혜로운 경영을 실천하는 기업들이 21세기 비즈니스 세계를 이끌어갈 것이다. 니까야 경영은 단순한 트렌드가 아니라 미래 경영의 표준이 될 것으로 전망하는 이유다.

도전 과제: 이상과 현실 사이의 간극 메우기

이 책을 읽은 당신은 이러한 질문을 던질 수 있을 것이다.

"불교를 경영에 접목한 아이디어는 참신합니다. 하지만 월요일 아침 이사회에서 '분기 실적이 안 좋으니 대규모 구조조정을 하라'는 압박을 받을 때, 무아나 연기법을 어떻게 적용해야 할까요? 그때는 철학이 아니라 구체적인 해결책이 필요한데……."

이것이 바로 니까야 경영이 직면한 가장 근본적인 도전이다.

2,600년 전 붓다의 지혜는 깊고 보편적이지만, 21세기 기업의 복잡한 현실에 적용하기에는 여전히 추상적이고 모호한 면이 있다.

어떻게 이 간극을 메울 것인가? 우리가 직면한 몇 가지 도전은 다음과 같다.

첫 번째 도전: 추상적 철학의 구체적 적용

무아(無我)를 조직 운영에 반영하기

'무아'는 독립적이고 불변하는 자아가 없다는 불교의 핵심 개념이다. 리더십에 적용하면 에고를 내려놓고 협력적으로 일하는 것을 의미한다. 하지만 실제 조직에서는 어떻게 구현해야 할까?

한 IT 스타트업의 실험이 흥미롭다. 중요한 결정을 내릴 때 발언자가 자신의 이름을 밝히지 않고 익명으로 의견을 제시하는 것이다. 처음에는 어색했지만, 시간이 지나면서 직급이나 권위에 상관없이 아이디어 자체에만 집중하는 문화가 자리 잡았다.

하지만 모든 상황에 적용하기는 어렵다. 책임 소재가 불분명해지거나, 의사결정속도가 느려지는 부작용도 있을 것이다. '무아'라는 추상적 개념을 구체적 시스템으로 만드는 과정에는 많은 시행착오가 필요하다.

연기(緣起)를 전략 수립에 통합하기

'연기'는 모든 것이 상호 연결되어 있다는 원리다. 기업 전략에 적용하면 이해관계자 전체를 고려한 의사결정을 해야 한다는 뜻이다. 하지만 실제로는 매우 복잡하다.

한 제조업체가 신공장 건설을 검토할 때 연기적 사고를 적용한 일이 있다. 단순히 비용과 수익만 고려하지 않고, 지역경제에 미치는 영향, 환경에 미치는 영향, 기존 직원들의 근무 여건 변화, 공급업체들의 상황 변화 등을 모두 분석한 것이다.

분석은 훌륭했지만 의사결정은 더 어려워졌다. 고려할 변수가 너무 많아 명확한 결론을 내리기 힘들었다. 결국 6개월이 걸려 결정을 내렸는데, 그 사이 시장 상황이 바뀌어 기회를 놓쳤다.

두 번째 도전: 기업 문화와의 근본적 충돌

성장 지상주의 vs 중용의 지혜

가장 큰 충돌은 '성장'이라는 패러다임 자체에 있다. 자본주의는 끊임없는 성장과 이윤 극대화를 추구하지만, 불교는 욕망의 절제와 만족을 강조한다. 두 가치관은 본질적으로 충돌한다. 이 간극을 어떻게 메울 것인가?

유니레버의 전 CEO 폴 폴먼은 흥미로운 대안을 제시했다.

"우리는 성장을 포기하는 것이 아니라 성장의 의미를 바꾸는 것입니다."

양적 성장에서 질적 성장으로, 단기 성장에서 지속 가능한 가치 창출로 패러다임을 전환한 것이다.

하지만 이런 전환에는 강력한 내부 저항이 따른다. 주주들은 즉각적인 수익을 원하고, 직원들은 빠른 승진과 보상을 기대한다. 그뿐 아니라 경쟁사들은 공격적으로 점유율을 확대한다. 이러한 현실 속에서 중용을 추구하는 일은 결코 쉽지 않다.

개인주의 문화와 상호의존성

서구 기업 문화는 개인의 성취와 경쟁을 중시한다. 하지만 불교적 관점에서는 모든 성공이 상호의존적이다. 이 문화적 차이도 큰 도전이다.

한 글로벌 IT 회사의 한국 지사에서 팀워크 강화를 위해 개인 성과급을 줄이고 팀 성과급을 늘렸다. 하지만 우수한 개발자들이 "내 노력의 결과를 왜 다른 사람과 나눠야 하느냐"며 반발했다. 결국 많은 핵심 인력이 이직했다.

문화 변화는 시간이 걸린다. 하루아침에 개인주의 문화를 협력 문화로 바꿀 수는 없다. 점진적이고 신중한 접근이 필요하다.

세 번째 도전: 단기 성과 압박의 현실

분기별 실적 vs 장기적 가치

상장기업들은 분기마다 실적을 발표해야 한다. 애널리스트들과 투자자들은 즉각적인 결과를 요구한다. 이런 환경에서 장기적 관점의 불교적 경영을 실천하기는 매우 어렵다.

아마존의 제프 베이조스는 이 문제를 독특하게 해결했다. 주주서한을 통해 지속적으로 장기적 관점의 중요성을 설파하고, 단기 실적보다는 고객 만족과 시장 점유율에 집중하겠다고 선언했다. 초기에는 투자자들의 불만도 있었지만, 장기적 성과로 신뢰를 얻었다.

하지만 모든 기업이 아마존과 같은 방식을 시도할 수는 없다. 특히 위기 상황에서는 생존이 우선이다. 코로나-19 팬데믹 때에는 많은 기업이 불가피한 구조조정을 해야 했다. 위기상황에도 기업은 불교적 원칙을 지킬 수 있을까?

경쟁 압박과 윤리적 딜레마

경쟁사들이 비윤리적 방법으로 시장을 공략할 때, 윤리를 지키며 경쟁하기란 어렵다. 특히 신흥시장에서는 부패나 불공정 거래가 일상화된 경우가 많다.

한 글로벌 제조업체는 동남아시아 진출 과정에서 이런 딜레마를 겪었다. 현지 관습상 뇌물을 주지 않으면 사업이 불가능했지만, 회사의 윤리 규정으로는 용납할 수 없었다. 결국 그 시장을 포기하고 경쟁사들에게 기회를 내주었다.

이런 선택이 과연 옳은 것일까? 단기적으로는 손해를 보더라도 장기적으로는 브랜드 가치가 높아질 수 있다. 하지만 주주들과 직원들을 설득하기는 쉽지 않다.

네 번째 도전: ESG와 마음챙김의 한계

ESG의 정치화와 규제 복잡성

ESG는 윤리적 경영의 대표적 지표지만, 최근에는 정치적 논쟁의 대상이 되고 있다. 미국에서는 일부 공화당 정치인들이 '각성 자본주의(woke capitalism)'라며 ESG를 비판하고, 일부 주에서는 ESG 펀드에 대한 투자 제한 조치까지 시행하고 있다.

이러한 상황 속, 글로벌 기업들은 국가별로 상이한 ESG 규제에 대응해야 한다. 유럽은 엄격한 환경 기준, 미국은 기업 지배구조의 투명성, 아시아는 사회적 책임 이행을 각각 강조하고 있다. 이처럼 각기 다른 기준을 동시에 충족시키려고 할 때, 하나를 만족시키면 다른 하나에서 문제가 생기는 딜레마가 발생한다.

마음챙김 프로그램의 피상적 도입

많은 기업이 마음챙김 프로그램을 도입하지만, 대부분 피상적 수준에 그친다. "요즘 유행이니까", "구글도 하니까"라는 이유로 형식적으로 시작하는 경우가 많다.

한 대기업의 마음챙김 프로그램을 분석해보니 심각한 문제들이 발견되었다. 강사는 단기 교육을 수료한 HR 직원이었고, 프로그램 내용은 인터넷에서 검색한 명상법에 불과했다. 참가자들은 '시간 낭비'라며 불만을 표했고, 결국 1년 만에 프로그램이 중단되었다.

진정한 마음챙김을 위해서는 깊은 철학적 이해와 장기적 수행이 필요하다.

그러나 대다수의 기업은 즉각적인 성과를 기대한다. 이러한 기대의 불일치가 프로그램 실패의 주요 원인으로 작용한다.

다섯 번째 도전: 측정과 평가의 어려움

정량적 지표 vs 정성적 가치

전통적 경영은 명확한 숫자로 성과를 측정한다. 매출, 이익, 시장점유율 등은 객관적이고 비교 가능하다. 하지만 불교적 가치들은 어떻게 측정할 것인가?

전통적 경영 지표	불교적 관점 지표
매출 성장률	이해관계자 만족도
순이익률	직원 행복지수
주가 상승률	사회적 기여도
시장점유율	환경 영향 개선도
생산성 지표	조직 내 갈등 해소도
ROI/ROE	장기적 지속 가능성

표를 살펴보면, 오른쪽 지표들은 측정하기 어려우며 주관적이다. '직원 행복지수'를 어떻게 정의하고 측정할 것인가? '사회적 기여도'는 누가 평가한단 말인가?

일부 기업들이 도입한 방법을 보면, 직원 만족도 조사, 고객 충성도 측정, 사회적 영향 평가 등을 활용한다. 하지만 여전히 객관성과 비교가능성에서 한계가 있다.

점진적이고 통합적인 접근

현실적인 방법은 완전한 불교적 경영과 전통적 경영 사이에서 균형점을 찾는 것이다.
파타고니아나 유니레버 같은 기업들이 보여준 것처럼, 상업적 성공과 사회적 가치를 동시에 추구하는 모델이 필요하다.
즉 핵심은 'either/or'가 아닌 'both/and' 사고에 있다. 이익도 추구하고 가치도 실현하며, 성장도 하되 지속 가능하게 하는 것이다.
조직문화는 하루아침에 바뀌지 않는다. 다음과 같은 단계적이고 점진적인 접근이 필요하다.

1단계: 인식 제고 - 불교적 원리의 가치와 의미를 교육

2단계: 파일럿 프로그램 - 소규모 실험을 통한 효과 검증

3단계: 부분적 도입 - 일부 부서나 프로세스에 적용

4단계: 전사 확산 - 성공 사례를 바탕으로 조직 전체로 확산

5단계: 문화 정착 - 새로운 문화가 자연스럽게 유지되도록 제도화

무엇보다 중요한 것은 리더의 진정성이다. CEO와 임원들이 먼저 불교적 원리를 이해하고 실천해야 한다. 말로만 하는 것이 아니라 실제 행동으로 보여줘야 직원들이 따라온다.
물론 모든 기업이 같은 방식으로 적용할 필요는 없다. 업종, 규모, 문화, 시장 상황에 따라 다른 접근이 필요하다. 제조업과 서비스업, 대기업과 스타트업, 국내 기업과 글로벌 기업은 각각 다른 전략이 요구된다.
니까야 경영의 도전 과제들은 결코 작지 않다. 추상적 철학을 구체적으로 적용하는 어려움, 기업 문화와의 충돌, 단기성과 압박, ESG와 마음챙김의 한계 등은 모두 현실적인 문제들이다.

하지만 이런 도전들이 니까야 경영의 가치를 부정하는 것은 아니다. 오히려 더 정교하고 현실적인 접근방법을 개발할 필요성을 보여준다. 중요한 것은 완벽한 적용을 추구하기보다는 점진적 개선을 통해 이상과 현실의 조화점을 찾는 것이다. 2,600년 전 붓다의 지혜가 하루아침에 21세기 기업을 바꿀 수는 없다. 하지만 꾸준한 노력과 지혜로운 적용을 통해 더 나은 경영, 더 나은 기업, 더 나은 세상을 만들어갈 수 있다.

도전이 있기에 성장이 있고, 어려움이 있기에 지혜가 생긴다. 니까야 경영의 여정은 이제 막 시작되었을 뿐이다.

지속 가능한 미래 기업을 향하여

지난 몇 년 간 기업들이 겪은 수많은 위기들이 있었다. 팬데믹, 기후변화, 사회적 갈등, 기술 혁신의 가속화. 이 모든 것들이 전통적인 경영 방식의 한계를 극명하게 드러냈다. 그리고 이제 기업들은 2,600년 전 붓다가 깨달은 지혜에서 새로운 해답을 찾고 있다.

우리는 사성제를 통해 기업의 고통을 진단하고, 무상·연기·무아의 원리로 세상을 이해하며, 마음챙김을 통해 지혜로운 의사결정을 내릴 수 있다. 또한 이것이 바로 미래 기업이 나아가야 할 길이다.

이제 니까야 경영으로 미래 시나리오를 그려보자. 2030년의 기업 모습은 어떨까?

CEO는 명상으로 하루를 시작하고, 임원 회의는 2분간의 침묵으로 시작된다. 중요한 결정을 내릴 때는 반드시 '연기 매트릭스'로 모든 이해관계자 영향을 검토한다.

직원들은 매주 '의미 있는 일' 시간을 가지고, 분기마다 '행복 리뷰'를 받는다.

급여만큼이나 일의 의미를 중시하는 문화가 자리 잡았다. 고객들은 단순히 제품을 사는 것이 아니라 기업의 가치에 공감하며 평생 파트너가 된다.

같은 업계 기업들이 경쟁보다는 협력을 우선시한다. 공통된 사회 문제 해결을 위해 자원을 공유하고, 기술을 개방하며, 함께 성장한다.

투자자들도 단기 수익보다는 장기 가치를 중시한다. ESG 뿐만 아니라 '의식성 지수(Consciousness Index)'가 투자 기준이 된다. 의식 있는 기업에 투자하는 것이 단순한 윤리적 선택을 넘어 수익성 있는 전략이 된다.

우리는 지금 경영사상사의 전환점에 서 있다. 산업혁명 이후 250년간 지배해온 기계론적 사고와 이익 극대화 패러다임이 한계를 드러내고 있다. 기후변화, 사회적 불평등, 정신건강 위기 등은 모두 기존 시스템의 부작용이다.

니까야 경영은 이런 문제들에 대한 근본적 해답을 제시한다. 붓다의 지혜가 21세기 기업의 새로운 나침반이 되고 있는 것이다.

이미 전 세계 곳곳에서 변화의 조짐이 보인다. 파타고니아, 유니레버, 구글 같은 선도 기업들이 길을 열었고, 수많은 기업들이 뒤따르고 있다. 젊은 창업가들과 의식 있는 투자자들이 새로운 물결을 만들고 있다.

한국에서도 변화가 시작되었다. 대기업부터 스타트업까지, 다양한 규모의 기업들이 니까야 경영에 관심을 보이고 있다. 이는 단순한 유행이 아니라 시대적 요청이다.

니까야 경영이 완전히 정착된 미래를 상상해보자. 기업들이 이익만을 추구하지 않고 모든 이해관계자의 행복을 고려한다. 직원들은 단순히 돈을 벌기 위해서가 아니라 의미 있는 일을 하기 위해 출근한다. 고객들은 기업을 신뢰하고 평생 파트너가 된다. 환경은 보호받고, 사회적 불평등은 줄어들며, 사람들은 더 행복해진다.

기업이 사회 문제의 원인이 아니라 해결책이 되는 세상. 이것이 바로 니까야 경영이 그리는 미래다.

선택의 시간이다. 과거의 낡은 패러다임에 머물 것인가, 아니면 새로운 미래를 향해 나아갈 것인가? 단기 이익을 추구할 것인가, 지속 가능한 가치를 창출할 것인가? 경쟁할 것인가, 협력할 것인가?

2,600년 전 붓다가 보리수 아래에서 깨달은 지혜가 21세기 기업에게 명확한 방향을 제시하고 있다. 마음챙김과 지혜로운 경영을 통해 모든 존재가 행복한 세상을 만들어가는 것. 이것이 바로 니까야 경영이 꿈꾸는 미래이며, 우리 모두가 함께 만들어가야 할 새로운 현실이다.

변화는 이미 시작되었다. 이제 우리가 그 변화의 주역이 될 차례다.

팔정도:
고대 지혜가 현대 조직에 속삭이는 이야기

2,600년 전 지혜, 21세기 조직의 나침반

30년간 기업을 이끌어온 회장이 새로 부임한 CEO에게 한 장의 종이를 건넨다. 종이에는 한자로 쓰인 여덟 개의 단어가 적혀 있었다: 정견(正見), 정사유(正思惟), 정어(正語), 정업(正業), 정명(正命), 정정진(正精進), 정념(正念), 정정(正定).

"이게 뭡니까?"

젊은 CEO의 질문에 회장은 답한다.

"우리 회사가 지난 30년간 지켜온 경영 원칙입니다. 팔정도라고 하는 붓다의 가르침이죠. 당신도 이 길을 따라 걸어가기 바랍니다."

새 CEO는 그의 말을 시대착오적으로 느낄 것이다. MBA에서 배운 현대 경영학과는 거리가 멀기 때문이다.

하지만 시간이 지나며, 그는 결국 깨달을 것이다. 옛 지혜야말로 현대 조직이 직면한 복잡한 문제들을 해결하는 가장 정교한 도구라는 것을.

팔정도는 단순한 종교적 교리가 아니다. 인간 본성에 대한 깊은 통찰을 바탕으로, 개인과 조직이 고통에서 벗어나 진정한 번영에 이르는 구체적인 실천법이다. 오늘날 기업들이 겪는 비효율, 갈등, 윤리적 위기는 모두 2,600년 전 붓다가 진단한 인간 고통의 현대적 버전에 불과하다.

현대 조직이 겪는 고통은 개인이 겪는 번뇌와 놀랍도록 유사하다. 첫째는 성과 중독이다. 끝없는 성장 욕구, 경쟁에서 이기려는 강박, 단기 실적에 대한 집착이 조직을 병들게 한다.

한 글로벌 IT 기업의 사례를 보자. 이 회사는 분기마다 30% 성장을 목표로 삼았다. 달성 불가능한 목표였지만 CEO는 '불가능을 가능하게 만드는 것이 혁신'이라며 직원들을 압박했다. 결국 과로로 쓰러지는 직원들이 속출했고, 번아웃으로 인한 이직률이 50%를 넘었다. 회사는 성장했지만 사람들은 불행해졌다.

둘째는 소통의 단절이다. 수직적 위계, 부서 간 이기주의, 진실을 말하기 어려운 분위기가 조직을 분열시킨다. 정보는 왜곡되고, 신뢰는 무너지며, 협력은 사라진다.

셋째는 의미의 상실이다. 무엇을 위해 일하는지 모르겠다는 직원들이 늘어나고 있다. 단순히 월급을 받기 위한 일이 아니라 진정한 가치를 창출하고 있다는 느낌을 갖지 못한다.

팔정도는 단순히 여덟 개의 덕목을 나열한 것이 아니다. 그것은 정교하게 설계된 통합 시스템이다. 세 가지 핵심 축인 윤리(戒), 집중(定), 지혜(慧)가 서로 유기적으로 연결되어 있다.

정어(正語), 정업(正業), 정명(正命)으로 구성된 윤리는 조직 내 모든 관계의 기반이다. 진실한 소통, 책임감 있는 행동, 의미 있는 일을 통해 신뢰와 협력의 문화를 만든다.

정정진(正精進), 정념(正念), 정정(正定)으로 이루어진 집중은 개인과 조직의 내면적 안정성을 다룬다. 꾸준한 노력, 현재에 대한 명확한 인식, 핵심에 대한 집중을 통해 흔들리지 않는 힘을 기른다.
정견(正見)과 정사유(正思惟)로 구성된 지혜는 올바른 이해와 사고를 의미한다. 현실을 정확히 파악하고, 장기적 관점에서 사고하며, 본질을 꿰뚫어 보는 능력이다.
이 세 요소가 균형을 이룰 때 조직은 진정한 회복탄력성(Resilience)을 갖게 된다. 단순히 효율적인 것을 넘어 윤리적이고 지혜로우며 안정적인 시스템이 된다.

정견: 혼돈 속에서 길을 찾는 나침반

스티브 잡스가 아이폰을 들고 무대에 섰을 때, 대부분의 사람들은 그것이 세상을 바꿀 것이라고 예상하지 못했다. 하지만 잡스는 달랐다. 그는 사람들이 아직 깨닫지 못한 진실을 보고 있었다.
"사람들은 자신이 원하는 것을 모른다. 그들에게 보여주기 전까지는."
이것이 바로 정견(正見)의 힘이다. 표면적인 현상이 아니라 그 이면의 본질을 꿰뚫어 보는 능력. 편견과 선입견을 버리고 있는 그대로의 현실을 인식하는 지혜. 팔정도의 첫 번째 단계인 정견은 모든 변화와 성장의 출발점이다.
현대의 급변하는 비즈니스 환경에서 정견은 더욱 중요해졌다. 기술 혁신의 속도는 가속화되고, 고객의 니즈는 빠르게 변하며, 경쟁 구도는 하루가 다르게 뒤바뀐다. 이런 혼돈 속에서 방향을 잃지 않으려면 현실을 정확히 읽어내는 능력이 필수적이다.
인간의 뇌는 복잡한 현실을 단순화하기 위해 수많은 지름길(휴리스틱)을 사용한다. 하지만 이런 인지적 편향들은 종종 잘못된 판단으로 이어진다. 확증편향, 앵커링 효과, 가용성 편향 등이 대표적이다.

2008년 금융위기에 많은 금융기관들이 몰락한 이유도 정견의 부족 때문이다. 부동산 가격이 계속 오를 것이라는 잘못된 믿음, 복잡한 파생상품의 위험성을 과소평가한 판단, 자신들의 위험 관리 능력을 과대평가한 오만함. 모든 것이 현실을 왜곡해서 본 결과였다.

리먼브라더스의 CEO였던 딕 풀드는 파산 직전까지도 일시적인 유동성 위기일 뿐이라고 주장했다. 현실을 받아들이기를 거부한 것이다. 반면 워런 버핏은 이미 2002년부터 파생상품을 '금융계의 대량살상무기'라고 경고했다. 같은 상황을 보면서도 완전히 다른 판단을 내린 것이다.

정견은 객관적 데이터와 직관적 통찰을 균형 있게 활용하는 것이다. 데이터만으로는 놓칠 수 있는 미묘한 변화를 직감으로 포착하고, 직감만으로는 검증할 수 없는 가설을 데이터로 확인한다.

넷플릭스의 성공 비결 중 하나가 바로 이 정견이다. 그들은 수많은 데이터를 수집하지만, 동시에 인간 본성에 대한 깊은 이해를 바탕으로 해석한다.

시청자들이 말하는 것과 실제로 보는 것이 다르다는 것을 알고, 행동 데이터에 더 주목한다. 이런 통찰이 개인화 추천 시스템의 혁신으로 이어졌다.

정견을 위해서는 다양한 관점에서 상황을 바라보는 것이 중요하다. 한 가지 시각만으로는 전체를 파악할 수 없다. 코끼리를 만지는 장님들의 우화처럼, 자가 만진 부분만으로는 코끼리 전체를 알 수 없다.

구글의 '다양성과 포용(D&I)' 정책도 이런 맥락에서 이해할 수 있다. 중요한 결정을 내릴 때 다양한 배경을 가진 사람들의 의견을 수렴한다. 엔지니어, 디자이너, 마케터뿐만 아니라 다양한 문화적, 인종적 배경을 가진 직원들이 함께 토론한다. 그 결과 편향된 시각을 피하고 더 정확한 판단을 내릴 수 있다.

구글 포토의 얼굴 인식 기능을 개발할 때 주로 백인 남성 개발자들만 참여했다면 다른 인종의 얼굴을 제대로 인식하지 못하는 문제가 생겼을 것이다.
정견의 실천에서 가장 중요한 것 중 하나는 명확하고 영감을 주는 비전을 수립하는 것이다. 비전은 단순히 목표가 아니라 조직 구성원들의 마음에 불을 지피는 꿈이어야 한다.
마이크로소프트의 사티아 나델라가 제시한 "지구상의 모든 사람과 조직이 더 많은 것을 성취할 수 있도록 돕는다"는 비전이 좋은 예다. 이는 단순히 소프트웨어를 파는 것이 아니라 인류의 잠재력을 실현하는 일이라는 더 큰 의미를 부여한다.
이런 비전은 구성원들에게 자부심과 동기를 준다. 월급을 받기 위해 일하는 것이 아니라 세상을 더 나은 곳으로 만들기 위해 일한다는 인식을 갖게 하며 결과적으로 더 높은 참여도와 창의성을 이끌어낸다.
정견은 또한 조직 구성원들이 현실에 대해 공통된 이해를 갖도록 하는 것이다. 같은 상황을 보고도 서로 다르게 해석한다면 효과적인 협력이 불가능하다.
아마존의 제프 베이조스는 이를 위해 '내러티브(narrative)' 방식을 도입했다. 파워포인트 대신 6페이지 분량의 글로 상황을 설명하고 의견을 제시하게 했다. 글로 쓰면 논리적 허점이 드러나고, 읽는 사람도 더 깊이 있게 이해할 수 있다.
회의 시작 전 15분간 모든 참석자가 조용히 문서를 읽는다. 이를 통해 모든 사람이 같은 정보를 바탕으로 토론할 수 있게 된다. 정보 격차나 오해로 인한 혼란을 줄이는 효과적인 방법이다.
인공지능 시대에 정견의 의미는 더욱 복잡해졌다. AI는 방대한 데이터를 처리하고 패턴을 찾아내는 데 뛰어나지만, 맥락을 이해하고 윤리적 판단을 내리는 것은 여전히 인간의 몫이다.

정견을 갖춘 리더는 AI의 역량과 한계를 정확히 이해하고, 인간의 직관과 AI의 분석을 적절히 조합해 더 나은 결정을 내린다. AI가 제시하는 결과를 맹신하지도 않고 무시하지도 않으며, 비판적으로 검토해서 활용한다.

IBM의 '왓슨'이 의료 분야에서 실패한 이유도 정견의 부족 때문이었다. 왓슨의 개발자들은 AI가 의사보다 더 정확한 진단을 내릴 수 있을 것으로 기대했다. 하지만 실제로는 의료진의 경험과 직관을 대체할 수 없었다. AI와 인간의 협업이 아닌 대체를 시도했던 것이 문제였다.

AI 시대의 정견은 기술적 이해뿐만 아니라 윤리적 고려도 포함한다. AI 알고리즘이 편향된 결과를 낳을 수 있고, 개인정보 침해나 일자리 대체 등의 문제를 일으킬 수 있다는 것을 인식해야 한다. 구글은 AI 윤리 원칙을 수립하고, 모든 AI프로젝트가 이 원칙에 부합하는지 검토한다. 공정성, 책임성, 투명성, 인간 중심성 등의 가치를 기준으로 삼는다. 군사 목적의 AI 개발을 거부한 것도 이런 윤리적 원칙 때문이었다.

정사유: 장기적 관점과 윤리적 의도

정사유는 올바른 의도와 생각을 의미한다. 현대 조직에서는 장기적 관점에서 사고하고, 모든 이해관계자의 이익을 고려하는 태도로 실현된다.

세일즈포스의 CEO 마크 베니오프가 보여준 정사유가 인상적이다. 2015년 남녀직원 간 급여 격차가 존재한다는 사실을 인지하자 그는 즉시 300만 달러를 투입해 격차를 해소했다. 단기적으로는 부담되는 비용이었지만, '옳은 일이기 때문에 해야 한다'는 신념에서 비롯된 결정이었다.

결과적으로 세일즈포스는 최고의 인재들이 몰려드는 조직으로 거듭났고, 직원 만족도도 업계 최고 수준으로 상승했다. 윤리적 의도가 장기적 성과로 이어질 수 있다는 점을 입증한 사례다.

정사유는 자신만의 이익이 아닌 모든 이해관계자의 이익을 함께 고려하는 태도를 뜻한다. 존슨앤존슨의 '크레도(Credo)'는 이를 대표적으로 보여주는 사례다.

1982년 타이레놀 독극물 사건이 발생했을 때, 존슨앤존슨은 막대한 손실을 감수하면서도 전국의 모든 타이레놀 제품을 자발적으로 회수했다. 단기적으로는 수백억 원의 손실이었지만, 고객의 안전을 최우선에 둔 결정이었다. 이와 같은 대응은 오히려 브랜드에 대한 신뢰를 강화시켰고 타이레놀은 지금까지도 진통제 시장의 선두 자리를 지키고 있다. 정사유가 장기적 신뢰와 시장 우위를 창출한 대표적인 사례다.

또한 정사유는 장기적 관점에서 사고하는 태도이기도 하다. 당장의 성과에 집착하거나 이익에 매몰되지 않고 지속 가능한 가치 창출을 추구하는 것이다.

유니레버의 폴 폴먼 전 CEO가 보여준 리더십이 인상적이다. 그는 CEO 취임과 함께 분기별 실적 발표를 중단했다. '투자자들의 단기적 압박에서 벗어나 장기적 가치 창출에 집중하겠다'는 의지였다.

초기에는 주주들과 애널리스트들의 거센 반발이 있었다. 하지만 폴먼은 흔들리지 않았다. 대신 'Sustainable Living Plan'이라는 장기 프로젝트를 시작했다. 이 계획은 환경적 영향을 줄이면서도 사업 성장을 지속시키겠다는 비전을 담고 있었다.

정사유가 조직 내 뿌리내리기 위해서는 구성원들이 "왜?"라는 질문을 자유롭게 제기할 수 있는 문화를 만들어야 한다. 기존의 관습이나 권위에 의문을 제기하고, 더 나은 방법을 함께 모색하는 분위기가 중요하다.

토요타의 '5 Why' 기법이 좋은 예다. 문제가 발생하면 "왜?"를 다섯 번 반복해서 물어본다. 표면적 현상에 머무르지 않고 본질을 꿰뚫는 사고의 습관이 바로 정사유의 실천이다.

예를 들어, 기계가 멈췄다면

1. 왜 멈췄나? → 과부하가 걸렸다
2. 왜 과부하가 걸렸나? → 윤활유가 부족했다
3. 왜 윤활유가 부족했나? → 보충을 안 했다
4. 왜 보충을 안 했나? → 담당자가 깜빡했다
5. 왜 담당자가 깜빡했나? → 체크리스트가 없었다

이렇게 파고들면 진짜 해결책을 찾을 수 있다. 기계를 수리하는 것이 아니라 체크리스트를 만드는 것이 근본적 해결책인 것이다.

정사유가 정착된 조직에서는 실패를 처벌하지 않고 배움의 기회로 삼는다. 실수를 숨기기보다는 공개해서 모두가 배울 수 있도록 한다.

구글의 'FailCon'이 대표적이다. 실패한 프로젝트들을 발표하고 그 교훈을 공유하는 행사다. 실패를 부끄러워하지 않고 오히려 자랑스럽게 이야기한다. 실패에서 얻은 통찰이 다음 성공의 밑거름이 된다는 믿음 때문이다.

아마존의 제프 베이조스도 "큰 성공을 위해서는 큰 실패가 필요하다"고 말했다. 파이어폰이나 구글 글래스 같은 실패작들이 있었지만, 그 경험이 알렉사나 킨들 같은 혁신으로 이어졌다.

정사유는 감성지능을 높이는 데도 기여한다. 자신의 감정을 잘 인식하고 조절하며, 타인의 감정을 이해하는 능력이다. 이는 특히 리더십에서 중요하다.

세일즈포스의 마크 베니오프는 감성지능이 뛰어난 리더로 유명하다. 그는 직원들의 감정 상태를 세심하게 살피고, 개인적인 어려움이 있으면 적극 도와준다. 회사가 커져도 가족 같은 분위기를 유지하려 노력한다.

베니오프는 "비즈니스의 핵심은 기술이 아니라 인간관계"라고 말한다. 고객과의 관계, 직원과의 관계, 파트너와의 관계가 모두 감정적 유대에 기반한다는 것이다. 이런 철학이 세일즈포스를 고객관계관리(CRM) 분야의 선두주자로 만들었다.

현대 비즈니스는 점점 더 복잡한 윤리적 딜레마에 직면한다. 단순히 옳고 그름을 판단하기 어려운 상황들이 늘어나고 있다. 이때 정사유를 바탕으로 한 균형 잡힌 판단이 필요하다.

메타가 직면한 딜레마가 대표적이다. 표현의 자유와 혐오 발언 규제 사이에서 균형을 찾아야 한다. 가짜 뉴스를 차단하되 검열로 비춰지지 않아야 한다. 개인정보를 보호하면서도 개인화 서비스를 제공해야 한다.

마크 저커버그는 이런 문제들을 해결하기 위해 '감독위원회(Oversight Board)'를 설립했다. 다양한 분야의 전문가들이 어려운 결정을 내리도록 권한을 위임한 것이다. 한 사람의 판단보다는 집단지성을 활용하려는 시도다.

정어: 진실한 소통의 힘

2018년 겨울, 한국의 한 대기업에서 신임 CEO가 첫 전사 미팅에서 한 말은 단순했다.

"우리는 더 이상 거짓말하지 않겠습니다. 어려운 진실이라도 숨기지 않고 투명하게 소통하겠습니다."

그 순간 천여 명의 직원들 사이로 미묘한 긴장감이 흘렀다. 그동안 회사에서 얼마나 많은 거짓말이 오갔는지 모두가 알고 있었기 때문이다. 실적 조작, 부풀려진 보고서, 윗사람 눈치 보기 위한 아첨과 거짓말들. 그런 문화가 하루아침에 바뀔 수 있을까?

하지만 1년 후 그 회사는 완전히 달라져 있었다. 솔직한 소통이 일상이 되었고, 문제를 숨기기보다는 공개해서 함께 해결하는 문화가 자리 잡았다. 매출도 30% 증가했고, 직원 만족도는 업계 최고 수준으로 올라섰다.

정어(正語)의 힘이 얼마나 강력한지 보여주는 실증 사례였다.

정어는 거짓말, 비방, 무의미한 말을 피하고 진실하고 건설적인 말을 하는 것이다. 현대 조직에서 이는 투명하고 정직한 소통을 의미한다. 많은 조직이 거짓말의 진짜 비용을 제대로 계산하지 못한다. 단순히 도덕적 문제가 아니라 경제적으로도 엄청난 손실을 가져온다. 잘못된 정보로 인한 오판, 신뢰 붕괴로 인한 협력 저하, 진실이 밝혀졌을 때의 평판 손상 등이 모두 거짓말의 비용이다.

정어의 실천에서 가장 중요한 것은 '심리적 안전감(Psychological Safety)'을 만드는 것이다. 구성원들이 진실을 말해도 불이익을 받지 않을 것이라는 확신을 가져야 한다.

구글의 프로젝트 아리스토텔레스(Project Aristotle)는 이를 명확히 증명했다. 수년간 팀 성과를 연구한 결과, 가장 중요한 요소가 바로 심리적 안전감이었다. 팀원들이 실수를 인정하고, 어려운 질문을 던지며, 새로운 아이디어를 제시할 수 있는 환경일 때 성과가 가장 높았다.

한 연구개발팀의 사례가 인상적이다. 이 팀은 매주 '실패 보고서'를 작성했다. 그 주에 어떤 실험이 실패했는지, 왜 실패했는지, 무엇을 배웠는지를 솔직하게 공유했다. 처음에는 어색했지만, 시간이 지나면서 실패를 숨기려 하지 않고 오히려 자랑스럽게 이야기하게 되었다. 결과적으로 이 팀의 혁신 속도가 다른 팀보다 3배 빨라졌다.

정어는 말하는 것만큼이나 듣는 것도 중요하다. 적극적 경청(Active Listening)은 상대방의 말을 단순히 듣는 것이 아니라 진심으로 이해하려고 노력하는 것이다.

마이크로소프트의 사티아 나델라는 이를 'Learn-it-all' 자세라고 부른다. CEO가 된 후 그는 일방적으로 지시하기보다는 직원들의 이야기를 들으려고 노력했다. 정기적으로 현장을 방문해서 일선 직원들과 대화하고, 그들의 아이디어를 진지하게 검토했다.

한 번은 인도 지사를 방문했을 때 현지 개발자가 제안한 아이디어가 있었다. 지역 언어를 지원하는 AI 번역 서비스였다. 나델라는 즉시 이 아이디어에 관심을 보였고, 6개월 후 마이크로소프트 번역기에 힌디어 지원이 추가되었다. 현장의 목소리를 경청한 결과 새로운 시장 기회를 발견한 것이다.

정어의 핵심 중 하나는 건설적인 피드백이다. 비판이 아닌 개선을 위한 조언을 하는 것이다. 이는 매우 섬세한 기술이 필요하다.

넷플릭스의 '캔더(Candor)' 문화가 좋은 예다. 서로에게 솔직한 피드백을 주되, 그것이 상대방을 공격하기 위한 것이 아니라 함께 성장하기 위한 것임을 명확히 한다.

'Keeper Test'라는 독특한 제도도 있다. 관리자가 팀원에게 "이 사람을 붙잡기 위해 얼마나 노력할 것인가?"라고 스스로 묻게 하는 것이다. 처음에는 냉혹해 보이지만, 실제로는 매우 따뜻한 배려다. 문제가 있으면 즉시 해결하려 노력하고, 정말 맞지 않으면 더 적합한 곳을 찾을 수 있도록 돕는다. 애매한 상황에서 서로 고통받는 것보다 훨씬 건설적이다.

일부 기업들은 아예 완전한 투명성을 추구한다. 소셜미디어 관리 도구 회사인 버퍼(Buffer)는 '래디컬 트랜스패런시(Radical Transparency)'로 유명하다. 모든 직원의 급여, 회사의 매출과 비용, 심지어 이메일까지 공개한다. CEO 조엘 가스코인은 "숨길 것이 없으면 두려울 것도 없다"고 말한다. 이런 투명성은 직원들 간의 신뢰를 크게 높였다. 급여 격차나 회사 방향성에 대한 불필요한 추측이 사라졌고, 모든 구성원이 회사 상황을 정확히 파악하고 최선의 결정을 내릴 수 있게 되었다.

정업: 윤리적 행동의 실천

정업은 해롭지 않고 이로운 행동을 의미한다. 현대 조직에서는 윤리적 의사결정과 사회적 책임을 의미한다.

CVS 헬스는 2014년 담배 판매를 완전히 중단했다. 연간 20억 달러의 매출을 포기하는 결정이었다. 하지만 "건강을 돕는 회사가 담배를 팔 수는 없다"는 신념 때문이었다. 단기적으로는 큰 손실이었지만, 장기적으로는 브랜드 가치가 크게 상승했다. 고객들의 신뢰가 높아졌고, 직원들의 자부심도 커졌다. 정업이 오히려 더 큰 성과로 이어진 사례다.

폭스바겐의 디젤게이트 스캔들은 정업의 부재가 얼마나 치명적인지 보여준다. 이 회사는 '클린 디젤'을 내세우며 친환경 기업을 자처했다. 하지만 실제로는 배기가스 측정을 조작하는 소프트웨어를 설치했다. 말과 행동이 완전히 달랐던 것이다.

결과는 참혹했다. 수백억 달러의 벌금, 경영진 구속, 그리고 브랜드 이미지의 완전한 실추. 무엇보다 수십년 간 쌓아온 독일 제조업의 신뢰가 흔들렸다. 하나의 거짓 행동이 개별 기업을 넘어 국가 이미지까지 훼손한 것이다.

정업의 현대적 실천은 기업의 사회적 책임(CSR)을 핵심 비즈니스에 통합하는 것이다. 단순한 기부나 봉사를 넘어 비즈니스모델 자체가 사회적 가치를 창출하도록 하는 것이다.

오뚜기가 '착한 기업'으로 불리는 이유가 여기에 있다. 이 회사는 비정규직 비율을 최소화하고, 어려운 시기에도 직원을 해고하지 않으며, 다양한 사회공헌 활동을 펼친다. 하지만 가장 중요한 것은 이런 가치들이 경영진의 진정한 신념에서 나온다는 점이다.

함영준 회장은 "기업은 사회의 일원이다. 혼자 잘살 수는 없다"고 말한다. 이런 철학이 일회성 이벤트가 아니라 수십 년간 일관되게 실천되고 있다. 결과적으로 오뚜기는 어려운 경영 환경에서도 안정적인 성장을 지속하고 있다.

정업은 자사뿐만 아니라 공급망 전체로 확장되어야 한다. 협력업체들도 윤리적 기준을 준수하도록 관리하고 지원하는 것이다.

LG전자의 협력사 CSR 관리가 대표적이다. LG전자는 모든 협력업체에 대해 정기적으로 CSR 리스크를 점검한다. 노동 환경, 환경보호, 윤리 경영 등을 종합 평가하고, 기준에 미달하는 업체에는 개선을 요구한다.

이는 단순히 문제를 처벌하는 것이 아니라 함께 개선해나가는 접근법이라는 데 의의가 있다. 교육 프로그램을 제공하고, 전문가를 파견해 컨설팅을 해주기도 한다. 이를 통해 협력업체들의 경쟁력도 높이고, 전체 공급망의 지속 가능성도 확보하는 일석이조의 효과를 거두고 있다.

현대 경영에서 ESG는 정업의 제도화된 형태로 볼 수 있다. 단순한 윤리적 당위를 넘어 기업의 장기적 생존 전략이 되고 있다. 테슬라의 일론 머스크는 "지속 가능한 에너지로의 전환이 인류의 미래"라며 전기차와 태양광 사업에 매진하고 있다. 이는 단순한 사업 전략이 아니라 지구와 인류의 미래에 대한 책임감에서 나온 선택이다.

정명: 의미 있는 일, 공정한 이익

정명(正命)은 정당하고 윤리적인 방법으로 생계를 유지하는 것을 뜻한다. 현대 조직에서는 사회적으로 유익한 제품과 서비스를 제공하고 공정한 방법으로 이익을 창출하는 것이 정명의 실천이라 할 수 있다.

B Corp(Benefit Corporation) 인증은 정명의 현대적 구현이다. 이 인증은 이윤 추구와 사회적 가치 창출을 동시에 추구하는 기업에게 주어진다. 현재 전 세계 3,000여 개 기업이 B Corp 인증을 받았으며, 앞서 정명의 대표적인 사례로 소개했던 파타고니아가 대표적인 B Corp이다.[21)]

또한 마이클 포터가 제안한 공유가치창출(Creating Shared Value, CSV) 개념은 정명을 구체적으로 실천할 수 있는 접근 방안이다. 이는 경제적 가치와 사회적 가치를 동시에 창출하는 비즈니스모델을 지향한다.

CJ대한통운의 '실버택배' 사업이 대표적인 CSV 사례다. 고령자들에게 택배 배송 일자리를 제공하는 사업인데, 사회적으로는 노인 일자리 창출 효과가 있고, 경제적으로는 지역 밀착형 배송이라는 새로운 수익 모델로 작동하고 있다.

고령자들은 지역에 대한 이해도가 높고 시간적 여유가 있기에 배송 서비스 품질이 향상되었으며, 고객들도 '할아버지 택배기사'에 대해 친근감을 느껴 만족도가 높아졌다. 사회문제 해결과 비즈니스 성공을 동시에 실현한 정명의 모범 사례다.

또한 정명은 모든 이해관계자를 공정하게 대우하는 것을 포함한다. 직원, 고객, 협력업체, 지역사회 등 조직과 연결된 모두에게 공정한 가치를 제공하는 것이다.

코스트코의 직원 처우는 이를 잘 보여준다. 이 회사는 업계 평균보다 높은 임금과 우수한 복리후생을 제공한다. 월마트 같은 경쟁사들이 비용 절감을 위해 인건비를 줄이는 것과는 정반대 전략이다.

단기적으로는 비용이 높을 수 있지만, 장기적으로는 더 큰 효과를 얻는다. 직원 이직률이 낮아져 교육비가 절감되고, 숙련된 직원들이 더 나은 고객 서비스를 제공하기 때문이다. 결국 고객 만족도가 높아지면서 매출도 증가할 수밖에 없는데, 이로써 모든 이해관계자가 윈-윈하는 구조가 완성된다.

정명의 또 다른 측면은 투명하고 정직한 경영이다. 정보를 왜곡하거나 숨기지 않고, 이해관계자들에게 정확한 정보를 제공하는 것이다.

워런 버핏의 버크셔 해서웨이가 이를 잘 보여준다. 버핏은 매년 주주들에게 쓰는 편지에서 회사의 성과뿐만 아니라 실수와 문제점도 솔직하게 털어놓는다. 좋은 소식만 전하는 것이 아니라 어려운 진실도 공유하는 것이다.

이런 투명성은 투자자들의 신뢰를 높인다. 버핏의 말을 믿고 장기 투자하는 사람들이 많은 이유다. 결과적으로 버크셔 해서웨이는 50년 넘게 연평균 20% 이상의 수익률을 기록하며 투자의 전설이 되었다.

개인 차원의 실천을 위한 제언

정어, 정사유, 정업, 정명을 개인 차원에서 실천하려면 먼저 자신의 말과 행동을 돌아보는 것부터 시작해야 한다. 하루종일 자신이 한 말들을 되새겨보고, 진실했는지, 건설적이었는지, 타인에게 도움이 되었는지 반성해본다.

행동에서도 마찬가지다. 자신의 행동이 윤리적 기준에 부합하는지, 사회적 책임을 다하고 있는지, 의미 있는 가치를 창출하고 있는지 점검한다. 작은 실천들이 누적되어 큰 변화를 만든다.

조직 차원의 시스템화

조직에 정어, 정업, 정명이 시스템에 반영되어야 한다. 채용부터 평가, 보상까지 모든 인사 과정에서 이런 가치들을 고려해야 한다.

의사결정 프로세스에도 윤리적 검토 과정을 포함시켜야 한다. 중요한 결정을 내리기 전에 이해관계자들에게 미칠 영향을 종합적으로 검토하고, 윤리적 기준에 부합하는지 확인하는 절차를 만든다.

문화 변화의 중요성

무엇보다 중요한 것은 조직문화의 점진적 변화다. 하루아침에 바뀌지 않지만 꾸준한 노력을 통해 조금씩 개선해나간다. 성공 사례를 만들고 공유하며, 실패에서도 교훈을 얻어 다음에 활용한다.

리더의 솔선수범이 가장 중요하다. 말로만 하는 것이 아니라 실제 행동으로 보여줘야 구성원들이 따라온다. 정어, 정업, 정명을 실천하는 리더의 모습을 보며 조직 전체가 변화한다.

정견과 정사유는 완성되는 것이 아니라 평생에 걸쳐 기르고 발전시켜야 하는 능력이다. 정기적으로 조직의 비전과 가치를 점검하고, 변화하는 환경에 맞춰 업데이트한다.

실패한 결정들을 분석해서 교훈을 얻고, 성공 경험도 공유해서 조직 전체의 지혜로 만든다. 이런 지속적인 학습과 개선이야말로 팔정도를 조직에 뿌리내리는 핵심이다.

지혜의 길에서 찾는 미래

정견과 정사유는 팔정도의 출발점이자 모든 변화의 기초다. 현실을 정확히 보고, 올바른 의도로 사고할 때 비로소 진정한 성장과 발전이 가능하다. 이는 단순한 기법이나 도구가 아니라 삶의 자세이자 철학이다. 하루아침에 완성되는 것이 아니라 평생에 걸쳐 기르고 발전시켜야 하는 지혜다.

변화무쌍한 현대 사회에서 정견과 정사유는 더욱 중요해지고 있다. 기술은 빠르게 발전하고 상황은 복잡해지지만, 인간의 기본적인 가치와 원칙은 변하지 않는다. 정견과 정사유라는 지혜의 빛을 따라 걸을 때, 우리는 혼란 속에서도 올바른 길을 찾을 수 있을 것이다.

윤리가 경쟁력이 되는 시대

정어, 정업, 정명은 단순한 도덕적 덕목이 아니라 현대 조직의 경쟁력을 좌우하는 핵심 요소다. 진실한 소통, 책임감 있는 행동, 의미 있는 가치 창출이 있을 때 조직은 지속 가능한 성장을 이룰 수 있다. 21세기는 투명성과 진정성이 그 어느 때보다 중요한 시대다. 소셜미디어와 디지털 기술로 모든 것이 공개되고, 소비자들의 의식 수준도 높아졌다. 윤리적 기준을 충족하지 못하는 조직은 결국 도태될 수밖에 없다.

하지만 이를 부담이나 제약으로 여겨서는 안 된다. 오히려 새로운 기회로 활용해야 한다. 정어, 정업, 정명을 실천하는 조직은 더 높은 신뢰를 얻고, 더 우수한 인재를 유치하며, 더 지속 가능한 성장을 이룰 수 있다. 윤리의 기둥 위에 세워진 조직은 어떤 외부 충격에도 흔들리지 않는다. 구성원들의 자발적 헌신을 이끌어내고, 고객들의 진정한 사랑을 받으며, 사회로부터 존경받는 기업이 된다. 이것이야말로 팔정도가 추구하는 진정한 번영의 모습이다.

정정진: 올바른 노력의 힘

아침 일찍 사무실에 들어서면, 오늘도 바쁜 하루가 될 것 같은 예감이 든다. 책상 위에 쌓인 서류들, 쉴 틈 없이 오는 이메일, 연달아 이어지는 회의들. 우리는 매일 '열심히' 일하고 있다고 생각하지만, 과연 올바른 방향으로 노력하고 있는 걸까?

불교에서 말하는 정정진(正精進)은 단순한 노력이나 근면함이 아니다. 이는 네 가지 실천을 포함한다. 이미 발생한 악을 끊고, 아직 발생하지 않은 악이 생겨나지 않도록 노력하며, 이미 존재하는 선은 더 키우고, 아직 생기지 않은 선은 새롭게 만들어내는 것이다.

조직 운영에서 이를 해석해보면, 비효율적 관행을 제거하고 혁신적인 변화를 추구하며, 긍정적인 조직문화를 구축하기 위한 지속적이고 방향성 있는 노력이다.

일본의 토요타가 세계적인 자동차 회사로 성장할 수 있었던 비결 중 하나가 바로 카이젠(Kaizen) 철학이다. 카이젠은 '좋게 변화한다'는 뜻으로, 낭비를 제거하고 지속적으로 개선하며 인간의 잠재력을 극대화하는 것을 목표로 한다.[22] 놀라운 것은 이 철학이 직원의 작은 아이디어에서 시작된다는 점이다. 실제 한 생산라인 작업자가 제안한 사소한 개선책이 생산 효율을 30% 이상 향상시키는 큰 성과로 이어지기도 했다.

우리나라 제조업의 세계적 경쟁력도 이런 정정진의 정신에서 비롯되었다. 삼성전자가 반도체 분야에서, SK하이닉스가 메모리 반도체에서, 현대자동차그룹이 글로벌 자동차 시장에서 품질과 디자인 모두 인정받는 브랜드로 성장한 것은 하루아침에 이루어진 일이 아니다. 실패를 두려워하지 않고, 작은 개선을 지속하며, 끊임없이 더 나은 방향으로 정진한 노력의 집합체다.

정념: 현재에 깨어있는 마음

회의실에서 중요한 프레젠테이션을 하던 중, 문득 다른 생각에 빠진 경험은 누구에게나 있다. 어제의 실수에 대한 후회, 내일 마감할 과제에 대한 불안, 이런 생각들이 머릿속을 맴돌며 '지금 이 순간'에 집중하지 못하게 만든다.

바로 이럴 때 필요한 것이 '정념(正念)'이다. 과거에 대한 집착이나 미래에 대한 걱정을 내려놓고, 지금 이 순간에 온전히 집중하여 자신의 생각과 감정, 주변 환경을 명확하게 인식하는 것이다. 이는 내면의 평정심을 유지하는 '깨어 있음'의 상태라고 할 수 있다.

정념은 특히 리더에게 중요한 역량이다. 스트레스 상황에서도 평정심을 유지하고, 복잡한 상황 속에서도 명확한 판단을 내릴 힘이 되어주기 때문이다. 더욱이 요즘 같은 VUCA(변동성Volatility, 불확실성Uncertainty, 복잡성Complexity, 모호성Ambiguity) 시대에는 정념이 더욱 절실해지고 있는데, 팬데믹 등 예측 불가능한 위기에서 리더의 혼란은 곧 조직 전체의 혼란으로 연결되기 때문이다.

코로나 이후 원격근무가 일상화되면서 현대인의 집중력 분산과 감정 기복은 나날이 심각해지고 있다. 이를 극복하기 위해서는 집에서 일하면서도 아침 루틴을 설정하고, 계획된 일정을 준수하며, 우선순위가 높은 작업부터 처리하는 습관이 필요하다. 멀티태스킹을 지양하고 한 번에 하나씩 집중해서 처리하는 것이 결국 더 높은 생산성으로 이어질 수 있기 때문이다.

한국에서도 마보(MABO) 같은 앱 서비스가 명상을 일상에 녹일 수 있도록 기여한다. 덕분에 바쁜 현대인들도 출퇴근길이나 점심시간을 활용해 짧은 명상을 통해 마음을 가다듬고 집중력을 회복할 수 있게 되었다.

정정: 깊은 집중과 통찰

정정(正定)은 마음을 한 곳에 집중하여 깊은 사색과 명상을 통해 흔들리지 않는 안정된 마음 상태를 유지하는 것이다. 이는 사물의 본질을 꿰뚫어 보는 통찰력을 얻는 정신적 훈련의 정점이라고 할 수 있다.

조직 경영에서 정정은 리더가 복잡한 문제에 직면했을 때 감정에 휘둘리지 않고 침착함을 유지하며, 깊이 있는 분석과 통찰력을 바탕으로 최적의 결정을 내리는 능력을 의미한다. 이는 칼 뉴포트가 제시한 '딥워크(Deep Work)' 개념과도 맞닿아 있다.[23)]

이를 바탕으로 현대글로비스에서 실시한 '딥워크 디자인 프로젝트'는 이런 접근법의 실용성을 보여준다. 직원들이 업무에 대한 내재적 동기를 높이고 개인의 강점을 활용할 수 있도록 환경을 조성한 결과, 업무 효율성과 성과가 크게 개선되었다.

정정은 단순히 개인의 집중력 향상을 넘어선다. 리더가 복잡한 정보를 처리하고 감정적 반응을 관리하며, 분석적 엄격함과 직관적 통찰을 통합하는 균형 잡힌 의사결정 역량을 기르는 것이다. 그리고 정정은 마음의 집중과 안정을 의미한다. 조직에서는 핵심 목표에 집중하고, 불필요한 것들을 과감히 포기하는 것이다.

애플의 스티브 잡스가 보여준 집중력이 대표적이다. "1000번의 아니오를 해야 하나의 예스를 할 수 있다"는 철학처럼, 그는 수많은 가능성 중에서 정말 중요한 것만 선택했다. 애플로 복귀한 후, 그는 복잡했던 제품 라인을 대폭 정리했다. 수십 개의 컴퓨터 모델을 4개로 줄이고, 각각에 모든 역량을 집중했다. 이런 선택과 집중이 아이맥, 아이팟, 아이폰 같은 혁신적 제품을 탄생시켰다.

팔정도와 미래 리더십

급변하는 환경 속에서 성공하는 리더들의 공통점은 무엇일까?

그들은 마음챙김과 집중을 통해 '인지적 민첩성'과 '정서적 안정성'이라는 두 가지 핵심 역량을 갖추고 있다. 인지적 민첩성은 새로운 정보를 빠르게 처리하고 변화하는 상황에 유연하게 적응하는 능력이다. 정서적 안정성은 스트레스 상황에서도 감정을 조절하며 합리적인 판단을 내리는 능력이다.

이 두 역량이 조화를 이룰 때, 리더는 감정에 휘둘리지 않으면서도 데이터에만 의존하지 않는 균형 잡힌 의사결정을 내릴 수 있다. 결국 정정진, 정념, 정정의 실천은 개인의 성장과 조직의 발전을 동시에 추구하는 길이다. 올바른 방향으로 꾸준히 노력하고, 현재에 깨어있으며, 깊은 통찰력을 바탕으로 의사결정을 내리는 리더야말로 불확실한 미래를 헤쳐나갈 수 있는 진정한 리더라고 할 수 있을 것이다.

그렇다면 오늘부터라도 작은 실천을 시작해보면 어떨까? 아침에 5분간 명상으로 하루를 시작하거나, 회의 전에 잠시 숨을 고르며 마음을 가다듬는 것. 이런 작은 변화가 모여 결국 큰 변화를 만들어낼 것이다.

팔정도의 진정한 가치는 개별 요소들이 유기적으로 연결될 때 나타난다. 윤리, 집중, 지혜가 균형을 이룰 때 조직은 진정한 회복탄력성을 갖게 된다.

팔정도가 진정한 효과를 발휘하려면 일회성 프로그램이 아니라 조직문화의 DNA로 내재화되어야 한다. 파타고니아의 경우 팔정도의 원리들이 채용부터 평가, 의사결정까지 전 과정에 스며들어 있다. 정명(올바른 생계)의 원칙에 따라 환경을 해치는 사업은 수익성이 높더라도 과감히 배제하며, 정업(올바른 행동)에 기반해 공급망 전체의 윤리성을 철저히 관리한다. 이러한 일관성은 구성원들에게 강한 소속감과 자부심을 안겨준다. "우리는 단순히 돈을 벌기 위해 일하는 것이 아니라 세상을 바꾸는 의미 있는 일을 하고 있다"는 인식이 조직 전체를 하나로 묶어준다.

팔정도는 수천 년의 세월을 뛰어넘어 여전히 현대 조직에게 유효한 지혜를 제공한다. 그것은 단순한 도덕 교육이 아니라 실용적이고 효과적인 경영 방법론이다.

정견을 통해 현실을 정확히 파악하고, 정사유를 통해 장기적 관점을 세우며, 정어를 통해 진실한 신뢰 기반의 소통을 하는 것. 정업을 통해 윤리적으로 행동하고, 정명을 통해 사회적으로 의미 있는 일을 하며, 정정진을 통해 꾸준히 개선하는 것. 정념을 통해 현재에 집중하고, 정정을 통해 본질에 집중하는 것.

이 여덟 가지 길이 조직 안에서 조화를 이루면 그 조직은 단순히 효율적인 시스템을 넘어 회복탄력성을 갖추고 윤리적인, 지속 가능한 조직으로 거듭날 수 있다. 변화와 위기 속에서도 흔들리지 않는 내적 중심을 가지게 되어 구성원 모두가 행복한 일을 추구하는 건강한 문화를 형성할 수 있게 되는 것이다.

21세기 조직들이 직면한 복잡한 도전들을 떠올려보라. 기술 혁신, 사회적 책임, 환경 위기, 인재 확보…그 앞에서 팔정도는 명확한 방향성을 제시하는 나침반이 되어준다. 기술은 빠르게 변하고 시장은 예측 불가능하게 움직이지만, 인간 본성과 조직 운영의 기본 원리는 변하지 않는다. 고대의 지혜가 오늘날 조직의 미래를 밝혀주는 등불이 될 수 있는 이유다.

팔정도 실천을 위한 로드맵

팔정도 도입의 첫걸음은 리더십의 각성이다. CEO와 임원들이 먼저 팔정도의 가치를 이해하고 개인적으로 실천해야 한다. 말로만 하는 것이 아니라 실제 행동으로 보여줘야 조직이 따라온다. 한 스타트업 CEO는 매일 아침 30

분씩 명상으로 하루를 시작하고, 중요한 결정을 내릴 때는 반드시 팔정도의 원칙에 비춰 검토한다. 처음에는 직원들이 어색해했지만, 시간이 지나면서 CEO의 침착하고 지혜로운 리더십을 보며 신뢰하게 되었다.

개인의 실천만으로는 한계가 있다. 팔정도의 원칙이 조직의 시스템과 프로세스에 반영되어야 한다. 채용 과정에서는 기술적 역량뿐만 아니라 윤리적 가치관도 평가한다. 성과평가에서는 단기 성과뿐만 아니라 장기적 기여도와 협력 능력도 고려한다. 의사결정 프로세스에는 이해관계자 영향 분석이 필수 요소로 포함된다.

조직문화는 하루아침에 바뀌지 않는다. 점진적이고 지속적인 노력이 필요하다. 성공 사례를 만들고, 그 효과를 체험하게 하며, 자연스럽게 확산시키는 전략이 효과적이다.

팔정도가 정착된 조직에서는 의사결정의 질이 근본적으로 달라진다. 정견을 통해 현실을 정확히 파악하고, 정사유를 통해 장기적 관점에서 사고하며, 정념을 통해 감정에 휘둘리지 않고 판단한다. 복잡한 딜레마 상황에서도 팔정도의 원칙은 분명한 방향을 제시해 준다.

"이 결정이 모든 이해관계자에게 어떤 영향을 미칠 것인가? 장기적으로 지속가능한 방향인가? 윤리적으로 올바른 선택인가?"

이런 질문들이 자연스럽게 의사결정 과정에 포함된다.

무아의 원리가 내재화된 조직에서는 개인의 성취보다 전체의 성공을 우선시한다. 부서 간 칸막이가 사라지고, 정보 공유가 활발해지며, 서로 돕는 문화가 자리 잡는다. 경쟁이 아닌 협력을 통해 더 큰 성과를 만들어낸다. 한 사람의 실패를 모두의 학습 기회로 여기고, 한 사람의 성공을 모두가 축하한다. 이런 문화 속에서 직원들은 안전감을 느끼며 더 창의적이고 도전적인 시도를 할 수 있다.

정명의 원칙에 따라 운영되는 조직은 단기 이익보다 장기 가치를 추구한다. 환경과 사회에 기여하면서 동시에 경제적 성과도 달성하는 모델을 만든다. 이런 조직들은 위기 상황에서도 더 강한 회복력을 보인다. 평소에 모든 이해관계자와 좋은 관계를 구축해두었기 때문에, 어려울 때 도움을 받을 수 있다. 또한 명확한 가치와 목적이 있기 때문에 방향성을 잃지 않고 위기를 극복할 수 있다.

팔정도가 실천되는 조직에서 일하는 사람들은 단순히 월급을 받기 위해 일하지 않는다. 자신의 일이 의미 있고 가치 있다는 것을 느끼며, 개인적 성장도 이뤄간다. 마음챙김을 통해 스트레스를 관리하고, 협력을 통해 관계 능력을 기르며, 윤리적 실천을 통해 인격적 성숙을 이뤄간다. 회사는 단순한 일터가 아니라 인생의 의미를 찾고 실현하는 공간이 된다.

물론 팔정도의 실천에는 여전히 도전이 있다. 단기 성과 압박, 경쟁 환경, 문화적 저항 등이 걸림돌이 될 수 있다. 하지만 이런 도전들은 극복 불가능한 것이 아니다. 중요한 것은 완벽을 추구하기보다는 지속적인 개선을 통해 점진적으로 발전해나가는 것이다. 작은 변화들이 누적되어 큰 변화를 만들어낸다. 한 사람의 깨달음이 팀을 바꾸고, 한 팀의 변화가 조직을 바꾸며, 한 조직의 혁신이 사회 전체에 영향을 미친다.

팔정도는 목적지가 아니라 여정이다. 완벽에 도달하는 것이 목표가 아니라 지속적으로 성장하고 발전해나가는 과정 자체가 중요하다. 이 여정에는 끝이 없지만, 길을 걷는 매 순간이 의미 있고 보람 있다.

2,600년 전 붓다가 보리수 아래에서 깨달은 팔정도의 지혜는 오늘날의 조직에도 새로운 가능성을 열어주고 있다. 고통에서 벗어나 진정한 번영에 이르는

길, 개인과 조직이 함께 성장하며 사회에 기여하는 길이 바로 여기에 있다.

변화의 시대를 살아가는 현대의 조직에게 팔정도는 단순한 철학이 아니다. 그것은 실용적이며 효과적인 경영 방법론이다. 이제 이 고대의 지혜를 현대적으로 해석하고 실천하는 것이 우리 모두의 과제가 되었다. 팔정도의 길을 따르는 조직이 만들어갈 미래가 기대된다. 그 미래는 효율성과 윤리성이 조화를 이루고, 개인의 행복과 조직의 성공이 함께 실현되며, 경제적 가치와 사회적 가치가 통합되는 새로운 경영의 패러다임일 것이다.

음악에서 화음이 아름다운 이유는 각 음이 따로 존재할 때가 아니라, 서로 어우러질 때 비로소 감동을 주기 때문이다. 팔정도 역시 마찬가지다. 여덟 가지 요소가 개별적으로 적용될 때보다 조직 시스템과 문화 전반에 걸쳐 통합적으로 어우러질 때 진정한 힘을 발휘한다.

며칠 전 한 스타트업 CEO와 대화를 나누던 중 흥미로운 이야기를 들었다. 그는 창업 초기, 직원들의 역량 개발에 집중했지만 아무리 교육해도 조직 전체의 성과는 크게 달라지지 않았다고 한다. 그러던 중 채용 단계부터 윤리적 가치관을 중요하게 평가하고, 성과 평가에 장기적 관점과 사회적 기여도를 반영하며, 의사결정 과정에서 다양한 의견을 경청하는 문화를 만들자 비로소 조직이 달라지기 시작했다고 한다.

이것이 바로 팔정도의 통합적 접근법이다. 투명한 소통 채널을 운영하고 건설적인 피드백을 장려하며, 구성원의 성장을 지속적으로 지원하는 시스템이 하나로 연결될 때, 조직은 외부 충격에 강하면서도 내부적으로는 조화롭고 생산적인 구조로 변모한다.

코로나-19와 같은 위기가 다시 닥치지 않으리라는 보장이 없다. 많은 기업이 또 한 번의 혼란에 휘말릴지도 모른다. 그러나 팔정도의 원칙을 실천해온 조직이라면 오히려 이 위기를 성장의 기회로 바꿀 수 있을 것이다. 리더가 위기 상황에서도 정념(마음챙김)을 통해 흔들림 없는 침착함을 유지하고, 정견(올바른 이해)으로 현실을 명확히 파악하며, 정정(올바른 집중)을 통해 깊은 통찰력을 갖춘다면, 그 조직은 위기 속에서도 명확한 통찰에 기반한 의사결정을 내릴 수 있을 것이다.

평소 정어, 정업, 정명과 같은 윤리적 실천을 통해 쌓아온 신뢰는 위기 시 조직의 든든한 버팀목이 된다. 직원들이 회사를 믿고 함께 어려움을 헤쳐나가며, 고객들 또한 변함없는 신뢰를 보내게 된다. 이것이 바로 조직의 회복탄력성(resilience)이다.

한 중견기업의 인사담당자는 이렇게 말했다.

"팬데믹 초기에 우리도 많이 흔들렸어요. 하지만 평소 직원들과 투명하게 소통하고, 윤리적 경영을 실천해왔던 것이 큰 힘이 되었습니다. 덕분에 모든 구성원이 한마음이 되어 위기를 극복할 수 있었어요."

팔정도의 원칙을 조직에 도입하는 것이 쉬운 일은 아니다. 새로운 철학적 프레임워크를 구현하려면 기존 조직문화의 관성과 미지의 것에 대한 두려움이라는 높은 벽을 넘어야 한다. 한 대기업의 변화관리 담당자는 내게 솔직하게 고민을 털어놓았다.

"20년 넘게 형성된 조직문화를 바꾸는 것은 정말 어려워요. 직원들은 '또 새로운 경영 기법이구나' 하며 반신반의하고, 중간관리자들은 업무가 늘어난다고 불만을 표시하죠."

맞는 말이다. 조직문화의 변화는 단기적인 해결책이 아니라 장기적인 과정이다. 최고 리더십의 일관된 모범, 변화의 '이유'에 대한 명확한 소통, 그리고 모든 구성원의 적극적인 참여가 필요하다. 무엇보다 인내심이 필요하다.

또 다른 도전은 자본주의 시스템의 단기 성과 압박이다. 주주들은 당장의 실적을 원하는데, 팔정도의 원칙은 장기적이고 윤리적인 관점을 요구한다. 이런 딜레마 속에서 어떻게 균형을 잡을 것인가?

그러나 최근 ESG 경영이 선택이 아닌 필수가 되면서 상황이 달라지고 있다. 윤리적 행동과 사회적 책임은 더 이상 비용이 아니라 장기적인 지속 가능성과 경쟁 우위를 위한 필수적인 투자로 인식되고 있다. ESG는 '착한 기업'을 위한 선택 사항이 아니라, 생존을 위한 전략이 되었다.

팔정도의 또 다른 도전은 추상성이다. IT 회사와 제조업체가 똑같은 방식으로 정념을 실천할 수는 없고, 스타트업과 대기업이 동일한 방법으로 정업을 구현하기도 어렵다. 그러나 바로 이 점이 오히려 팔정도의 강점일 수도 있다. 핵심 원칙은 동일하지만, 구현 방식은 각 조직의 특성과 상황에 맞게 유연하게 적용될 수 있기 때문이다. 중요한 것은 특정 행동이나 절차를 엄격히 따르는 것이 아니라, 팔정도의 근본정신을 깊이 이해하고 조직 안에 자연스럽게 녹여내는 것이다.

결국 팔정도가 제시하는 것은 새로운 리더십의 패러다임이다. 단순히 수익만을 추구하는 기업을 넘어, 의식 있는 리더십을 육성하는 것이다. 이런 리더는 전략적 통찰력을 갖추면서도 윤리적으로 확고하고, 감성적으로 지능적이며, 직원과 고객, 그리고 지구의 웰빙에 깊이 헌신한다.

한 소셜벤처 대표의 이야기가 인상적이다.

"처음에는 사회적 가치와 경제적 성과가 충돌한다고 생각했어요. 하지만 팔정도의 원칙에 따라 경영을 해보니, 오히려 둘이 시너지를 내면서 더 큰 성과를 만들어낸다는 것을 깨달았습니다."

정견을 통한 명확한 비전 제시부터 정어와 정업을 통한 말과 행동의 일치, 정념과 정정을 통한 침착함과 통찰력 발휘까지, 리더십은 팔정도의 모든 단계에서 핵심적인 역할을 한다.

궁극적으로 팔정도는 기업이 단순히 수익을 내는 것을 넘어, 목적 지향적이고 지속 가능한 조직으로 나아가도록 이끄는 길을 제시한다. 이는 곧 책임 있는 자본주의의 새로운 패러다임이기도 하다.

최근 젊은 세대들은 단순히 급여가 높은 회사보다 자신의 가치관과 맞는 회사를 더 중요하게 여긴다. 고객들도 제품의 품질만큼이나 그 회사의 철학과 실천을 중요하게 여긴다. 이런 변화 속에서 팔정도의 원칙은 추상적인 이상이 아닌 현실적인 경영 전략이 되고 있다.

어느 경영 컨설턴트의 말처럼, 이제는 '착한 기업이 되어야 하나?'가 아니라 '착하지 않으면 살아남을 수 있을까?'를 고민해야 하는 시대가 되었다.

리더가 이러한 원칙을 머리로만 이해하는 것을 넘어 일상의 행동으로 체화하고, 조직 시스템의 변화를 이끄는 촉매제 역할을 할 때, 조직은 비로소 지속 가능한 미래를 향한 진정한 변혁을 이룰 수 있다. 그리고 그 변혁은 거창한 결심이 아니라, 우리 각자의 작고 꾸준한 실천에서 출발한다.

제2부

조직의
고(苦)를 보는 눈

붓다의 지혜로 지속 가능한 회복탄력성을 처방하다

욕망과 집착이 만드는 조직 병리:
기업 고통의 근원과 치유의 길

조직 속에 숨어있는 고통의 그림자

"우리 회사는 성공한 기업이라고 하는데, 왜 이렇게 모든 사람이 지쳐 보일까요?"

한 글로벌 기업 임원의 질문은 현대 조직이 직면한 근본적인 모순을 정확히 짚어낸다. 겉으로는 성장하고 있지만 내부적으로는 고통받고 있는 조직들의 현실 말이다.

붓다는 2,600년 전, 고통의 근원이 끊임없이 솟아나는 욕망과 놓지 못하는 집착에 있다고 통찰했다. 이 가르침은 단지 개인의 번뇌에만 국한되지 않는다. 조직이라는 복잡한 유기체 속에서도 다양한 병리적 현상으로 나타나 구성원의 행복은 물론 조직의 건강한 성장마저 위협한다.

최근 몇 년간 수많은 기업이 외형적으로는 성장했지만, 내부적으로는 높은 이직률, 번아웃 증후군, 조직 내 갈등, 윤리적 스캔들 등의 문제로 흔들렸다. 이러한 현상의 이면을 들여다보면, 조직 내에 깊이 뿌리내린 욕망과 집착의 작동 방식이 보인다.

한 스타트업 CEO는 이렇게 털어놓았다.

"처음에는 정말 좋은 제품을 만들고 싶었어요. 그런데 어느 순간부터 더 큰 투자, 더 빠른 성장, 더 많은 시장 점유율만 생각하게 되더라고요. 팀원들도 지치고, 저도 지쳤습니다."

욕망은 철학적으로는 특정 대상이나 상태를 향한 의도적인 정신 작용이고, 심리학적으로는 강한 정서적 애착을 동반하는 행동의 원동력이다. 이는 단순한 '원함(want)'이나 '필요(needs)'를 넘어, 인간의 생각·감정·행동에 영향을 미치는 복합적 개념이다.

조직 안에서 욕망은 다양한 형태로 나타난다. 시장 지배력에 대한 갈망, 이윤 극대화에 대한 집착, 빠른 성장에 대한 열망, 권력과 영향력에 대한 추구 등이 그것이다. 이러한 욕망들이 적절히 조절되면 조직의 추진력이 될 수 있지만, 통제를 벗어나면 구성원을 소진시키는 독이 된다.

한 대기업의 중간관리자는 이런 경험을 나누었다.

"분기마다 더 높은 매출 목표를 달성해야 한다는 압박감에 팀원들이 하나둘씩 번아웃에 빠지기 시작했어요. 목표 달성에만 매몰되어 있다 보니, 정작 일의 의미나 팀원들의 웰빙은 뒷전이 되었죠."

집착은 심리학의 '애착 이론'과도 맞닿아 있다. 애착 이론은 영유아와 주양육자 간 초기 유대감의 중요성을 강조하며, 안정적인 애착이 세상을 탐험할 수 있는 '안전 기지'를 제공한다고 설명한다. 하지만 이 애착이 과도해질 때, 오히려 변화와 성장을 방해하는 족쇄가 되기도 한다. 조직 내에서도 마찬가지다. 기존의 성공 방식에 대한 집착, 과거의 영광에 대한 향수, 창립자나 리더의 비전에 대한 맹목적 추종 등이 조직의 혁신과 적응을 가로막는 장벽이 될 수 있다.

그렇다면 질문은 명확해진다. 조직의 고통이 근본적인 문제라면, 어떻게 벗어나야 하는가? 그 해답이 이번 장에서 펼쳐진다.

불교적 관점에서 본 현대 경영의 역설

불교 철학은 본질적으로 집단적 행복과 조화를 추구한다. 고통의 존재를 인정하고, 그 원인을 밝히며 고통에서 벗어나는 길을 제시함으로써 현대 경영이 직면한 문제들에 대한 깊이 있는 통찰과 제안을 제공할 수 있다.

하지만 현대 경영 리더십은 종종 이와 충돌한다. 목표 지향적 성과, 끝없는 성장 추구, 욕망의 증식이 핵심 가치가 되기 때문이다.

한 경영 컨설턴트는 이런 모순을 지적했다.

“리더는 늘 ‘더 많이, 더 빨리, 더 크게’를 외치며 직원들을 독려합니다. 하지만 이런 끊임없는 욕망의 추구가 오히려 조직 전체를 지치게 만들고 있어요.”

불교적 관점에서 보면, 욕망은 결코 충족될 수 없기에 결국 고통으로 이어진다. 하나의 목표를 달성하면 더 큰 목표가 기다리고, 이 무한 경쟁의 굴레 속에서 조직과 구성원들은 진정한 만족이나 행복을 느끼기 어렵다.

더욱 큰 문제는 조직의 이익을 우선시하는 접근 방식이 때때로 사회의 희생을 전제로 한다는 점이다. 환경 파괴, 노동자 착취, 소비자 기만 등의 문제들이 그 예다. 단기적 이익에 대한 집착이 장기적 지속 가능성과 사회적 책임을 외면하게 만든다.

이러한 현상은 단순히 실수가 아니다. 바로 조직 내부에 스며든 조직 병리의 징후다. 조직 병리란 조직 내에 존재하는 ‘질병’을 구조적으로 분석하는 접근을 의미한다. 이는 특정 구성원의 문제가 아닌 조직의 구조, 문화, 프로세스 전반에 스며들어 있는 시스템적 결함을 인식하는 데 초점을 맞춘다.

조직 병리는 신체 질병과도 닮았다. 겉으로는 멀쩡해 보여도 내부적으로는 서서히 조직을 좀먹는다. 결국 몇몇 개인의 일탈이 아니라 조직 시스템 전체의 오류로 귀결된다.

기업의 문제는 대부분 우연한 실수로 발생하지 않는다. 그보다는 합리적 판단에서 반복적으로 벗어나게 만드는 체계적 오류의 패턴이다. 예컨대 '매몰 비용의 오류'에 빠진 조직은 실패가 명백한 프로젝트인데도 불구하고 자원을 계속 투입한다. 과거에 들인 비용과 노력에 대한 집착이 새로운 판단을 방해하는 것이다.

또 다른 예로 '확증편향'을 들 수 있다. 리더가 특정 전략에 집착하게 되면 그 전략을 뒷받침하는 정보만을 받아들이고 반대되는 증거나 의견은 무시하거나 왜곡한다. 이런 조직에서는 건전한 비판과 다양한 관점이 설 자리를 잃게 되고, 결국 사고의 다양성이 사라진다.

개인의 욕망과 집착이 조직의 고통으로 이어지는 과정은 개인의 심리 상태가 조직 구조와 문화 속에서 집단적으로 증폭되는 방식으로 이해할 수 있다. 리더의 불안이나 욕망은 조직 전체로 빠르게 퍼져 나간다. 한 사람의 부정적인 감정이 마치 바이러스처럼 전파되며, 팀 전체의 분위기를 바꾸는 것이다.

어느 조직에서 CEO가 급격한 성장에 대한 강박적 욕구를 보였다. 그 욕구는 중간관리자에게 전달되었고, 다시 직원들에게 과도한 압박이 전이되었다. 결국 조직 전체가 스트레스와 불안에 휩싸였고, 이직률이 급증했다. 이는 결코 특정 기업에만 국한된 이야기가 아니다. 오늘날 수많은 조직에서 매일같이 반복되고 있는 병리적 증상이다.

조직의 보상 시스템도 이런 욕망을 증폭시키는 데 큰 역할을 한다. 단기성과에만 집중하는 평가제도, 무한 경쟁을 조장하는 조직문화, 결과만을 중시하고 과정을 무시하는 관행 등이 개인의 욕망을 통제 불가능한 수준으로 키워

나간다. 한 영업팀장의 고백이 이를 단적으로 보여준다.

"처음에는 고객에게 정말 도움이 되는 솔루션을 제공하고 싶었어요. 하지만 매달 높아지는 목표와 동료들과의 경쟁 속에서 어느 순간부터는 고객보다 숫자만 보게 되더라고요. 그런 제 모습이 싫었지만 어쩔 수 없었습니다."

조직에서 나타나는 집단적 욕망은 다양한 형태로 드러난다. 시장 지배력에 대한 갈망은 때로 건전한 경쟁을 무너뜨리고 독점적 지위를 추구하게 만든다. 이윤 극대화에 대한 집착은 단기성과에 집착하게 만들고, 장기적 투자나 연구개발은 뒷전으로 밀려나게 한다.

급격한 성장에 대한 욕구는 종종 조직의 역량을 무시한 무리한 확장으로 이어진다. 한 스타트업은 투자 유치에 성공한 뒤 대규모 인력 확충을 시도했지만, 정작 조직문화나 시스템은 이를 뒷받침하지 못해 혼란에 빠졌다. 기존 직원들은 갑작스러운 변화에 적응하지 못했고, 새로 입사한 직원들은 제대로 된 온보딩조차 받지 못한 채 방치되었다.

권력과 영향력에 대한 과도한 추구도 조직에 해로운 영향을 미친다. 권력을 독점하려는 리더는 의사결정 과정에서 타인의 의견을 배제하고, 자신의 권위에 도전하는 것을 용납하지 않는다. 이런 환경에서는 혁신이나 창의성이 자리를 잡기 어렵다.

기존 방식에 대한 집착은 조직의 혁신 능력을 심각하게 저해한다. '우리는 항상 이렇게 해왔다'는 식의 표현은 변화를 거부하는 조직에서 자주 들을 수 있다. 과거의 성공에 대한 향수는 종종 현재의 도전과 미래의 기회를 가리는 눈가리개가 된다.

리더의 비전에 대한 맹목적 추종도 문제가 될 수 있다. 카리스마 있는 리더의 비전은 처음에는 조직을 하나로 묶는 강력한 구심점이 된다. 하지만 시간이 지나면서 그 비전이 현실과 괴리되기 시작해도, 누구도 문제를 지적하지 못하는 분위기가 만들어질 수 있다. 결국 조직은 방향을 수정하지 못한 채, 리더의 과거 성공 신화에 갇힌 채 표류하게 된다.

치유의 길: 깨어있는 인식과 균형 잡힌 접근

조직의 고통을 치유하기 위해서는 무엇보다 먼저 문제를 정확히 인식하는 것부터 출발해야 한다. 개인 차원에서는 자기 성찰과 마음 챙김을, 조직 차원에서는 투명한 소통과 건전한 비판이 가능한 문화가 전제되어야 한다.

한 경영진은 나에게 이러한 깨달음을 나누어주었다.

"우리 회사는 그동안 성장에만 매몰되어 있었어요. 하지만 직원들과의 솔직한 대화를 통해 우리가 놓치고 있던 것들을 발견했습니다. 성장도 물론 중요하지만, 그 과정에서 사람들이 행복하지 않다면 그게 과연 진정한 성공일까요?"

욕망과 집착을 완전히 제거하는 것은 불가능할 뿐 아니라, 반드시 그럴 필요도 없다. 중요한 것은 그것들을 건전한 수준에서 조절하고 균형 있게 다루는 것이다. 예컨대 성장 욕구는 충분히 혁신의 동력이 될 수 있지만, 그 추구는 구성원의 웰빙을 해치지 않는 선에서 이루어져야 한다.

조직의 치유는 결국 개인의 각성에서 시작된다. 리더부터 구성원에 이르기까지 모든 사람이 자신의 욕망과 집착을 성찰하고, 그것이 조직과 동료들에게 어떤 영향을 미치는지 진지하게 돌아볼 필요가 있다. 그리고 진정한 만족과 행복이 무엇인지에 대해 함께 고민하고 새로운 가치관을 정립해 나가는 과정이 필요하다.

물론 이런 변화는 하루아침에 이루어지지 않는다. 하지만 작은 깨달음이 쌓이고 그 성찰이 행동으로 이어질 때, 조직은 큰 변화를 만들어낼 수 있다. 그 변화의 시작은 바로 지금, 이 순간의 성찰에서 출발한다.

과잉 성장 욕망의 그림자

회의실에서 한 CEO가 열정적으로 말한다.

"올해 매출을 두 배로 늘려야 합니다. 경쟁사들이 빠르게 성장하고 있어요. 우리도 뒤처질 수 없습니다!"

많은 사람들이 고개를 끄덕였지만, 한 임원의 표정은 어둡다.

그는 속으로 생각했다.

'작년에도 이런 말을 했는데, 과연 우리가 감당할 수 있을까?'

물론 성장은 기업의 생명력이다. 새로운 기회를 창출하고 조직의 역량을 강화하는 긍정적인 측면을 지닌다.

하지만 방식과 속도에 대한 절제되지 않은 과도한 욕망은 조직을 예측 불가능한 위험에 빠뜨리고 내부 깊숙이 다양한 형태의 고통을 야기할 수 있다.

끝없는 확장과 이익 추구에 대한 맹목적인 욕망은 종종 신중한 검토 없이 이루어지는 무리한 사업 확장으로 이어진다. 예를 들면 감당하기 어려운 수준의 과도한 차입, 충분한 준비 없이 검증되지 않은 신시장으로 진입하는 것 등이 이에 해당한다. 이러한 경영 결정은 단기적인 성장을 추구하는 듯 보이지만, 결국 조직의 지속 가능성을 위협하고 구성원 전체에 불안과 부담을 전가하게 된다.

한 제조업체의 CFO는 다음과 같은 경험을 들려주었다.

"몇 년 전 우리 회사가 해외 시장에 급격히 진출했을 때의 일이에요. CEO는 '글로벌 시장을 선점해야 한다'며 여러 나라에 동시에 지사를 세웠습니다. 하지만 각 시장의 특성도 제대로 파악하지 못했고, 현지 인력 관리 경험도 부족했죠. 결국 대부분의 지사가 지속적인 적자를 기록했고, 본사까지 재정적 위기에 직면하게 됐습니다."

이처럼 무분별한 확장은 조직의 구조적 취약성을 키우고, 예기치 못한 외부 환경 변화나 경제적 충격에 극도로 취약한 상태로 만든다. 실제로 팬데믹 당시 많은 기업들이 어려움을 겪은 배경에도 바로 이런 과도한 확장과 준비되지 않은 성장 전략이 있었다.

또한 단기적인 가시적 이익의 극대화에만 매몰된 경영 방식은 제품이나 서비스의 품질 저하, 소홀한 고객 관리, 윤리적 문제 발생 등 여러 형태의 리스크를 수반하게 된다. 이는 장기적으로 조직의 가장 소중한 자산인 고객의 신뢰를 훼손하며, 회복하기 어려운 수준의 평판 손실로 이어질 수 있다.

한 대기업의 중간관리자는 고충을 이렇게 털어놓았다.

"매년 목표가 20%, 30%씩 올라가요! 시장 상황이나 우리 팀의 역량은 고려하지도 않고 말이죠. 처음에는 도전적인 목표라고 생각했지만, 지금은 그냥 불가능한 숫자라는 걸 알아요. 하지만 누구도 이런 말을 할 수 없는 분위기죠."

이처럼 과도한 성장에 대한 비현실적인 욕망은 종종 조직의 실제 역량과 자원을 고려하지 않은 채, 현실적으로 달성하기 극히 어려운 무리한 목표 설정으로 이어진다. 그 결과, 구성원들은 과도한 업무 부담과 극심한 정신적 스트레스에 시달리게 된다.

그리고 '결과 지상주의'라는 왜곡된 가치관 아래 개인의 헌신과 희생만이 강요되는 조직문화는 구성원들의 소속감과 업무 만족도를 현저히 떨어뜨린다. 이러한 악순환은 결국 핵심 인재의 잦은 이탈로 이어지고 조직은 스스로의 경쟁력을 갉아먹는 장기적 리스크에 노출된다.

그렇다면 오늘날 기업들은 어떤 고를 겪고 있는가? 구체적인 사례들을 통해 그 현실을 더 깊이 들여다보자.

STX 그룹: 탐욕이 부른 몰락의 전형

STX 그룹의 이야기는 과잉 성장 욕망의 함정을 극명하게 보여주는 대표적인 사례다. 2001년 작은 무역회사에서 시작하여 2010년 자산 규모 23조 원의 대기업 그룹으로 급성장한 이 회사의 성공 스토리는 많은 이들에게 영감을 주었다. 하지만 그 이면에는 조선, 해운, 에너지 등 연관 산업에 대한 공격적이고 무리한 M&A와 과도한 차입 경영이 있었다. 한 전 STX 직원은 이렇게 회고했다.

"당시에 회사 분위기는 정말 역동적이었어요. 매일 새로운 사업 아이템이 나오고, 인수합병 소식이 들렸죠. 하지만 돌이켜보니 너무 빨랐어요. 제대로 소화할 시간도 없이 계속 새로운 것만 추가했으니까요."

성장에 대한 탐욕과 집착은 기업의 재정 규모를 무리하게 키우며 위태로운 상태로 몰아넣었다. 2008년 글로벌 금융 위기가 닥치자 과도한 부채와 관리 역량의 한계는 결국 STX를 무너뜨렸고, 2013년에는 그룹 해체라는 파국적인 결말로 이어졌다.

이 사례는 우리한테 분명한 교훈을 준다. 리더 개인의 탐욕은 결코 개인적 차원에 머물지 않는다는 것을. 그리고 그 욕망은 조직의 전략적 방향, 재무 구조, 문화 전반에 전염성을 가지고 확산되며 결국 조직 병리를 심화시키는 근본적인 독이 될 수 있다는 것을 말이다.

위워크: 현대판 이카루스의 몰락

위워크(WeWork)의 실패 또한 과도한 성장 욕망과 창업자의 개인적 목표 추

구가 지속 불가능한 비즈니스모델과 부실한 의사결정으로 이어진 전형적인 사례다.[24)]

전직 위워크 직원 한 명은 이렇게 회고했다. “창업자 아담 노이만은 정말 카리스마가 있었어요. 그가 말하는 비전을 들으면 정말 뭐든 가능할 것 같았죠. 하지만 현실적인 수치나 실행 계획을 물어보면 항상 ‘비전이 중요하다’, ‘혁신적으로 생각해야 한다’는 식으로 넘어갔어요.”

통제되지 않은 야망과 권력의 유혹은 창업자들로 하여금 자신은 일반적인 규칙의 예외라고 믿게 만드는 착각을 불러온다. 그리고 그 믿음은 결국 약속 불이행, 현실 회피, 책임 회피, 나아가 조작과 기만으로 이어지는 경로로 전락할 수 있다.

위워크는 그 전형적인 경로를 그대로 밟았고, 현대판 이카루스는 결국 추락할 수밖에 없었다.

엔론: 탐욕이 만든 거대한 사기극

한때 월가의 총아로 불리던 에너지 기업 엔론(Enron)의 몰락은 비윤리적인 관행과 정교한 재정 조작에서 비롯되었다. 경영진은 부채를 숨기고 이익을 부풀리는 회계 기법으로 투자자와 이해관계자를 조직적으로 기만했다.

엔론의 회계 담당자들은 어떤 마음이었을까? 처음에는 ‘일시적으로 숫자를 맞춰보자’는 작은 조작이었을 것이다. 하지만 한번 거짓말을 시작하면 그 거짓을 덮기 위한 더 큰 거짓이 필요해지고 결국에는 감당할 수 없는 지경에 이르기 마련이다.

이 사태의 핵심에는 투명성 부족과 부실한 기업 지배 구조가 있다. 조직 내 감시와 견제의 장치가 제대로 작동하지 않았고, 비윤리적 관행이 묵인되고 반복되며 결국 조직 전체를 붕괴의 길로 이끌었다. 그 뿌리에는 최고 경영진의 오만, 무능, 탐욕이 있었다.

리먼 브라더스: 위험한 도박의 최후

2008년 글로벌 금융위기 당시 리먼 브라더스(Lehman Brothers)의 붕괴는 모기지 담보부 증권(MBS)에 대한 과도한 투자 노출과 단기 자금 조달에 대한 지나친 의존에서 비롯되었다.

전직 리먼 브라더스 임원의 회고가 떠오른다. "당시 부동산 시장이 계속 오를 것이라고 모두가 믿었다"고. 당시는 '부동산은 절대 떨어지지 않는다'는 것이 상식처럼 통하던 시절이었다. 그래서 리먼 브라더스는 더 많은 리스크를 감수했고, 더 큰 레버리지를 활용해서 수익을 극대화하려고 했다. 하지만 결국은 그것이 회사의 몰락을 부른 독이 되었다는 것이다.

리먼 브라더스는 회계상 허점을 이용해 500억 달러 이상의 대출을 매출로 위장하여 재정 상태를 건전하게 보이려는 시도를 감행했다. 이러한 기만적인 회계 처리는 투자자들과 규제 당국을 속이기 위한 것이었지만, 결국 진실이 드러나면서 회사는 파산에 이르렀다.

FTX: 암호화폐 시대의 새로운 탐욕

암호화폐 거래소 FTX의 붕괴는 오만과 탐욕이 결합된 위험한 리더십의 결과였다. 무모한 결정, 과도한 위험 감수, 소비자와 투자자의 안전과 복지에 대한 노골적인 무시가 이 사태의 핵심이다.

한 암호화폐 업계 관계자는 이렇게 말했다. "샘 뱅크먼-프리드는 정말 천재라고 여겨졌어요. 젊은 나이에 거대한 제국을 만들었으니까요. 하지만 그 이면에는 고객의 돈을 자신의 것처럼 사용하는 무책임함이 있었죠."
실제로 창업자인 샘 뱅크먼-프리드는 회사를 개인 금고처럼 사용하며, 수십 억 달러를 자신과 측근 경영진에게 무단으로 이전한 것으로 밝혀졌다. 이는 단순한 실수가 아니라 고객과 투자자에 대한 심각한 배신이 분명했다. 그 결과는 어떠했는가? FTX의 파산은 전 세계적으로 암호화폐 산업 전반의 신뢰도를 급격히 추락시키는 계기가 되었다.

폭스바겐: 환경을 속인 기업의 대가

2015년, 세상을 놀라게 한 폭스바겐 배출가스 스캔들, 일명 '디젤게이트'는 폭스바겐이 디젤 엔진에 조작 장치를 의도적으로 탑재하여 배출가스 테스트를 조작한 사건이다.
한 전 폭스바겐 엔지니어는 당시를 이렇게 회고했다. "처음에는 단순히 테스트를 통과하기 위한 기술적 해결책이라고 생각했어요. 하지만 시간이 지나면서 이게 명백한 속임수라는 걸 알게 되었죠. 그런데 이미 너무 많은 사람들이 관련되어 있어서 멈출 수가 없었어요."
회사는 차량이 환경친화적이라고 홍보하며 소비자와 규제 기관을 속였지만, 실제로는 일반 주행 시 NOx 배출량이 법적 기준의 40배에 달했다. 시장 지위와 이익 유지를 위한 조직적 기만행위는 결국 막대한 벌금, 주가 폭락, 최고 경영진의 대규모 사퇴로 이어졌다.
이 사건은 단순한 기술 조작을 넘어 폭스바겐 내부에 만연해 있던 비밀주의와 은폐의 조직문화를 드러냈다. 문제를 해결하기보다는 숨기려고 했던 조직문화가 결국 더 큰 재앙을 불러온 것이다.

노키아: 과거에 갇힌 거대한 공룡

노키아(Nokia)의 사례는 과도한 성장 욕망과는 다른 형태의 기업 실패를 보여준다. 노키아의 성공은 초기 시장 진입, 지배력, 혁신에 기반을 두었지만, 스마트폰의 등장과 터치스크린 기기로의 전환이라는 급변하는 시장 역학에 신속하게 적응하지 못하면서 쇠퇴했다.

한 노키아 개발자는 이렇게 회고했다.

"우리는 휴대폰 시장의 왕이었어요. '노키아가 망할 리 없다'고 모두가 생각했죠. 하지만 아이폰이 나왔을 때도 일시적인 유행이라고 무시했어요. 안드로이드가 확산될 때도 '우리 심비안이 더 안정적이다'라고 자위했고요."

심비안 운영 체제를 고수하고 계층적이고 관료적인 조직문화를 유지하려는 전략적 실수는 민첩성과 혁신을 방해하여 앱 스토어 및 생태계 통합과 같은 기회를 놓치게 했다. 이는 과거의 성공과 기존 전략에 대한 조직적 집착이 어떻게 병리적 현상으로 작용하여 필요한 변화를 방해하고 궁극적으로 쇠퇴를 초래할 수 있는지를 보여준다.

왜곡된 보상 시스템의 함정

지금까지 살펴본 기업 실패 사례들은 단지 경영 전략의 실수나 외부 환경의 불운 때문만은 아니다. 그 이면에는 끊임없는 성과 압력, 투자자의 요구, 권력과 인정에 대한 리더의 내면적 갈망이 있다. 특히 보상 시스템이 잘못 설계되었을 때, 이러한 내적 욕망은 조직 전체를 위험에 빠뜨릴 수 있다.

한 헤드헌터는 다음과 같은 사례를 들려주었다.

"어떤 회사는 영업팀 보상을 오직 매출액에만 연동시켰어요. 결과적으로 영업사원들은 고객에게 필요하지 않은 제품까지 팔려고 했고, 심지어 거짓 약속을 하기도 했죠. 단기적으로는 매출이 올랐지만, 장기적으로는 고객 신뢰를 잃었습니다."

단기 성과 중심의 보상 체계는 구성원들에게 왜곡된 동기를 부여하며 결국 조직 전체의 가치 기반을 무너뜨릴 수 있다. 이는 기업이 윤리적 고려보다 판매 증대나 재정 목표 달성을 우선시할 때 자주 발생한다.

이러한 인센티브 구조 속에서 개인은 점차 내면의 양심을 낮추거나 윤리적 나침반에서 벗어나게 된다. 보상 시스템 설계에 윤리적 필터가 없을 때 비윤리적인 행동은 단순히 용인되는 수준을 넘어 오히려 성과로 인정받고 조직적으로 장려되는 문화로까지 확산된다.

탐욕이 조직에 뿌리내릴 때, 그것은 마치 바이러스처럼 전파된다. 한 부서에서 시작된 비윤리적 행동이 다른 부서로, 이내 조직 전체로 퍼져 나가게 되는 것이다. 그리고 마침내 모든 사람이 같은 생각을 하게 된다. '다른 사람도 하는데 나만 안 할 수는 없다'고.

과도한 성장 욕망은 구성원 개개인의 탐욕과 야망을 부추기고, 이는 비윤리적인 기업 행위로 이어진다. 사기, 위험한 확장, 규제 회피 등이 그 예다. 이러한 행태는 대부분 잘못 정렬된 보상 시스템에 의해 강화되어, 조직 내에 탐욕과 결과 지상주의라는 자기파괴적 문화를 만든다.

이러한 환경은 이익이 사람보다 우선시되는 '조직적 병폐'를 초래하여 신뢰와 협업을 훼손한다. 결국 이러한 병리는 재정적 손실뿐만 아니라 심각한 평판 추락과 직원 번아웃, 대량 해고 등 막대한 인적·사회적 비용을 수반하는 치명적인 문제로 이어진다.

특히 권력을 가진 사람들이 견제받지 않는 환경에서 이들은 점점 더 위험한 결정을 감행하고, 문제가 생기면 이를 덮으려는 경향을 보인다. 하지만 작은 거짓말은 더 큰 거짓말을 부르고, 결국 조직 전체를 파괴하는 스캔들로 비화된다. 투명성과 책임성이 사라진 조직에서는 문제를 해결하기보다는 숨기고, 감추고, 회피하는 문화가 만연하다. 이런 환경에서 작은 균열은 어느 순간 조직 전체를 무너뜨리는 붕괴의 서막이 된다.

과잉 성장 욕망의 그림자는 이처럼 조직과 개인 모두를 파멸로 이끌 수 있다. 하지만 이 수많은 실패 사례가 우리에게 주는 교훈은 분명하다. 진정한 성장은 단순히 '크게' 성장하는 것이 아니라 지속 가능하고 윤리적인 방식으로 가치를 창조하는 것임을 말이다.

자아의 메아리와 파괴적인 내부 경쟁

한 중견기업의 임원진 회의실을 머릿속에 그려보자.

마케팅 부서장이 새로운 프로젝트를 발표하자, 영업 부서장이 날카롭게 반박한다.

"그런 식으로는 절대 성과가 나올 수 없어요. 우리 영업팀이 얼마나 힘들게 고객을 관리하는지 아세요?"

마케팅 부서장도 지지 않는다.

"영업팀이 우리 캠페인을 제대로 활용하지 못해서 그런 거 아닙니까?"

회의실 분위기는 순식간에 얼어붙었다. 모두가 이 순간이 끝나기만을 바란다. 한편 CEO는 한숨을 쉬며 생각한다.

'왜 우리 조직은 항상 이런 식일까?'

이런 모습은 많은 조직에서 일상적으로 벌어지는 풍경이다. 조직 내부 구성원 개개인의 강한 자아와 지나친 경쟁심이 조직 운영 전반에 걸쳐 심각한 병리적 현상을 야기하는 것이다.

한 심리학자는 자아를 이렇게 설명했다. “자아는 우리를 보호하는 방패 같은 존재예요. 하지만 그 방패가 너무 크고 단단하면, 오히려 우리를 고립시키고 다른 사람들과의 연결을 막아버리죠.”

자아는 무의식적인 방어 메커니즘으로 작용하여 예측 가능한 반응 행동을 통해 개인의 자존감을 보호한다. 위협을 느낄 때 자동으로 발생하는 이러한 반응은 개인이 갈등을 회피하거나, 타인을 비난하거나, 지나치게 방어적으로 행동하게 만든다.

한 IT회사의 팀장은 이런 경험을 나누었다.

“우리 팀에 정말 실력 있는 개발자가 있어요. 하지만 그는 자신의 코드에 대한 피드백을 절대 받으려 하지 않아요. ‘내가 10년 경력인데 신입이 뭘 안다고’라는 식이죠. 결국 그 때문에 프로젝트가 지연되고, 팀 분위기도 나빠졌어요.”

이러한 자아 중심적 행동은 개인의 성장뿐만 아니라 조직 목표를 지속적으로 훼손하며, 직업적 관계, 팀 역학, 전반적인 조직 성과에 심각한 손상을 입힐 수 있다. 특히 리더가 이러한 부정적 패턴을 인식하지 못할 경우, 결과적으로는 창의성, 협업, 개인의 잠재력을 억압하는 유해한 작업 환경을 의도치 않게 조성하게 된다.

어떤 조직은 겉으로는 멀쩡해 보이지만, 내부적으로는 구성원 각자가 자신의 이미지 관리에만 몰두하는 경우도 있다. 진정한 협업이나 혁신보다는 ‘나는 잘못이 없다’는 것을 입증하는 데 더 많은 에너지를 쓰는 것이다.

이처럼 이미지 관리를 진정한 성장과 팀워크보다 우선시하는 조직문화는 개인과 집단의 성과를 심각하게 저하시킨다. 즉 자기 부과적인 장벽을 만들어 조직을 위한 혁신, 학습, 문제해결에 사용될 수 있는 에너지를 낭비하게 되는 것이다.

한 대기업의 인사담당자는 이런 현실을 털어놓았다.

"우리 회사에는 보이지 않는 전쟁이 계속 벌어지고 있어요. 각 부서가 자신들의 영역을 지키려고 하고, 정보도 공유하지 않으려 해요. 마치 같은 회사가 아니라 경쟁사인 것처럼 행동하죠."

직장 내 정치는 개별적인 자아 충돌에서 비롯되어 조직 내에 '우리 대 그들'이라는 분열된 사고방식을 조장하는 경우가 많다. 이러한 역학은 부서 간의 사일로(silo), 방어적 행동, 정보 독점, 영역 다툼, 부서 간 협업에 대한 저항으로 나타난다. 한 마케팅 팀원의 고백은 이러한 현실을 여실히 보여준다.

"저희 팀이 새로운 캠페인을 기획했는데, 영업팀에서 협조를 전혀 안 해줘요. '우리는 우리 방식이 있다'면서 거부하더라고요. 그러고 나서 나중에 성과가 안 나오면 마케팅 탓을 하고요."

이러한 자아 중심적 조직 역학은 내부의 자원을 상당히 소모하여 효율성, 혁신, 전반적인 조직 성과를 저해한다. 정작 경쟁해야 할 대상은 외부 경쟁사인데, 조직 구성원들은 내부 동료들과 경쟁하느라 에너지를 낭비하고 있는 것이다.

그중에서도 통제되지 않은 CEO의 자아는 가장 위험한 형태로 작용한다. 이는 유해한 작업 환경, 직원 참여도 저하, 재건이 어려운 조직 평판의 손상으로 이어질 수 있다. 위대해지지 못한 많은 기업의 전말을 살펴보면, '최고위층의 거대한 개인적 자아'가 회사의 몰락 또는 평범함에 직접적으로 기여한 사례를 볼 수 있다.

한 전직 임원은 이런 경험을 털어놓았다.

"제가 일했던 회사 CEO는 정말 카리스마가 있었어요. 하지만 자신과 다른 의견을 절대 수용하지 않았죠. 회의에서도 CEO의 의견에 반대하는 사람은 점점 사라지게 되었어요. 결국 회사에는 '예스맨'만 남게 되었고, 그러다 보니 현실과 동떨어진 결정들이 계속 내려졌습니다. 하지만 아무도 막지 못했어요."

자아 중심적인 리더는 종종 스스로를 고립시키고, 정직한 피드백이나 불편한 진실을 말하는 사람들을 차단하거나 억압한다. 그 자리에 남는 것은 오로지 리더의 말에 고개를 끄덕이기만 하는 '예스맨'들이다. 이런 구조는 리더 주변에 현실을 왜곡하는 거품을 만들고, 이는 결국 부실한 의사결정과 조직 안팎의 신뢰 상실로 이어진다.

한 중간관리자는 이렇게 고백했다.

"나쁜 소식을 CEO에게 전달하는 게 정말 어려워요. 왜냐하면 그분은 항상 화를 내시거든요. 일단 '왜 이런 문제가 생겼냐', '누가 책임질 거냐'부터 시작하죠. 결국 다들 좋은 소식만 전하게 되고, 진짜 소통은 영원히 금지된 분위기가 되는 거죠……."

이처럼 욕망과 집착, 자아는 조직 내에서 복합적으로 작용하며 다양한 병리 현상을 만들어낸다. 이를 해결하기 위해서는 개인과 조직 차원에서의 깊은 성찰과 구조적 변화가 필요하다.

잭 웰치가 경영했던 시기, 제너럴일렉트릭스(GE)의 성과 지상주의와 내부 경쟁 심화는 '개인의 이기심'과 '극단적인 성과 지향주의'가 조직에 미치는 부정적인 영향을 보여주는 대표적인 사례다.

어느 전 GE 직원은 이렇게 회고했다. "매년 하위 10%를 해고하는 'Rank & Yank' 시스템 때문에 동료들이 서로를 경쟁자로 봤어요. 팀워크? 그런 건 사치였죠. 누군가 실수하면 '저 사람이 하위 10%에 들어가겠네'라고 생각했어요. 도움을 주기는커녕 방해가 되지 않으면 다행이었죠."

GE는 이 시스템으로 단기적인 수익성을 확보했지만, 부서 간 경쟁을 심화시키고 개인 간의 협업을 저해했다. 장기적으로는 기술 개발력 약화와 조직 내부의 피로도 증가로 이어져 결국 2018년 다우존스 산업지수에서 퇴출되는 결과를 낳았다.

또 다른 전 GE 임원은 이렇게 평가했다.

"단기적으로는 성과가 나왔어요. 모든 사람이 죽기 살기로 일했으니까요. 하지만 혁신은 사라졌어요. 새로운 아이디어를 시도하다가 실패하면 하위 10%에 들어갈 위험이 있었거든요. 결국 안전한 길만 선택하게 되었죠."

이러한 시스템은 창의성과 협업을 고갈시키고 조직 내 위험을 증폭시켰다. 개인의 생존이 우선시되면서 조직 전체의 장기적 성장이 희생된 것이다.

리더의 오만함(Hubris)은 과도한 자신감과 비합리적 판단으로 이어져 조직에 치명적인 결과를 초래할 수 있다. 통제되지 않은 리더의 자아와 그로 인한 과도한 내부 경쟁은 조직 내 분노와 불신을 조장하고 궁극적으로 협력을 무너뜨려 조직의 자멸을 이끄는 파괴적 힘으로 작용한다.

한 투자회사의 직원은 이렇게 고백했다.

"처음에는 저희 회사가 정말 혁신적인 회사라고 생각했어요. 하지만 시간이 지나면서 모든 것이 CEO들의 자아를 만족시키기 위한 쇼였다는 걸 깨달았죠. 실제 비즈니스보다는 월스트리트의 찬사가 더 중요해 보였어요."

인적자원 또한 마찬가지다. 한 프로젝트 매니저는 이런 좌절감을 토로했다.

"우리 팀에는 정말 뛰어난 인재들이 많아요. 하지만 각자가 자신의 성과만 생각해요. 프로젝트 전체의 성공보다는 '내가 얼마나 기여했는지'를 어필하는 데 더 신경 쓰죠. 그러다 보니 정작 중요한 협업은 이루어지지 않아요."

지나친 개인 성과 지향, 동료의 어려움에 대한 냉담한 태도, 팀워크보다 개인 경쟁 우위 확보에만 몰두하는 이기적 행동은 결국 조직 전체의 응집력을 약화시키고 업무 효율성마저 심각하게 저하시킨다.

특히 조직 내 과도한 내부 경쟁은 팀 간 정보 공유를 현저히 감소시키고 혁신 역량을 심각하게 저해한다. 이는 한 기술회사의 개발팀장의 지적과도 맞닿아 있다.

"각 팀이 자신들만의 노하우를 독점하려고 해요. '우리가 개발한 기술인데 왜 다른 팀에 알려줘야 하냐'는 식이죠. 그러다 보니 비슷한 문제를 각 팀에서 따로따로 해결하려고 하고, 결국 시간과 자원만 낭비됩니다."

흥미롭게도 이 연구는 다른 그룹과의 협업을 전략적으로 선택한 '브릿지 팀'만이 혁신에서 탁월한 성과를 보였다는 점을 강조했다. 이는 조직 내 경쟁을 순수한 내부 경쟁 구조로만 유지하기보다는 외부 경쟁자를 능가하기 위한 집단적 목표를 중심으로 경쟁의 방향성을 재설계해야 함을 시사한다.

한 혁신 전담팀장은 이렇게 말했다.

"우리 팀이 성과를 낼 수 있었던 이유는 다른 부서들과 적극적으로 협업했기 때문이에요. 경쟁하기보다는 함께 외부 경쟁사를 이기자는 마음가짐으로 일했죠."

내부 경쟁은 경쟁자들 간에 능력 격차가 클 때 조직 전체 성과에 오히려 부정적인 영향을 미치는 경향이 있다. 경쟁이 일부에게는 동기 부여와 성과 향상을 유도할 수 있지만, 동시에 다른 구성원에게는 위협으로 작용해 성과를 급격히 저하시키는 결과를 낳을 수도 있기 때문이다.

한 영업팀의 팀장은 이런 딜레마를 토로했다.

"우리 팀에는 경력 20년의 베테랑부터 신입사원까지 다양해요. 같은 기준으로 경쟁시키면 신입사원들은 좌절하고, 베테랑들은 이런 쉬운 경쟁은 의미

없다고 해요. 결국 누구도 만족하지 못하는 상황이 되는 겁니다."

잘못된 인센티브가 만드는 악순환

직장 내 경쟁은 개인이나 팀 간의 경쟁이 협업, 신뢰, 생산성, 고객 경험을 의도치 않게 훼손할 때 유해한 방향으로 전환된다. 이처럼 건강하지 못한 경쟁은 단기적인 이익을 장기적인 목표보다 우선시하거나, 승자 독식 사고방식을 강조하고, 팀워크보다 개인 성과에 과도하게 집중하는 등 부적절하게 설계된 인센티브 시스템에서 비롯된다.

인센티브는 성과에 대한 강력한 보상 수단 중 하나지만, 항상 좋은 결과만 낳는 것은 아니다. 무엇을 보상하느냐에 따라 조직문화는 언제나 달라질 수 있다.

"우리 회사의 성과 평가 시스템은 정말 문제예요. 개인 성과만 평가하고 팀 기여도는 거의 반영되지 않거든요. 그러다 보니 모든 사람이 자신의 성과만 챙기려고 해요. 팀 프로젝트를 해도 내가 얼마나 기여했는지만 어필하려고 하죠."

인사팀장의 이와 같은 고백이 주는 교훈은 무엇일까? 불분명하거나 불균일한 성과 지표, 제한된 자원 또는 인정, 이 모든 요소는 조직 내 치열하고 불건강한 경쟁 환경을 더욱 악화시킨다. 더 나아가, 리더가 유해한 경쟁 행동을 보이거나 그런 행동에 보상을 할 경우, 구성원들은 이를 성공 또는 직업 안정의 방식으로 인식하고 이러한 접근 방식을 모방할 가능성이 높다.

한 중간관리자는 이렇게 고백했다.

"우리 부서장이 항상 '경쟁에서 이겨야 한다'고 해요. 동료를 이기는 것도 경쟁이라고 하죠. 그래서 팀원들이 서로 정보를 숨기고, 협력하지 않아요. 부서장이 그런 행동을 오히려 칭찬하거든요."

이러한 환경은 스트레스 수준 증가, 직무 만족도 감소, 높은 이직률, 혁신과 창의성 저하 문제로 직결된다.

이와 관련해 모 기업의 HR 담당자는 심각한 현실을 전했다.

"요즘 우리 회사 이직률이 정말 높아요. 특히 좋은 인재들이 자꾸 떠나가죠. 이유를 물어보면 같은 대답이에요. '이런 분위기에서는 더 일 못 하겠다'라는 거죠. 동료들과 경쟁하느라 스트레스받고, 번아웃 되었다고 하더라고요."

이러한 '결과 지상주의' 문화, 통제되지 않은 욕망과 경쟁은 결국 조직에 치명적 결과를 초래한다. 심각한 번아웃, 급격한 사기 저하, 직원들의 소속감 및 직무 만족도의 현저한 감소 등이 대표적이다. 그러나 그중에서도 가장 큰 문제는 핵심 인재의 이탈이 가속화되었다는 점이다.

퇴사를 앞둔 한 직원의 고백을 들어보자.

"저는 더 이상 동료를 믿을 수 없어요. 언제 뒤통수를 맞을지 모르거든요. 프로젝트를 함께 해도 서로 견제하고, 공을 가로채려고 하고……이런 환경에서는 제 실력을 발휘할 수도 없고, 성장할 수도 없어요."

조직 내 자아 중심적 행동은 본질적으로 불신과 내분의 파동을 만들어내며, 이는 구성원들의 에너지 대부분을 은밀하게 소모시킨다. 생산적인 업무에서 쓰여야 할 에너지가 이렇게 내적 갈등에 전환되면서 조직은 점점 더 광범위한 비참여 상태에 빠지고 팀 내 심리적 안전은 실감하게 결핍된다.

한 팀장은 이런 현실을 안타까워했다.

"우리 팀 회의에서는 아무도 솔직한 의견을 말하지 않아요. 실수를 인정하거나 모르는 것을 물어보는 것도 두려워해요. 그런 게 약점으로 비칠까 봐서요. 결국 표면적으로만 순조로워 보이지만, 실제로는 많은 문제가 숨겨져 있어요."

불친절한 경쟁, 특히 고위 관리자나 중간관리자가 핵심 가치를 외면할 때, 개인들은 보다 건강한 작업 환경을 찾아 이탈하게 된다. 이는 곧 높은 이직률 문제로 나타난다. 이처럼 핵심 가치가 명확하게 정의되지 않거나 일관되게 유지되지 않는 조직은 그 자체로 유해한 기업 문화의 신호를 울리게 된다.

건강한 조직에서는 실수를 인정하고 도움을 요청하는 일이 자연스럽고 당연하다. 하지만 자아와 경쟁이 지배하는 조직에서는 그러한 행동조차 위험한 선택이 된다. 결국 그 안에서는 진정한 학습도, 성장도 불가능하며 조직은 점차 생기를 잃은 '죽은 조직'으로 전락하게 된다.

치유의 길: 겸손과 협력의 복원

자아의 메아리와 파괴적인 내부 경쟁은 조직을 병들게 하는 독이다. 하지만 이를 인식하는 것만으로도 치유의 첫걸음이 될 수 있다. 중요한 것은 개인의 성장과 조직의 성공이 대립하는 것이 아니라 함께 갈 수 있는 길임을 깨닫는 것이다.

진정한 리더십은 자아를 내려놓고 겸손하게 다른 사람들의 성장을 돕는 것에서 시작된다. 그리고 진정한 성과는 개인의 영광이 아니라 함께 만들어가는 가치에서 나온다는 것을 우리는 기억해야 한다.

그러나 리더십의 인지적 맹점은 때때로 현실을 가리는 안개가 되기도 한다.

한 글로벌 기업의 CEO가 이사회에서 자신만만하게 말한다.

"우리 전략은 완벽합니다. 시장 조사도 우리가 옳다는 걸 보여주고 있어요."

하지만 이사회 밖에서 한 임원이 동료에게 속삭이고 있었다.

"이번 시장 조사 결과요……우리에게 유리한 데이터만 골라서 발표한 거 아세요?"

이런 모습은 많은 조직에서 일상적으로 벌어지는 풍경이다. 성공을 경험한 리더일수록 자신의 판단에 대한 확신이 강해지고, 그 확신이 오히려 현실을 왜곡하는 안개가 되어버린다.
리더는 자신의 판단에 대한 과도한 확신과 그것에 대한 집착에 빠지기 쉬운 경향이 있다. 특히 리더십의 확증편향은 자신의 기존 신념을 뒷받침하는 정보에만 주목하게 만들고, 반대 증거를 무시하거나 회피하게 만든다. 그 결과, 리더는 점차 전략적 무지 상태에 빠지며 객관적인 현실을 왜곡하고 잘못된 의사결정을 내릴 위험이 커진다.
한 스타트업 창업자는 이런 경험을 털어놓았다.
"투자자들에게 우리 비즈니스모델을 설명할 때, 성공 가능성을 보여주는 데이터만 찾아서 발표했어요. 부정적인 시장 반응이나 경쟁사 분석은 의도적으로 제외했죠. 당시에는 불필요한 잡음이라고 생각했는데, 지금 돌이켜보니 그게 진짜 중요한 신호였죠."
확증편향은 자신의 기존 신념, 가설 또는 기대를 확인하는 방식으로 정보를 찾고, 해석하고, 선호하고, 기억하는 인간의 본질적인 경향을 의미한다. 동시에 그러한 신념과 모순되는 증거에는 덜 비중을 두거나 적극적으로 거부한다.
한 대기업의 전략기획팀장은 이런 현실을 강하게 지적했다.
"CEO가 어떤 전략에 꽂히면, 우리는 그 전략을 뒷받침하는 자료를 찾느라 바빠져요. 반대되는 데이터가 나와도 예외적인 경우라고 해석하거나 아예 보고서에서 빼버리죠. 그렇게 하지 않으면 '부정적이다', '의지가 없다'는 소리를 듣거든요."
비즈니스 맥락에서 리더는 종종 투자나 전략에 대한 '직감'을 개발한 뒤, 반대 증거를 검토하는 과학적 접근보다는 자신의 믿음을 뒷받침하는 선택적 사실만을 수집하는 경향을 보인다. 이러한 확증편향은 상황에 대한 부정확한 평가, 비효율적인 의사결정, 자원의 잘못된 배분, 심지어는 예상 결과 달성의 실패로 이어지게 된다.

앞서 살펴본 테라노스의 사례는 리더의 인지적 오류가 어떻게 기업 실패로 이어지는지를 여실히 보여준다. 테라노스의 창업자 엘리자베스 홈즈는 성공에 대한 탐욕과 확증편향에 사로잡혀 과학적 증거를 무시하고 허위 보고서를 조작하는 선택을 했다.

한 전 테라노스 직원은 이렇게 증언했다.

"홈즈는 자신의 비전에 대한 확신이 너무 강했어요. 실험 결과가 좋지 않아도 '기술이 아직 완벽하지 않을 뿐이다', '곧 해결될 것이다'라고 말했죠. 그리고 점점 데이터를 조작하기 시작했어요. 처음에는 약간의 보정이라고 했지만, 나중에는 완전히 가짜 결과를 만들어냈어요."

투자자들 또한 기술 작동을 제대로 검증하지 않고 재정적으로 지원하는 확증편향을 보였다. 홈즈의 카리스마와 비전에 매료되어 기술적 실체를 확인하려는 노력을 소홀히 했던 것이다.

이는 리더가 자신의 아집에 갇혀 전략적 무지에 빠질 때, 객관적인 현실을 왜곡하고 잘못된 의사결정을 내리게 되어 기업의 실패를 초래할 수 있음을 시사한다.

확증편향 외에도 기업 환경에는 다양한 인지 편향이 만연해 있으며, 각각은 조직의 의사결정을 저마다의 방식으로 왜곡한다. 지금부터 주요 인지 편향의 유형과 실제 사례를 함께 살펴보자.

과신 편향은 자신의 능력, 지식, 판단의 정확성을 과대평가하는 경향을 말한다. 이는 종종 위험을 간과한 무모한 전략으로 이어져 조직을 예상치 못한 실패로 몰아넣을 수 있다.

"2000년대 초 도이체방크의 공격적 확장을 보면서 '우리도 할 수 있다'고 생각했어요. 우리 은행의 역량이나 시장 상황은 제대로 분석하지 않고 무리한 확장을 시도했죠. 결국 큰 손실을 봤어요."

가용성 휴리스틱은 최근에 발생했거나 크게 보도된 정보에 과도한 비중을 두어 객관적인 판단을 흐리고 의사결정을 왜곡하는 인지 편향이다.

"코로나-19 초기에 마스크 관련 뉴스만 계속 보다 보니, 우리도 마스크 사업에 뛰어들어야 한다고 생각했어요. 하지만 우리 회사의 핵심 역량과는 전혀 맞지 않는 사업이었죠. 결국 큰 손실만 남겼습니다."

앵커링 효과는 초기 정보에 과도하게 영향을 받아 이후 판단과 결정이 왜곡되는 방식으로 새로운 아이디어나 관점을 수용하는 데 걸림돌이 될 수 있다.

"처음에 우리 제품 가격을 100만 원으로 책정했어요. 그 이후 시장 조사를 해봐도 계속 그 가격 근처에서만 생각하게 되더라고요. 실제로는 50만 원이 적정 가격이었는데, 처음 정한 100만 원이라는 숫자에 너무 매여 있었어요."

후광 효과는 한 사람의 긍정적인 특성 하나를 전체 능력이나 인성에까지 확대해석하여 승진이나 평가에서 편향된 판단을 유도하는 인지 오류다. 예를 들면 외모, 학벌, 언변술 등이 있다. 이로 인해 실제 역량과 무관하게 특정 인물이 과대평가되며 조직 내 불공정성을 심화시킬 수 있다.

"우리 회사에 정말 프레젠테이션을 잘하는 직원이 있어요. 그런데 경영진은 그 능력 하나만 보고 전반적인 역량까지 뛰어나다고 판단하더라고요. 실제로는 팀워크나 업무 수행 능력은 부족했는데도 말이죠. 프레젠테이션 실력 하나만 보고 과대평가한 거죠."

유사성 편향은 자신과 유사한 특성을 가진 사람만 선호하게 하여, 팀 내 동질성을 높이고 사고의 다양성을 저해한다. 이는 다양성이 결여된 획일적인 팀 문화를 초래하기 마련이다.

"솔직히 저와 비슷한 배경을 가진 지원자들이 더 눈에 들어와요. 같은 대학 출신이거나 비슷한 경험을 한 사람들이요. 하지만 그렇게 뽑다 보니 팀 전체가 비슷한 사고방식을 가지게 되었어요. 다양성이 부족해진 거죠."

집단 사고는 집단 내 구성원 간의 조화와 합의를 우선시하는 분위기 속에서 비판적 사고가 억제되어 결과적으로 잘못된 의사결정으로 이어지는 현상을 말한다.

"모든 사람이 부동산 시장이 계속 오를 것이라고 믿었어요. 회의에서 누군가 우려를 표현해도 '너무 보수적이다', '기회를 놓치고 있다'는 식으로 무시했죠. 결국 모든 사람이 같은 방향으로만 생각하게 되었어요."

매몰 비용 오류는 이미 투입된 시간, 돈, 노력 등을 이유로 실패가 예상되는 프로젝트에 계속해서 자원을 투입하려는 비합리적 경향이다. 이는 이미 들인 자원에 집착해 실패가 예상되는데도 프로젝트를 중단하지 못하는 심리적 편향이라고 할 수 있다.

"3년간 개발하던 프로젝트가 있었어요. 중간에 시장 상황이 바뀌어서 더 이상 필요 없는 제품이 되었는데도, '지금까지 투입한 비용이 아깝다'며 계속 진행했어요. 결국 제품을 출시해도 팔리지 않았죠."

마지막으로 조직 관성은 조직이 변화보다는 현상 유지를 선호하는 자연스러운 경향으로, 익숙한 방식이나 기존 상태를 유지하려는 성향을 말한다. 이러한 경향은 자원 재배치나 전략적 변화에 대한 저항으로 이어져 조직의 유연성과 적응력을 심각하게 저해할 수 있다.

"디지털 전환이 필요하다는 것을 모르는 사람은 없어요. 하지만 '우리는 지금까지 이렇게 해왔다', '급하게 바꿀 필요가 있나'는 식의 반응이 대부분이에요. 변화에 대한 두려움이 너무 커요."

인지 편향은 단순히 개인의 실수나 오류가 아니다. 오히려 권력 구조, 정보 흐름, 조직에 깊이 자리 잡은 규범에 의해 형성되고 증폭되는 조직 역학의 일환이다.

개인의 편향은 조직 구조를 통해 확대된다. 특히 계층적인 구조에서는 위에서 내려오는 정보만 중요하게 다뤄지고, 아래에서 올라오는 반대 의견은 쉽게 무시되거나 걸러지기 때문이다. 결국 편향이 조직 전체로 전파되어 집단적 오류로 이어지게 된다.

나쁜 소식을 전달하기 꺼리는 조직은 결국 진실을 외면한다. 모든 사람이 좋은 소식만 보고하게 되고, 근본적인 문제는 방치되는 것이다. 특히 비난 문화가 만연한 조직이라면 문제가 발생하자마자 책임자를 찾으며 화살을 돌릴 것이다. 이런 분위기에서는 열린 토론도, 실수로부터 배우는 문화도 자라나기 어렵다. 결국 편향에서 비롯된 오류를 인정하고 수정하는 대신 방어적 태도만 강화되며 문제가 반복된다.

그중에서도 리더의 확증편향은 고립된 인지적 결함이며, 이는 과신 편향과 같은 다른 편향에 의해 더욱 증폭된다. 이는 정보를 선택적으로 해석하게 만드는데, 성공 경험이 많은 CEO일수록 자신의 판단에 대한 확신이 강해지기에 확증편향을 강화하는 악순환을 만든다.

이처럼 위험한 조합은 집단 사고를 노골적으로 조장하거나, 강압적이고 자아중심적인 리더에 의해 은밀하게 조직문화로 고착된다. 리더는 반대 의견을 억압하고, 직원들이 진실을 말하는 것을 두려워하는 환경을 조성한다.

시간이 지나며 왜곡된 의사소통 구조는 조직 내부에 일종의 '메아리 방'을 만든다. 기존 신념과 잘못된 가설은 끊임없이 재확인되고, 이에 반하는 증거는 무시되거나 걸러지며, 내부 또는 외부의 비판적 피드백은 억압된다.

상호 연결된 편향의 시스템적 내재화는 조직 관성으로 이어진다. 그 결과, 조직은 전략적 변화에 대해 필요하더라도 저항하게 된다. 이는 테라노스와 폭스바겐의 사례에서 드러났듯이 치명적 실패에 대한 취약성을 높인다.

편향에 갇힌 조직은 거대한 바위와 같다. 변화의 바람이 아무리 거세게 불어도 꿈쩍하지 않는다. 하지만 그 바위가 클수록, 무너질 때의 충격도 크다.

안개를 걷어내는 길: 고통을 넘어 회복탄력성으로

인지적 맹점은 인간의 본성이다. 완전히 제거할 수는 없지만, 인식하고 관리할 수는 있다. 중요한 것은 겸손함과 열린 마음가짐이다.

어려움을 딛고 변화에 성공한 한 기업의 CEO는 이렇게 말했다.

"저는 이제 일부러 제 의견에 반대하는 사람들을 찾아요. 불편하지만, 그들이 제가 보지 못하는 것을 보여주거든요. 완벽한 리더는 없어요. 하지만 완벽하지 않다는 것을 인정하는 리더는 될 수 있죠."

진정한 리더십은 자신의 한계를 인정하고, 다양한 목소리에 귀 기울이며, 끊임없이 현실을 직시하려는 용기에서 시작된다. 안개 속에서도 길을 찾을 수 있는 것은 바로 이런 겸손하고 열린 리더십이다.

한 중견기업의 CEO가 새로 부임한 첫날, 그는 심각한 현실과 마주했다. 직원들의 표정은 어둡고, 부서 간 대화는 거의 없었으며, 회의실에서는 형식적인 보고만 오갔다. 그는 생각했다.

'이 회사는 겉으로는 멀쩡해 보이지만, 속은 완전히 병들어 있는걸.'

6개월 후, 같은 사무실에서 벌어진 변화는 놀라웠다. 직원들이 자유롭게 의견을 나누고, 부서 간 협업 프로젝트가 활발히 진행되었으며, 실수를 인정하고 함께 해결책을 찾는 모습이 일상이 되었다. 무엇이 이런 변화를 가능하게 했을까?

조직이 욕망과 집착에서 비롯된 병리적 현상을 극복하고 지속 가능한 건강을 달성하기 위해서는 다각적 접근이 필요하다. 윤리적 리더십, 심리적 안전, 견고한 거버넌스, 이해관계자 중심의 접근 방식 등은 조직의 회복탄력성을 강화하는 핵심 요소로 작용한다.

첫째, 윤리적 리더십: 지속 가능한 성장의 나침반

윤리적 리더십은 오늘날과 같은 역동적인 비즈니스 환경에서 신뢰를 구축하고, 책임감을 함양하며, 지속 가능한 성공을 이끄는 핵심 기반이 된다. 윤리적인 리더는 정직, 공정, 투명성을 일관되게 실천하며 팀과 조직 전체에 긍정적인 본보기를 보인다.

한 제조업체의 팀장은 이런 경험을 공유했다.

"우리 부서에서 큰 실수가 발생했을 때, 부서장님이 직접 책임을 지고 해결책을 찾으셨어요. 다른 사람에게 책임을 떠넘기지 않으시더라고요. 그 모습을 보고 저도 제 실수를 솔직히 인정하게 되었습니다."

윤리적 리더십의 근본 원칙에는 정직성, 공정성, 책임감, 공감, 비전, 투명성, 존중, 정의, 봉사 지향, 용기가 포함된다. 이러한 리더십은 직원들 사이에 신뢰와 신뢰성을 구축하여 충성심과 헌신을 촉진하고, 의사결정을 향상시켜 도덕적이고 전략적으로 건전한 선택을 보장한다.

한 글로벌 기업의 지역 대표의 성찰도 들어보자.

"우리 회사의 핵심 가치 중 하나가 고객 우선입니다. 어떤 결정을 내릴 때마다 '이것이 정말 고객에게 도움이 될까?'를 먼저 생각합니다. 단기적으로는 손해를 볼 때도 있지만, 장기적으로는 더 큰 신뢰를 얻게 됩니다."

가치 기반 리더십은 핵심 가치를 모든 의사결정의 근본적인 나침반으로 삼고 가치와 행동의 일치를 적극적으로 실천한다. 이는 단순히 기업의 가치를 명문화하는 데 그치지 않고, 그 가치를 일상적인 기업 문화, 회의, 피드백, 의사결정 과정에서 구체적으로 구현하는 것을 의미한다.[25)]

한 소비재 회사의 마케팅 담당자는 이러한 변화를 몸소 체감하며 이렇게 말했다.

"몇 년 전까지만 해도 '윤리 경영'은 그냥 좋은 말이라고 생각했습니다. 하지만 요즘 고객들은 정말 까다로워요. 우리가 어떤 가치를 추구하는지, 사회에 어떤 기여를 하는지 꼼꼼히 살펴봅니다. 윤리가 선택이 아니라 생존 조건이 된 거죠."

경영자의 윤리적 행동은 가치 창출과 회사의 장기적인 발전에 중대한 영향을 미친다. 정의와 신중함과 같은 미덕은 가치 창출에 긍정적인 영향을 미치는 것으로 경험적으로 입증되었다. 윤리적 리더십은 단순한 도덕적 의무가 아니라, 기업의 생존과 지속적인 발전을 위한 경쟁 우위이자 핵심 요소이다.

둘째, 심리적 안전과 협력의 문화

한 스타트업의 개발팀에서 벌어진 일이다. 신입 개발자가 실수로 서버를 다운시켰을 때, 팀장은 화를 내는 대신 이렇게 말했다.

"괜찮습니다. 이런 실수는 누구나 할 수 있어요. 중요한 것은 이 경험을 통해 무엇을 배우느냐입니다."

리더는 직원들이 판단이나 불이익에 대한 두려움 없이 자유롭게 의견을 말하고, 아이디어를 나누며, 실수를 인정하고 도움을 요청할 수 있는 심리적 안전지대를 조성해야 한다. 이러한 정서적 개방성은 신뢰와 학습, 집단적 성장의 토대가 되며, 혁신과 협업을 자연스럽게 촉진한다.

한 금융회사의 회의 문화가 변화한 사례가 인상적이다. 예전에는 임원들만 발언하고 직원들은 듣기만 했던 조직에서, 새로 부임한 팀장이 모든 사람의 의견을 묻고 다양한 시각을 적극적으로 수렴하기 시작했다. 처음에는 어색해하던 직원들도 점차 자신의 생각을 표현하기 시작했고, 그 결과 더 창의적이고 실용적인 해결책들이 자연스럽게 도출되었다.

심리적 안전을 위한 전략은 실수를 처벌이 아닌 학습 기회로 보는 것, 모든 목소리를 포용하는 것, 기여를 소중히 여기는 것, 팀원 간의 상호 지원 문화를 조성하는 것을 포함한다. 이는 또한 '나쁜 소식 전달자'의 용기에 대해 적극적으로 보상하고, 처벌하기보다는 리더 자신의 실수에 대해 투명하게 공개함으로써 다른 구성원도 이를 두려움 없이 따르도록 유도한다.

한 광고회사에서는 부서 간 벽을 허물기 위해 '크로스 콜라보레이션 데이'를 만들었다. 한 달에 한 번, 다른 부서 직원들과 함께 프로젝트를 진행하는 날이다. 처음에는 "우리끼리도 바쁜데 왜 다른 부서까지?"라는 반응이었지만, 시행해보니 서로의 업무를 이해하게 되고 평소에도 협력이 늘어났다.

조직은 직원들이 적극적으로 협력하고, 지식을 공유하며, 서로를 지원하도록 장려하는 환경을 조성해야 한다. 이는 사일로를 허물기 위한 부서 간 팀을 설립하고, 팀 빌딩 활동을 통해 협업을 촉진하며, 집단적 노력이 필요한 공유 목표를 설정함으로써 달성될 수 있다.

셋째, 견고한 거버넌스: 탐욕을 제어하는 시스템

한 기업에 부임한 CFO는 모든 재무 정보를 분기별로 직원들에게 공개하기 시작했다. "숨길 것이 없다면 당당하게 공개하는 것이 맞다"는 것이 그의 철학이었다. 처음에는 기밀 정보 공개에 대한 우려도 있었지만, 결과적으로 직원들의 회사에 대한 신뢰가 크게 높아졌다.

기업 거버넌스 실패는 소비자 신뢰를 손상시키고 기업 실패의 주요 원인이 된다. 투명성, 책임감, 내부 통제는 기업의 건전성을 위해 필수적이다. 기업 거버넌스의 주요 모범 사례에는 유능하고 다양한 이사회 구성, 목표와의 전략 일치, 책임감 행사, 높은 수준의 윤리 및 청렴성 유지, 역할 및 책임 정의, 효과적인 위험 관리 등이 포함된다.

한 중견기업의 이사회에 새로 합류한 외부 이사는 이런 변화를 만들었다. 매월 이사회에서 CEO의 독단적 결정에 대해 날카로운 질문을 던지기 시작한 것이다.

"이 결정의 근거는 무엇입니까?"

"다른 대안은 검토해 보셨습니까?"

질문들은 처음에는 자리를 불편하게 만들었지만, 점차 더 신중하고 합리적인 의사결정 문화가 자리 잡게 되었다.

이사회는 강력한 내부 통제를 개발하고 자주 모니터링해야 하며, 정확하고 투명한 보고 시스템을 구현하고 적절한 견제와 균형을 갖추어야 한다. 이사회 이사들은 기업의 목소리로서 항상 신뢰 의무를 고려해야 하며, 최고의 이사 후보는 언행, 업무, 관계에서 일관성 있게 높은 수준의 윤리, 정직성, 청렴성을 보이는 개인이다.

한 제약회사에서 있었던 일이다. 한 연구원이 임상시험 데이터에 문제가 있다고 내부 신고를 했는데, 예전 같으면 좌천당하거나 해고되었을 것이다. 하지만 새로운 내부 고발자 보호 시스템 덕분에 그는 보호받으며 문제를 해결할 수 있었다. 그 결과 더 큰 사고를 미연에 방지할 수 있었다.

기업이 사익 중심의 의사결정에서 벗어나기 위해서는 규제, 투명성, 인센티브, 협업이 결합된 다각적인 접근이 필요하다. 개인에게는 교육과 인식 제고를 통해 정보에 입각한 선택 역량을 길러주고, 기업에는 재정 정보, 경영진 보상, 사업 관행 등을 투명하게 공개하도록 요구함으로써 경영의 책임성과 윤리성을 확보해야 한다.

넷째, 이해관계자 중심 접근: 장기적 지속 가능성

한 제조업체에서 있었던 변화는 내게 깊은 인상을 남겼다. 기존에는 주주의 단기 수익을 최우선으로 고려하던 경영 방침이 새로운 경영진 부임 이후 직원, 고객, 지역사회까지 아우르는 이해관계자 중심의 정책으로 전환된 곳이었다. 회사는 공장 인근의 환경 개선에 투자하고, 직원 교육에도 더 많은 예산을 배정했다. 일각에서는 이러한 변화가 과도한 비용 지출로 이어질 것이라는 우려를 제기했으나, 장기적으로는 우수 인재의 유입과 지역사회의 지지 확보라는 성과로 이어졌다. 이 사례는 이해관계자 중심 경영이 어떻게 지속 가능성과 조직 경쟁력을 높이는 방향으로 작동할 수 있는지를 잘 보여준다.

주주와 이해관계자는 기업의 성공에 대한 관심에서 근본적인 차이를 보인다. 주주는 주식을 소유한 투자자로서, 주로 단기적 이익과 주가 상승에 관심을 둔다. 반면 이해관계자는 기업의 활동에 영향을 받거나 영향을 주는 개인 또는 집단으로, 직원, 고객, 공급업체, 지역사회 구성원 등이 포함된다.

한 IT서비스 회사의 사례는 이해관계자 중심 접근법의 힘을 잘 보여준다. 이 회사는 수익의 일정 부분을 직원 교육과 지역사회 IT 교육에 투자했다. CEO

는 "단기적으로는 비용이지만, 장기적으로는 더 숙련된 인력과 더 큰 시장을 만드는 투자"라고 설명했다. 실제로 몇 년 후, 이 회사는 업계에서 가장 혁신적인 기업 중 하나로 인정받게 되었다.

이해관계자 이론은 윤리적인 기업이 단기적인 이윤 추구보다 이해관계자를 위한 가치 창출을 우선시해야 한다고 주장한다. 이는 기업과 관련된 모든 구성원의 장기적 성장에 더 큰 가능성을 제공하기 때문이다.

주주 모델에서는 의사결정 권한이 이사회에 집중되어 신속한 성장과 재무적 수익 극대화를 우선시한다. 반면 이해관계자 모델은 다양한 이해관계자들에게 의사결정 과정에서의 목소리를 부여하고, 환경(E), 사회(S), 거버넌스(G) 요소를 함께 고려하는 포괄적 거버넌스를 지향한다.

조직의 건강 회복은 하루아침에 회복되지 않는다. 하지만 윤리적 리더십, 심리적 안전, 견고한 거버넌스, 이해관계자 중심 접근이라는 네 가지 기둥이 제대로 세워질 때, 조직은 진정한 회복탄력성을 갖추게 된다.

변화는 질문에서 시작된다.

"우리는 정말 건강한 조직인가?"

그리고 그 질문에 솔직하게 답할 수 있는 용기가 필요하다. 완벽한 조직은 존재하지 않지만, 계속해서 성장하려는 조직은 될 수 있다.

고통을 넘어 회복탄력성으로 가는 길은 결코 쉽지 않다. 그러나 지속 가능한 조직을 만들고자 하는 의지와 방향성이 분명하다면, 그 여정은 분명히 도전할 가치가 있는 길이 될 것이다.

고통을 넘어선 지속 가능한 번영으로

한 다국적 기업의 CEO가 퇴임 인사에서 이렇게 말했다.

"30년 전 이 회사를 처음 이끌게 되었을 때, 저는 성장과 수익만이 성공의 척도라고 생각했습니다. 하지만 지금 돌이켜보니, 진정한 성공은 모든 구성원이 행복하고 사회에 긍정적 기여를 할 때 이루어지는 것임을 깨달았습니다."

그의 말은 니까야 경영의 여정에서 우리가 찾는 핵심 통찰과 맞닿아 있다.

STX, 위워크, 엔론, FTX, 폭스바겐, 노키아……. 이들의 이름을 들으면 화려했던 과거와 쓰라린 몰락이 동시에 떠오른다.

기업 실패 사례들을 통해 우리는 중요한 사실을 확인했다. 조직의 병리적 현상은 단순한 개별적 실수가 아닌, 조직 구조, 프로세스, 문화에 깊이 뿌리내린 시스템적 문제라는 것이다. 이 기업들이 모두 처음에는 혁신적이고 성공적인 기업이었다는 점을 생각하면, 이는 더욱 명백한 사실이다.

성공은 오만함으로 변하고, 욕망이 탐욕으로 바뀌면서 기업을 파멸로 이끌었다. 조직의 과도한 성장 욕망은 무엇으로 이어질까? 무모한 확장과 단기 이익 추구로 이어져 품질 저하, 고객 신뢰 훼손, 직원 번아웃을 초래하는 자기 파괴적 순환을 형성한다.

이러한 조직 병리를 극복하고 지속 가능한 건강을 증진하기 위한 전략적 방향을 우리는 네 가지로 정리할 수 있다.

첫째, 윤리적 및 가치 기반 리더십

리더는 정직성, 공정성, 책임감, 공감, 투명성을 핵심 가치로 삼아 조직의 모든 의사결정과 행동에 반영해야 한다.

한 성공적으로 변화한 기업의 CEO는 이렇게 말했다.

"매일 아침 거울을 보며 자문합니다. '오늘 내가 내린 결정들이 정말 옳은 일인가?' 완벽하지는 않지만, 적어도 올바른 방향을 향해 가려고 노력합니다."

둘째, 심리적으로 안전하고 협력적인 문화

직원들이 두려움 없이 의견을 공유하고, 실수를 학습 기회로 삼으며, 상호 지원하는 환경을 구축해야 한다. 한 IT 회사의 팀장은 이런 변화를 경험했다.

"팀원이 실수했을 때 '왜 그랬느냐'고 질책하는 대신 '어떻게 하면 다음에는 더 잘할 수 있을까'를 함께 고민하기 시작했습니다. 그랬더니 모든 사람이 더 적극적으로 도전하고, 서로 도움을 주려고 하더군요."

셋째, 견고한 기업 거버넌스 및 책임감

투명하고 책임감 있는 이사회 운영, 강력한 내부 통제, 윤리적 기준 준수를 통해 기업 탐욕을 방지하고 이해관계자의 신뢰를 확보해야 한다.

한 중견기업의 이사회 의장은 이렇게 설명했다.

"예전에는 CEO의 독단적 결정에 대해 별다른 견제가 없었습니다. 하지만 이제는 모든 중요한 결정에 대해 충분한 검토와 토론을 거치죠. 때로는 불편하지만, 그것이 회사를 지키는 방법이라고 생각합니다."

넷째, 마음챙김 및 이해관계자 중심의 접근 방식

리더는 마음챙김 수련을 통해 자기 인식과 정서 조절 능력을 향상시켜 합리적이고 공감적인 의사결정을 내릴 수 있어야 한다. 또한 주주의 단기적 이익만을 추구하기보다 직원, 고객, 공급업체, 지역사회 등 모든 이해관계자의 장기적 복지를 고려해야 한다.

한 소셜벤처 대표는 이렇게 말했다.

"매일 10분간 명상을 하면서 하루를 시작합니다. 그러면 급하게 반응하는 대신 차분하게 상황을 바라볼 수 있습니다. 그리고 결정을 내릴 때는 항상 '이것이 모든 이해관계자에게 도움이 될까?'를 생각해봅니다."

살아있는 유기체로서의 조직

건강한 조직과 병든 조직의 차이는 명확하다.

건강한 조직에서는 에너지가 흐르고, 사람들이 웃고, 새로운 아이디어가 계속 나온다.

하지만 병든 조직에서는 모든 것이 경직되어 있고, 사람들이 두려워하며, 혁신이 멈춰 있다.

조직은 살아있는 유기체이다. 마치 인간의 몸처럼 건강할 때는 모든 기능이 조화롭게 작동하지만, 병이 들면 전체 시스템이 무너질 수 있다. 하지만 다행히도 몸이 자연 치유력을 가지고 있듯이, 조직도 스스로 회복할 수 있는 능력을 가지고 있다.

한 젊은 창업가는 내 앞에서 이렇게 다짐했다.

"이제 막 회사를 시작했지만, 절대 탐욕에 빠지지 않겠습니다. 성장도 중요하지만, 함께 일하는 사람들이 행복하고, 사회에 도움이 되는 일을 하고 싶습니다. 그것이 진정한 성공이 아닐까요?"

한 치 앞을 알 수 없는 젊은이의 각오이지만, 나는 그의 말에서 희망을 본다. 과거의 실패에서 배우고, 새로운 길을 모색하려는 의지가 있다면, 우리는 충분히 더 나은 조직을 만들 수 있다.

조직의 고통의 근본 원인을 깊이 이해하고 욕망과 집착의 병리적 발현을 제어하는 지혜를 발휘할 때, 우리는 비로소 진정한 의미의 건강과 지속 가능한 번영을 이룰 수 있을 것이다.

마음으로 돌아가는 길

2,600년 전 붓다가 보리수 아래에서 깨달은 진리는 여전히 유효하다. 모든 고통의 근원은 욕망과 집착에 있고, 그것을 극복하는 길은 바로 우리 마음에서 시작된다는 것이다.

현대의 조직도 마찬가지이다. 아무리 복잡한 시스템과 정교한 전략이 있어도, 결국 그 조직을 이루는 것은 사람들의 마음이다. 리더의 마음이 탐욕에 사로잡히면 조직 전체가 병들고, 구성원들의 마음이 두려움에 갇히면 혁신은 멈춘다.

반대로 리더가 겸손하고 지혜로운 마음을 가지면 조직 전체에 신뢰가 흐르고, 구성원들이 서로를 배려하는 마음을 가지면 진정한 협력이 일어난다.

한 원로 경영자는 이렇게 말했다.

"젊었을 때는 조직을 기계처럼 생각했습니다. 부품을 바꾸고 시스템을 개선하면 성과가 나올 것이라고 믿었죠. 하지만 이제는 알아요. 조직은 살아있고, 그 생명력은 바로 구성원의 마음에서 나온다는 것을."

지속 가능한 번영으로 가는 길은 멀고 복잡해 보이지만 그 시작점은 의외로 단순하다. 바로 우리 각자의 마음에서 욕망과 집착을 내려놓고, 겸손하고 지혜로운 마음을 기르는 것이다.

그리고 그 작은 변화들이 모여서, 언젠가는 모든 조직이 건강하고 지속 가능한 번영을 누리는 세상을 만들어갈 것이다. 그 꿈을 향한 여정은 바로 오늘, 이 순간부터 시작된다.

불교 지혜를 통한 현대 비즈니스 혁신: 지속 가능한 번영을 위한 심오한 통찰

고대 지혜가 현대 비즈니스에 던지는 질문

분기 실적을 맞추기 위해 직원을 해고하거나 환경을 파괴하고 고객을 기만하는 사례들이 반복되고 있다. 그러나 이런 방식으로는 기업의 지속 가능성을 담보할 수 없다. 많은 경영 컨설턴트와 학자들 또한 기업이 단기 실적에 치우치는 경향을 우려하며, 이러한 경영 방식에 근본적인 의문을 제기한다.

그렇다면 무엇을 해야 하는가?

답은 명확하다. 기업의 탐욕, 환경 파괴, 사회적 불평등에 대한 우려가 커지는 지금, 단기적인 재정적 이익보다 장기적인 지속 가능성과 사회적 책임을 우선시하는 총체적이고 인간 중심적인 프레임워크로의 전환이 필요하다.

이러한 맥락에서 연민(karuṇā), 무아(anattā), 마음챙김(sati)이라는 핵심 가르침에 뿌리를 둔 불교 윤리는 상호연결성, 지속 가능성, 모든 생명체에 대한 책임을 강조하는 독특한 윤리적 패러다임을 제시한다.

불교의 가르침은 단지 개인의 해탈에 머물지 않는다. 모든 존재의 행복과 평화를 추구하는 데 그 핵심이 있다. 이를 비즈니스에 적용하면, 주주뿐 아니라 모든 이해관계자의 복지를 고려하는 경영 철학으로 확장될 수 있다.

이제 '무상', '무아', '고'라는 불교의 심오한 원리가 현대 조직에 어떻게 변혁적인 경영 통찰을 제공하는지 알아보자. 이 원리들은 전략적 민첩성을 높이고, 윤리적 리더십을 강화하며, 이해관계자 중심의 모델을 수용하고, 지속 가능한 가치 창출을 이끄는 데 핵심적인 역할을 할 수 있다.

존재의 세 가지 특징: 현대 경영을 위한 핵심 통찰

불교의 핵심 가르침인 삼법인(三法印), 즉 무상(無常, anicca), 고(苦, dukkha), 무아(無我, anattā)는 세상의 본질을 꿰뚫는 심오한 통찰이다.
이 세 가지 진리는 개인의 내면적 성찰을 넘어, 복잡하고 예측 불가능한 오늘날의 경영 환경 속에서 조직의 지속 가능한 성장과 번영을 이끌기 위한 깊은 지혜를 제공한다.

첫째, 무상(Anicca)의 지혜: 혁신의 다양한 모습

무상의 가르침을 경영에 적용한다는 것은 변화의 불가피함을 회피하지 않고 그것을 있는 그대로 받아들이는 것이다. 이는 조직이 변화에 단순히 반응하는 수준을 넘어 변화의 흐름을 예측하고 유연하게 적응하여, 성공과 실패 모두에서 배우는 '전략적 민첩성'을 내재화하는 것을 의미한다.
즉 무상의 통찰은 유동성과 적응력을 핵심 역량으로 삼는 조직을 만들어냄으로써 변화 자체를 두려워하지 않고 오히려 변화 속에서 끊임없이 진화하는 조직만이 지속 가능한 혁신을 실현할 수 있다.
한 글로벌 컨설팅 회사의 파트너는 이렇게 설명했다.
"민첩한 조직과 그렇지 않은 조직의 차이는 명확해요. 민첩한 조직은 시장의 신호를 빠르게 포착하고, 실험을 두려워하지 않으며, 실패해도 빠르게 방향을 바꿔요. 반면 경직된 조직은 변화를 감지하고도 '우리는 원래 이렇게 해왔다'며 변화를 거부하죠."

전략적으로 민첩한 조직은 어떤 특징을 가지고 있을까? 이들의 주요 속성에는 다음과 같은 비결이 있다.

첫째, 전략적 통찰력

외부 환경을 지속적으로 스캔하고, 새로운 트렌드를 포착하며, 잠재적인 혼란을 예측하여 다양한 미래 시나리오를 개발하는 능력이다.

둘째, 신속한 의사결정

역동적이고 불확실한 환경에서도 시기적절하고 정보에 기반해 효과적인 결정을 내릴 수 있는 능력이다.

셋째, 유연한 자원 배분

새로운 기회를 포착하거나 위협에 신속히 대응하기 위해 재정, 인력, 기술 자원을 탄력적으로 재배분하는 능력이다.

넷째, 지속적인 학습 및 적응

직원들이 실험하고 실패할 자유를 느끼며, 새로운 정보나 상황 변화에 따라 전략을 기꺼이 수정할 수 있는 학습지향적 조직문화를 조성하는 것이다.

다섯째, 적응형 리더십

불확실한 미래 속에서도 명확한 비전을 제시하고, 구성원들이 변화에 자발적으로 동참하도록 영감을 주는 리더십 역량이다.

무상의 지혜를 보여준 기업들의 성공적인 전략을 살펴보자.

어도비는 라이선스 소프트웨어 판매에서 클라우드 기반 구독 서비스로 전환했다. 한 어도비 임원은 이렇게 설명했다.

"처음에는 매출이 떨어질 것을 각오했어요. 하지만 장기적으로는 더 안정적이고 예측 가능한 수익모델을 만들 수 있었죠."

마이크로소프트는 윈도우와 오피스에 의존하던 기업에서 애저(Azure)를 통한 클라우드 컴퓨팅을 수용했다. 사티아 나델라 CEO가 부임한 후 시작된 '모바일 퍼스트, 클라우드 퍼스트' 전략은 회사를 완전히 바꿔놓았다.

닌텐도는 Wii를 통해 그래픽 성능 경쟁에서 벗어나 모션 감지 컨트롤러와 가족 친화적인 경험에 집중하여 게임 산업을 혁신했다. 더 강한 하드웨어가 아니라 더 재미있는 경험이라는 철학으로 승부한 것이다.

도미노피자는 피자 배달 회사에서 기술 중심의 식품 서비스 리더로 전환했다. 모바일 앱 주문, GPS 추적, 드론 배달 실험 등을 통해 IT 기업처럼 변신한 모습은 피자 체인 이상의 새로운 기대를 불러일으킨다.

또 다른 혁신들은 우연한 발견이나 작은 변화에서 시작되었다.

플레이도는 벽 청소용으로 개발되었지만 어린이용 점토로 새로운 생명을 얻었다. 한 직원의 조카가 이 청소용 점토로 놀이를 하는 것을 보고 아이디어를 얻었다고 한다.

유튜브는 처음에는 비디오 데이트 사이트로 출발했다. 그러나 데이트 영상이 거의 업로드되지 않자, 창업자들은 '아무 비디오나 올려도 좋다'고 방향을 전환했다. 이는 지금의 글로벌 비디오 플랫폼으로 이어졌다.

페이팔 또한 초기에는 팜 파일럿(Palm Pilot) 간 차용증(IOU) 전송을 위한 틈새 유틸리티에 불과했지만, 이후 방향을 전환해 세계적인 온라인 결제 플랫폼으로 성장했다.

한 벤처캐피털리스트는 이런 통찰을 나누었다. “성공하는 스타트업들의 공통점은 ‘집착하지 않는다’는 거예요. 처음 계획에 너무 매달리지 않고, 시장의 피드백에 따라 유연하게 방향을 바꿔요. 반면 실패하는 스타트업들은 자신의 초기 아이디어에 너무 집착해서 현실을 외면하죠.”

이 모든 사례는 무상의 가르침이 단순히 변화를 받아들이는 소극적인 태도를 넘어, 과거의 성공에 대한 집착을 버리고, 새로운 가능성을 탐색하는 열린 자세를 통해 파괴적 혁신을 주도하고 새로운 시장 기회를 창출할 수 있는 ‘전략적 통찰임을 시사한다.

즉 무상의 가르침은 기업에게 ‘변화는 위협이 아니라 기회’라는 관점을 제시한다. 지금은 변화를 두려워하기 보다는 오히려 적극적으로 변화를 만들어가는 자세가 필요한 시대다.

결국 무상의 지혜는 현대 기업에게 이렇게 말한다.

“세상은 끊임없이 변한다. 변화를 거부하지 말고, 변화와 함께 춤춰라. 그래야 진정한 혁신과 지속 가능한 성장이 가능하다.”

이러한 통찰은 단순한 경영 기법을 넘어 조직 전체가 변화를 자연스럽고 긍정적인 것으로 수용하는 문화를 조성하는 것을 의미한다. 그런 문화 속에서야말로 진정한 혁신과 창의성이 꽃피울 수 있다.

둘째, 무아(Anatta): 소유 개념에서 관계 개념으로

한 글로벌 테크기업의 CEO가 임원진 회의에서 이런 발언을 했다.

"우리는 지금까지 '우리 회사'와 '다른 회사'라는 경계에 갇혀 생각해왔어요. 하지만 이제는 달라져야 합니다. 고객, 파트너, 심지어 경쟁사까지도 우리와 함께 성장하는 생태계의 일부로 봐야 해요."

그의 말은 붓다가 설파한 무아(無我)의 심오한 진리와 맞닿아 있다. 붓다는 영원불변하는 실체는 존재하지 않는다고 가르쳤다. 이는 개인적인 차원에서 나라는 고정된 자아에 대한 집착에서 벗어나는 것을 의미하지만, 경영의 관점에서는 소유라는 고정된 개념에서 벗어나 '관계'라는 역동적인 개념으로 사고의 전환을 이루는 것을 의미한다.

과거에 기업은 자신들이 가진 것에만 집중했고, 이를 '우리'로 표현했다. 우리 기술, 우리 고객, 우리 시장 등 말이다. 하지만 성공하는 기업들은 이제 '우리가 연결된 것'에 주목한다. 어떤 관계를 맺고 있고, 어떻게 함께 성장할 수 있는지에 집중하는 것이다.

즉 무아의 가르침은 기업이 자사라는 경계에 갇히지 않고, 고객, 협력업체, 심지어 경쟁사까지 포함하는 '더 넓은 생태계' 속에서 상호연결성을 인식하고 공동의 번영을 추구해야 함을 시사한다.

실리콘밸리의 성공 비결 중 하나가 바로 이런 무아 정신이다. 이들은 경쟁사끼리도 서로 협력하고, 인재를 공유하며, 함께 시장을 키워간다. 제로섬 게임이 아니라 윈윈 전략을 추구하기 때문이다.

이러한 이해는 '의식 있는 자본주의' 철학에 영향을 미친다. 이 철학은 기업이 이익을 추구함과 동시에 윤리적으로 운영되어야 하며, 그 책임을 경영진과 주주에 국한하지 않고 직원, 인류, 환경을 포함한 모든 이해관계자에게 확대해야 한다고 본다.

홀푸드의 전직 임원은 이 개념을 보다 쉽게 설명한다.

"우리 회사의 철학은 간단해요. 고객에게는 건강한 식품을, 직원에게는 성장 기회를, 주주에게는 합리적 수익을, 지역사회에게는 환경보호를 제공하려고 노력했죠."

의식 있는 자본주의는 어떤 이해관계자도 다른 이해관계자보다 우선시하지 않는다. 또한 보다 더 넓은 공동체 또한 '의식 있는 비즈니스'의 핵심 구성원으로 간주한다는 점에서 전통적인 기업의 사회적 책임(CSR)과는 근본적으로 다른 총체적 관점을 제시한다.

그렇다면 의식 있는 자본주의가 기반하는 네 가지 핵심 원칙은 무엇인가?

첫 번째 원칙은 순수한 이익을 넘어선 목적에 초점을 맞추는 것이다.

디즈니의 사례가 이를 잘 보여준다. 디즈니의 목적은 '우리의 상상력을 사용하여 수백만 명에게 행복을 가져다주는 것'이다. 한 디즈니 임원은 이렇게 말했다.

"우리가 영화를 만들고 테마파크를 운영하는 이유는 돈을 벌기 위해서가 아니에요. 사람들에게 꿈과 희망을 주기 위해서죠. 그 결과로 수익이 따라오는 거고요."

두 번째 원칙은 주주가 아닌 전체 비즈니스 생태계에 집중하는 것이다. 즉 모든 이해관계자를 위해 가치를 창출하고 최적화하는 것이다.

코스트코의 사례가 인상적이다. 코스트코는 직원들에게 업계 평균보다 높은 임금을 지급하고 좋은 복리후생을 제공한다. 월스트리트에서는 '주주 가치를 해친다'고 비판하기도 했지만, 결과적으로 낮은 이직률과 높은 생산성으로 더 큰 수익을 창출했다.

이들은 직원이 행복해야 고객 서비스가 좋아지고, 고객이 만족해야 매출이 늘어나고, 그래야 주주도 만족한다는 가치에 집중한다. 모든 것이 연결되어 있다고 믿는 것이다.

세 번째 원칙은 '나'보다는 '우리'라는 사고방식으로 기업에 의식 있는 자본주의 문화를 육성하는 것이다. 사우스웨스트 항공의 창립자 허브 켈러허는 이런 리더십의 전형을 보여주었다.

그는 직원들과 같은 식당에서 식사하고, 직접 짐을 나르는 일도 마다하지 않았다. CEO도 한 사람의 팀원일 뿐이라는 것이 그의 철학이었다.

네 번째 원칙은 의식 있는 자본주의 정책이 기업의 모든 측면에 스며들어 모든 이해관계자 간의 신뢰와 협력 정신을 조성하는 것이다.

더 컨테이너 스토어의 직원은 이렇게 말했다.

"우리 회사에서는 실수해도 처벌받지 않아요. 대신 왜 그런 실수가 일어났는지, 어떻게 하면 예방할 수 있는지 함께 고민해요. 그래서 모든 사람이 솔직하게 소통할 수 있어요."

무아는 모든 존재가 본질적으로 동등한 가치를 지닌다는 점과 연민의 중요성을 강조한다. 하지만 이는 비즈니스적 맥락에서 모든 개인을 동일하게 대우하라는 의미는 아니다. 오히려 개인의 차이, 고유한 기여, 다양한 요구를 존중하고 인정함으로써 고도로 기능하는 팀을 육성하라는 의미에 가깝다.

즉 권한을 나누고 개인의 강점을 적극적으로 활용함으로써 보다 조화롭고 효율적인 직장을 만들 수 있는 '존중의 공동체'가 필요하다는 메시지를 담고 있다.

한 벤처캐피털의 파트너는 이런 변화를 관찰했다.

"예전에는 스타트업들이 서로를 적으로 봤어요. 하지만 이제는 함께 시장을 키우는 동반자로 보는 경우가 많아져요. 경쟁하되 협력하고, 함께 생태계를 만들어가는 거죠."

아마존의 마켓플레이스 모델은 무아적 경영 철학의 좋은 사례다. 아마존은 자사 제품을 판매하면서도 경쟁업체에게 플랫폼을 제공한다. 겉보기에는 모순처럼 보이지만, 생태계 전체가 커질수록 아마존의 수익도 함께 증가한다. 즉 경쟁과 협력을 동시에 추구하는 전략이다.

한 소셜벤처 대표는 성공의 비결을 "소유보다 접근에 집중하는 것"이라고 말했다. 모든 자원을 직접 소유할 필요는 없고, 필요할 때 접근할 수 있다면 충분하다는 것이다. 그는 다양한 회사와 파트너십을 맺고, 서로의 강점을 공유하며 성장하고 있다.

이처럼 무아의 관점은 기업이 경쟁을 넘어 협력과 공생을 통해 지속 가능한 생태계를 구축하는 전략적 관계의 중요성을 강조한다.

구글의 안드로이드 전략도 이런 맥락에서 이해할 수 있다. 구글은 왜 안드로이드를 무료로 공개했을까? 단기적으로는 손해처럼 보였지만, 모바일 생태계 전체가 커지면서 구글의 검색과 광고 사업에도 막대한 도움이 되었다. 이들은 '함께하는 성공'을 선택한 것이다.

이런 관계 중심의 사고는 도덕적 당위를 넘어서, 실제로 더 지속 가능하고 혁신적인 비즈니스모델을 만들어내는 실용적인 통찰이 된다. 무아의 지혜가 현대 비즈니스에 주는 진정한 통찰이 바로 여기에 있다.

셋째, 고(Dukkha): 마음챙김과 의사결정

한 글로벌 패션 기업의 CEO가 방글라데시 공장을 방문한 후 이런 말을 했다. "그동안 우리는 생산 비용 절감에만 몰두했습니다. 하지만 현지 공장의 열악한 노동 환경을 직접 보고 나서야 깨달았습니다. 우리의 이익이 누군가의 고통 위에 세워져 있다는 것을요."

고는 종종 고통, 불만족 또는 불안으로 번역되며, 존재 전반에 고통이 내재해 있음을 인식하는 통찰이다. 이를 기업 지속 가능성 맥락에 적용하면, 고통은 지속 불가능한 관행이 초래하는 부정적인 결과, 즉 환경 오염, 자원 고갈, 기후변화, 사회적 불평등 등으로 구체화될 수 있다.

많은 기업은 환경 문제나 사회적 불평등을 '외부 비용', 즉 자신들과 무관한 일로 간주한다. 그러나 현실은 다르다. 기후변화는 공급망을 흔들고, 사회적 불안은 시장을 불안정하게 만든다. 결국 모든 고통은 부메랑처럼 다시 기업에 돌아온다.

불교에서 말하는 고통의 기원에 대한 진리(Samudaya)는 이 원인을 탐욕(무한한 이익추구), 무지(환경 및 사회적 영향에 대한 인식 부족), 혐오(변화와 책임에 대한 저항)에 돌린다. 이러한 '독'에 의해 추진되는 기업 활동은 지속 불가능한 결과를 초래하게 된다.

한 석유회사 전 임원은 이렇게 고백했다.

"우리는 기후변화의 위험성을 일찍부터 알고 있었습니다. 하지만 '당장은 수익에 영향이 없다', '기술이 해결해줄 것이다'라며 외면했죠. 탐욕과 무지, 그리고 변화에 대한 거부감이 우리를 눈멀게 했습니다."

고를 인식하는 것은 리더가 해를 끼치는 시스템적 문제를 해결하도록 강제하며, 윤리적 리더십과 마음챙김을 육성한다. 이는 탐욕이나 망상에 의해 추진되는 단기적인 이익을 넘어설 것을 요구한다.

조직 회복력과 의식 있는 문화 구축

한 글로벌 기업의 CEO는 코로나-19 위기 당시를 회고하며 이렇게 말했다.

"많은 기업이 어려움을 겪을 때, 우리는 오히려 더 강해졌어요. 평소에 노력한 조직문화가 위기를 기회로 바꿔준 거죠."

이러한 회복력은 단순히 충격을 견뎌내는 것을 넘어, 강력한 내부 결속력과 윤리적 일관성을 바탕으로 변화 속에서 번성한다.

회복력 있는 조직과 그렇지 못한 조직의 차이는 위기가 왔을 때 드러난다. 회복력 있는 조직은 위기를 성장의 기회로 보고, 구성원들이 함께 뭉쳐서 해결책을 찾기 때문이다.

의식 있는 자본주의의 핵심 원칙인 의식 있는 문화는 신뢰(Trust), 책임(Accountability), 배려(Caring), 투명성(Transparency), 정직성(Integrity), 충성심(Loyalty), 평등주의(Egalitarianism)와 같은 근본적인 가치 위에 구축된다.

이러한 TACTILE 특성은 모든 이해관계자 간의 조화와 효율성을 유지하는 데 중요하다. 한 중견기업의 HR 담당자는 이런 변화를 목격했다.

"TACTILE 문화를 도입한 후 직원들 사이의 갈등이 현저히 줄어들었어요. 서로를 신뢰하고, 투명하게 소통하다 보니 오해가 생길 여지가 없어진 거죠."

마음챙김은 직원들이 현재에 집중하고 개방적인 마음을 갖도록 장려함으로써 창의적 사고와 문제 해결을 자극할 수 있다.

한 광고회사의 크리에이티브 디렉터는 이런 경험을 했다. "팀원들과 함께 매일 10분간 명상을 시작했어요. 처음에는 회의적인 반응이 더 많았지만, 몇 주 후부터 아이디어 회의가 완전히 달라졌어요. 더 창의적이고 혁신적인 아이디어들이 쏟아져 나오더라고요."

높은 직원 사기, 문제해결에 대한 헌신, 조직의 효율성에 대한 직원 책임감은 깊이 참여하는 직원의 특징이다. 불교 원리를 통해 직원 웰빙을 우선시하는 기업은 생산성 향상, 이직률 감소, 직원 참여도 증가를 경험할 수 있다.

효과적인 리더십은 조직 회복력의 기초이며, 여기에는 조직 내의 좋은 리더십, 목표에 대한 정기적인 재평가, 항상 앞서 나가기 위한 전략적 사고, 위기 상황에서 경영진의 결정을 수용하는 직원이 포함된다.
위기는 우리의 진짜 모습을 보여주는 거울이다. 불교 원리를 실천해온 조직은 위기 때 더 단결하고, 더 창의적인 해결책을 찾아낼 것이다.

착취에서 상생으로

많은 기업은 '어떻게 하면 더 싸게 만들 수 있을까'에 초점을 맞춘다. 하지만 무아의 관점에서 본다면, 우리의 이익이 누군가의 착취 위에 세워져서는 안 된다는 사실을 인식하게 된다.
불교의 핵심 원리인 '무아'와 상호 의존성(Pratītyasamutpāda)은 끝없는 성장, 물질 축적, 천연자원의 착취를 정당화하는 기존 경제 패러다임에 근본적인 질문을 던진다. 무아는 기업이 착취에서 비롯된 단기적 이익에만 집중하기보다는 지속 가능하고 장기적인 전략을 택해야 함을 강조한다.
상호의존성은 모든 존재와 시스템의 상호연결성을 강조한다. 이는 환경, 사회, 미래 세대에 대한 장기적 영향까지 고려하는 지속 가능성 철학과 맞닿아 있다.
최근에 만난 모 화학회사의 연구개발팀장은 이렇게 말했다.
"신제품을 개발할 때 이제는 '이것이 10년, 20년 후에 환경과 사회에 어떤 영향을 미칠까'를 먼저 고려해요. 당장의 수익보다 장기적 영향을 중시하게 되었어요."
이러한 인식의 전환은 자연스럽게 순환경제(circular economy)에 대한 관심으로 이어진다. 순환경제는 자원을 가능한 한 오래 활용하는 것을 목표로 한다. 재활용, 재사용, 재정비, 임대, 제품 수리 등을 통해 폐기물과 자원 고갈을 최소화하고 기존의 '채취-생산-폐기' 중심의 선형 모델에서 재생과 순환 중심의 모델로 전환하는 것이다. 이 모델은 소유보다 접근을 중시하는 가치관을 기반으로 제품의 전체 생애주기 동안 지속 가능성과 책임을 고려하도록 기업을 유도한다.

성공적인 순환 경제 사례를 함께 살펴보자.

탐월드 컴퍼니는 농업 부산물을 바이오매스 브리켓으로 전환함으로써 버려지던 폐기물을 새로운 자원과 수익원으로 탈바꿈시킨 대표적인 순환경제 모델이다. 이 사례는 자원의 선순환과 친환경적 가치 창출이 어떻게 실질적인 비즈니스 성과로 이어질 수 있는지를 보여준다.

"농민들에게는 버려지는 부산물이 우리에게는 소중한 원료예요. 환경도 보호하고 농민들에게는 추가 수입을 제공하는 윈윈 모델이죠."

에코어는 재활용 고무 바닥재를 제조하는 기업으로 매년 약 4억 3천만 파운드에 달하는 상업용 타이어를 매립지에서 전환한다. 버려지는 타이어는 이들에게 최고의 원료가 된다. 환경 문제를 해결하면서 동시에 수익도 창출하는, 일석이조의 순환경제 모델을 실현하고 있는 기업이다.

아쿠아필은 재생 플라스틱 폐기물에서 고품질의 합성 섬유를 생산한다. 특히 바다에서 수거한 플라스틱을 원료로 활용하여, 오염물질을 자원으로 전환하는 순환경제의 대표적 사례로 주목받고 있다.

또한 우버, 에어비앤비, 업워크와 같은 공유 경제 플랫폼들도 자원의 효율적 이용과 접근 중심의 소비 문화를 촉진하며 순환경제의 실질적 사례로 평가된다.

지속 가능한 성장과 윤리적 우위 실현

『니까야』를 기반으로 한 비즈니스의 혁신은 시장에서의 실제 성과로 이어질 수 있을까?

한 소비재 기업의 마케팅 담당자는 이런 변화를 체감했다.

"브랜드 가치 조사를 해보니 우리 회사의 윤리적 경영이 가장 큰 자산으로 평가되더라고요. 소비자들이 이제 제품의 품질뿐만 아니라 회사의 가치관까지 고려해서 구매 결정을 내리고 있어요."

불교 원리를 비즈니스 관행에 통합하는 것은 전통적인 재무 지표를 넘어 지속 가능한 성장과 윤리적 경쟁우위를 실현할 수 있는 새로운 경영 전략이 된다. 윤리적 관행과 의식 있는 접근 방식을 채택하는 기업은 긍정적이고 신뢰받는 브랜드 평판을 형성할 수 있으며, 가치 중심 소비가 확산되는 시장 환경 속에서 소비자들은 자신의 신념과 일치하는 기업을 더욱 적극적으로 지지하는 경향을 보이고 있다.

기업이 연민, 마음챙김 등의 불교 원리를 조직문화에 통합할 경우, 직원들은 높은 직무만족도, 정신건강 향상, 도덕성 증진을 경험하며, 이는 생산성 향상, 이직률 감소, 조직에 대한 몰입도 향상으로 이어진다.

또한 무상 원리에 기반한 전략적 민첩성은 조직이 경제 침체, 기술 변화, 외부 충격 등에 효과적으로 대응하게 하며, 평정심 실천은 위기 상황에서 과잉 반응이나 파괴적 결정을 방지하고 기업의 침착한 판단을 가능케 한다.

오늘날 더 많은 투자자들이 ESG 기준을 충족하는 기업을 선호하는 가운데, 불교적 가치를 수용한 기업은 지속 가능성, 윤리적 행동, 공동체적 책임을 중시하는 의식 있는 투자자층에 효과적으로 어필할 수 있다. 이들은 단기 수익보다 장기적 가치 창출을 우선시하는 경향이 있기에 기업에 더욱 안정적이고 일관된 자본을 제공한다.

도전 과제와 현실적 고려사항

하지만 니까야 경영을 도입한다는 것은 쉬운 일이 아니다. 한 다국적 기업의 CEO는 이렇게 고백했다.

"제가 의지하는 불교 원리를 사업에서도 실천하고 싶지만, 주주들은 분기마다 실적을 요구해요. 때로는 윤리적 선택과 수익성 사이에서 딜레마를 겪죠."

불교 원리를 비즈니스 관행에 통합하는 것은 분명 설득력 있는 이점을 제공하지만, 글로벌 비즈니스 환경에서 이를 실제로 구현하는 데는 적지 않은 도전 과제가 따른다. 이러한 도전 과제를 해결하려면 표면적인 도입을 넘어서는 진정한 헌신과 문화적 맥락에 대한 섬세한 이해가 필요하다.

가장 본질적이고 의미 있는 도전은 모든 이해관계자의 복지를 우선시하는 불교적 가치관과 주주 이익의 극대화를 목표로 하는 전통적 자본주의 모델 간의 구조적 긴장에서 비롯된다. 이러한 가치 충돌은 기업의 의사결정 전반에 갈등을 유발할 수 있다.

또한 많은 조직에서는 기존의 기업문화와 깊이 뿌리내린 관행이 불교 원리와 쉽게 조화를 이루지 못한다. 특히 새롭거나 익숙하지 않은 철학이나 접근 방식은 조직 내부에서 본능적인 저항을 일으킬 수 있으며, 이는 실제 적용을 더욱 어렵게 만든다.

한 변화관리 컨설턴트는 이런 현실을 지적했다.

"30년 넘게 같은 방식으로 일해온 조직에 갑자기 명상이나 마음챙김을 도입하려면 엄청난 저항에 부딪혀요. 리더의 강력한 의지와 점진적 접근 없이는 변화하지 못하죠."

조직 내부의 견고한 장벽을 극복하려면 단순한 정책 변화 수준을 넘어서는 문화적 전환과 체계적인 변화 관리가 요구된다. 이를 위해서는 가시적이고 주도적인 리더십과 리더들의 헌신적인 참여, 모범적인 행동이 출발점이 되어야 한다.

한 가지 주의할 점은 불교적 개념이 마케팅 수단으로 오용될 가능성이다. 이는 일종의 '그린워싱(Greenwashing)'이다. 이와 같은 피상적 채택은 조직의 진정성을 훼손하고, 직원과 고객 간 냉소주의를 유발하며, 종국에는 기업의 신뢰도를 낮춰 평판에까지 부정적 영향을 미칠 수 있다.

한 지속 가능성 전문가의 경고에 주목하자.

"마케팅 포인트로만 젠(zen) 같은 불교 원리를 사용하는 기업들이 있어요. 하지만 금방 들통나죠. 진정성 없는 접근은 오히려 역효과를 낳거든요."

성공적인 통합을 위해 가장 중요한 것은 진정성이다. 이를 가능하게 하려면 엄격한 교육과 일관된 윤리적 리더십, 조직 전반의 문화에 불교 원리를 깊이 뿌리내리려는 진심 어린 헌신이 전제되어야 한다.

지혜로운 비즈니스를 향한 여정

불교 원리의 도입은 종교 권유와는 무관하다. 이는 오랜 철학에 기반하여 더 지혜롭고 지속 가능한 방식으로 비즈니스를 전략을 구축하고, 모두의 행복을 지향하는 길이다.

무상, 무아, 고라는 불교의 심오한 지혜는 현대 비즈니스 환경의 복잡한 과제를 해결하기 위한 실질적이고 통합적인 프레임워크를 제공한다. 이러한 원칙을 통합함으로써 기업은 전략적 민첩성을 강화하고, 의식 있는 자본주의를 육성하며, 윤리적 리더십과 마음챙김을 통해 지속 가능한 관행을 추진할 수 있다.

팔정도는 윤리적 행동을 위한 실용적인 지침을 제공하며, 조직의 회복탄력성과 의식 있는 문화를 형성하고 순환 경제 모델 수용을 촉진한다. 이 같은 통합적 접근은 기업 평판 제고, 직원의 웰빙 향상, 조직 회복탄력성 강화, 의식 있는 투자자 유치 등 다양한 이점을 기반으로 사회 전반의 건강한 발전에 기여한다.

물론 단기 수익 중심 사고와의 긴장 관계, 조직 및 문화적 장벽, 피상적 실행의 위험 등 여러 도전 과제가 존재하지만 진정성 있는 헌신과 리더십의 참여를 통해 극복할 수 있다.

궁극적으로 불교 지혜를 수용하는 것은 기업이 재무적 성과를 넘어서 인류와 지구의 웰빙에 기여하며, 공정하고 지속 가능한 조화로운 미래를 여는 길이 된다. 이는 단순한 경영 기법이 아닌 비즈니스를 통해 세상을 더 나은 곳으로 이끄는 지혜로운 실천의 여정이다.

제3부

관계, 공동체,
그리고 자비의 리더십

자비와 연기법으로 신뢰를 구축
시대와 문화를 초월하는 리더십의 완성

자비와 연기의 조직 커뮤니케이션: 인간중심 조직을 향한 불교 철학의 통찰

벽으로 나뉜 조직에서 연결된 공동체로

한 글로벌 IT 기업의 신임 CEO는 취임 첫날 각 부서를 돌며 놀라운 현실을 목격했다. 같은 건물에서 근무하는 팀들이 서로 무엇을 하고 있는지 전혀 모르고 있다는 것이었다. 심지어 유사한 프로젝트를 동시에 진행하면서도 정보를 공유하지 않았다. '하나의 회사라기보다는 여러 개의 작은 회사들이 한 건물에 모여 있는 것 같다'는 것이 그의 첫인상이었다. 이러한 상황에서 CEO는 어떤 결정을 내려야 할까?

급변하는 현대 사회에서 조직은 효율성, 혁신, 지속 가능성이라는 목표를 향해 끊임없이 나아가고 있다. 그러나 전통적인 '나' 중심의 경쟁적이고 분절적인 커뮤니케이션 방식은 이러한 목표 달성에 심각한 한계를 드러낸다.

이러한 '나' 중심 접근 방식의 대표적 증상 중 하나는 조직 내에 만연한 사일로(Silos) 현상이다. 사일로는 협업의 단절을 넘어 전통적인 재무제표에 드러나지 않는 숨은 비용을 발생시킨다.

한 조직문화 전문가는 이런 현실을 지적했다. "많은 기업이 개인 성과와 부서 간 경쟁만 강조하다 보니, 오히려 전체적인 시너지를 만들어내지 못하고 있어요. 각자도생하다 보니 조직 전체가 힘을 합치지 못하는 거죠."

한 제조업체의 CFO는 충격적인 고백을 털어놓았다.

"우리 회사의 R&D 팀과 마케팅팀이 6개월 동안 같은 시장 조사를 따로따로 진행하고 있었어요. 서로 전혀 모르고 있었죠. 그 결과 200만 달러를 중복으로 지출하게 됐습니다."

오늘날 많은 조직은 개인의 성과와 부서 간 경쟁을 지나치게 강조한다. 이러한 '나' 중심의 접근 방식은 부서 간 장벽을 높이고, 정보 공유를 저해하며, 협력보다는 경쟁적인 분위기를 조성하여 조직 전체의 시너지 창출을 방해하고 불필요한 갈등을 키운다.

한 HR 담당자도 말했다.

"직원들이 다른 부서 사람들과는 정보를 공유하려 하지 않아요. '왜 우리가 힘들게 만든 자료를 그들에게 줘야 하냐'는 식이죠. 결국 같은 일을 여러 번 반복하게 되고, 전체적인 효율성이 떨어져요."

이러한 단절은 두려움, 혼란, 불신을 야기하여 조직의 장기적인 성장과 발전을 저해한다. 구체적으로는 생산성 저하, 직원 간 불신, 결근 증가, 사기 저하, 대인 관계 악화 등을 초래한다. 특히 직원들은 무능하게 보이거나 전문성이 부족해 보일까 봐 두려워 중요한 질문조차 하지 못하게 된다.

한 소프트웨어 개발팀의 팀장이 겪은 문제다. "신입 개발자가 모르는 것이 있어도 질문을 하지 않더라고요. 나중에 이유를 물어보니 '바보같이 보일까 봐'라고 하더군요. 결국 작은 실수가 큰 버그로 이어졌어요."

한 대기업에서는 마케팅팀과 영업팀이 서로 다른 고객 데이터베이스를 사용한 탓에 동일한 고객에게 상반된 메시지를 전달하는 일이 발생했다. 이로 인해 고객은 혼란을 느꼈고, 결국 중요한 계약을 성사시키지 못했다.

이처럼 부서 간 협업 부족은 혁신 파이프라인을 심각하게 저해하며 수백만 달러 규모의 개발 자원이 낭비되거나 시장 출시가 지연되는 결과로 이어질 수 있다. 여러 팀이 조율 없이 동일한 문제를 해결하거나 유사한 기능을 중복 개발한다면, 이는 자원의 낭비가 분명하다.

사일로화된 운영은 인재 이탈율을 높이는 주요 원인 중 하나로 이에 따른 인력 교체 비용 또한 상당하다. 또한 이러한 조직은 외부 환경 변화에 대한 대응 속도가 느리며, 이로 인해 시장 점유율을 영구적으로 상실할 위험도 존재한다. 부서 간 갈등과 오해는 리더가 전략 수립이나 실행보다 조정과 중재에 시간을 소비하게 만들며, 이는 조직의 방향성과 실행력을 약화시키는 원인이 된다.

자비의 빛: 공감을 넘어선 행동으로 조직을 변화시키다

한 제약회사의 CEO는 전 직원에게 다음과 같은 메시지를 보냈다.

"우리 회사에서 실패는 죄가 아닙니다. 실패에서 배우지 않는 것만이 죄입니다. 실수했을 때 숨기지 말고 공유하세요. 그래야 모든 사람이 같은 실수를 반복하지 않을 수 있습니다."

붓다의 심오한 가르침인 자비(Karuṇā)와 연기(Paṭicca-samuppāda)의 원리는 현대조직 커뮤니케이션과 문화에 근본적인 변화를 가져올 수 있는 강력한 통찰력을 제공한다.

붓다의 핵심 가르침 중 하나인 자비(Karuṇā)는 단순히 동정심이나 연민을 넘어, 타인의 고통에 공감하고 그 고통에서 벗어나도록 적극적으로 돕고자 하는 깊고 숭고한 마음이다. 이는 수동적인 감정 상태를 넘어 고통을 완화하기 위한 능동적인 행동을 포함한다.

조직적 자비는 고통을 인지하고, 그 원인을 이해하며, 공감하고, 고통을 완화하기 위해 행동하는 네 가지 핵심 요소로 정의된다. 이는 인지적·감성적·동기적 측면을 모두 포함하며, 경영진이 통제하고 개입할 수 있는 영역으로서 자비를 조직의 전략적 운영 원칙으로 전환하는 것을 의미한다.

한 글로벌 컨설팅 회사의 파트너는 이런 변화를 목격했다. "한 클라이언트가 자비로운 리더십을 도입한 후, 직원들의 창의성과 혁신성이 눈에 띄게 향상되었어요. 실패를 두려워하지 않으니 더 대담한 아이디어를 제시하게 된 거죠."

조직 커뮤니케이션에 자비의 마음을 적용한다는 것은 동료의 어려움을 외면하지 않고 함께 고민하며 해결책을 모색하는 태도, 실패를 비난하기보다는 격려하고 다시 일어설 수 있도록 지지하는 문화, 서로의 감정을 이해하고 공감하며 배려하는 따뜻한 소통 방식을 의미한다. 한 스타트업의 CTO는 이런 경험을 공유했다.

"개발팀에서 큰 실수가 있었을 때, 예전 같으면 책임자를 찾아서 질책했을 겁니다. 하지만 이번에는 '어떻게 하면 이런 실수를 예방할 수 있을까?'에 집중했어요. 그리고 결과적으로 팀 전체가 더 나은 시스템을 만들어냈고 더 이상 같은 실수가 반복되지 않았어요."

경청과 공감적 대화는 리더가 신뢰를 쌓고, 긍정적인 관계를 만들며, 구성원이 자신의 생각을 자유롭게 표현할 수 있도록 만드는 핵심 역량이다. 이는 단순히 '듣는' 것을 넘어 화자의 말을 진심으로 받아들이고 공감하며, 진정으로 소통하는 태도를 포함한다.

리더가 경청할 뿐만 아니라 들은 내용을 바탕으로 행동에 나설 때, 구성원은 존중받고 있다고 느낀다. 그 결과 조직 내 신뢰와 심리적 안전감이 구축되고, 이러한 분위기 속에서 직원들은 아이디어를 더욱 자유롭게 내고 능동적으로 참여하게 된다.

한 금융회사의 지점장이 놀라운 변화를 경험했다.

“매주 직원들과 개별 면담을 시작했어요. 처음에는 형식적인 줄 알았는데, 정말 진심으로 들어주니까 직원들이 ‘진짜’ 고민을 털어놓더라고요. 그 과정에서 많은 문제점들을 발견하고 개선할 수 있었어요.”

왜 마주 보고 대화하는 것이 중요할까? 리더는 단순히 듣는 데 그치지 않고 눈맞춤, 표정, 고개 끄덕임 같은 비언어적 신호와 개방형 질문을 통해 상대방의 말에 진심으로 관심을 기울이고 있음을 보여주어야 한다. 이러한 태도는 참여와 신뢰를 이끌어 낸다.

한 제조업체의 공장장은 자랑스럽게 자신의 경험을 공유했다.

“작업자들의 제안을 반영해 생산라인을 개선했더니 효율성이 20% 향상되었어요. 그러자 직원들이 더 적극적으로 개선 아이디어를 내기 시작했죠. 제가 작업자들의 의견을 진심으로 듣고 실제로 반영했다는 걸 모두가 알게 된 것이 전환점이었어요.”

실패 문화의 진정한 의미

한 광고회사의 크리에이티브 디렉터는 ‘실패 문화’에 대한 뚜렷한 철학을 가지고 있다.

“실패 문화가 실수를 칭찬하는 게 아니에요. 중요한 건 실패의 원인을 분석하고, 그 경험에서 배움을 얻어 다음에는 더 나은 결과를 만들 수 있도록 시스템을 갖추는 것이죠.”

건설적인 피드백과 실패를 통한 학습을 장려하는 것은 자비로운 커뮤니케이션의 핵심이다. 이는 비판을 수용하고, 저성과나 실패에 대해 신중하게 의견을 제시하며, 개인이 아닌 문제의 행동에 초점을 맞추는 태도를 포함한다.
다시 정리해보면, 실패 문화는 실수 자체를 긍정하는 것이 아니라 직원들이 실수로부터 배우고 성장할 수 있도록 돕는 구조화된 커뮤니케이션과 피드백 체계를 갖추는 것이다. 이를 위해서는 사람들이 실수하거나 틀리는 것을 두려워하지 않는 심리적 안전감이 반드시 필요하다.
심리적으로 안전한 환경은 팀이 예측 가능한 실패를 줄이는 동시에 지능적인 실패, 즉 가치 있는 학습을 제공하는 실패를 추구하는 데 중요한 기반이 된다.
한 바이오테크 회사의 연구개발 팀장은 두 가지 실패를 이렇게 구분했다.
"실험에서 예상과 다른 결과가 나오는 것은 지능적인 실패예요. 새로운 지식을 얻을 수 있거든요. 하지만 기본적인 프로토콜을 무시해서 일어나는 실수는 예방 가능한 실패죠. 이 둘을 구분해서 대응해야 해요."

취약함을 드러낼 수 있는 용기

한 테크 스타트업의 CEO가 전 직원 앞에서 이렇게 고백했다.
"저는 여러분의 도움이 필요해요. 함께 배워가며 성장해 나가면 어떨까요?"
이처럼 자신의 취약함을 드러내는 용기는 리더가 조직원들에게 신뢰를 쌓고 그들의 심리적 안전감을 형성하는 계기가 된다. 심리적 안전감은 직원들이 혁신하고, 위험을 감수하며, 아이디어와 우려 사항을 자유롭게 표현할 수 있게 하는 기반이다.
심리적 안전감이 높은 팀은 더 생산적이고, 더 많은 질문을 던지며, 실수를 더 빨리 인정하고 수정한다. 이는 구성원 간의 소속감을 키우고 개인이 자신의 약점을 숨기지 않고 드러낼 수 있는 건강한 조직문화를 조성한다.
특히 원격근무 환경에서는 자비로운 리더십의 역할이 더욱 중요하다. 외로움, 고립감, 일-가정 간섭 등이 직원의 웰빙을 해칠 수 있는데, 이때 사회적 지지와 직무 자율성이 직원의 정신적 안정과 몰입도를 높이는 핵심 요인으로 작용하기 때문이다.

한 글로벌 IT 기업의 팀장은 원격근무자들의 소외감을 줄이기 위해 다음과 같은 노력을 기울이고 있다.

"매주 화요일 오전에는 업무 이야기를 전혀 하지 않아요. 그저 가족, 취미, 일상과 같은 가벼운 이야기를 나누는 시간이죠. 덕분에 멀리 떨어져 있어도 서로를 더 잘 이해하고 유대감이 깊어집니다."

원격근무 환경에서는 소통에 있어 더욱 의도성과 리듬이 요구된다. 다시 말해, 형식적인 정보 전달을 넘어 관계를 유지하고 신뢰를 쌓기 위한 노력이 필요한 것이다. 이를 위해서는 주간 체크인, 팀 업데이트, 간단한 일일 스탠드업 미팅 등 정기적인 소통 구조를 마련하는 것이 필수적이다. "눈에서 멀어지면 마음에서도 멀어진다"라는 말처럼 거리의 물리적 단절은 관계의 단절로 이어질 수 있는 우려가 있다. 이러한 상황을 미연에 방지하기 위해서는 리더의 의도적이고 일관된 커뮤니케이션이 중요하다.

연기법의 지혜: 상호 연결된 시스템으로서의 조직

한 자동차 회사의 품질관리팀장은 오랜 근무 끝에 깨달음을 얻었다.

"작은 부품 하나의 품질 문제가 전체 차량의 안전성에 영향을 미치고, 결국 회사의 평판까지 좌우한다는 걸 깨달았어. 정말 모든 것이 연결되어 있구나!"

붓다의 핵심 가르침인 연기(緣起)는 "이것이 있으므로 저것이 있고, 이것이 생겨나므로 저것이 생겨난다"는 상호의존성의 원리를 설명한다. 이는 세상의 모든 존재와 현상은 독립적으로 존재하는 것이 아니라, 원인과 결과의 복잡한 네트워크 속에서 끊임없이 상호작용하며 변화한다는 깊은 통찰을 담고 있다. 이러한 연기법은 현대 조직 운영과 커뮤니케이션 방식에 시스템 사고(Systems Thinking)라는 혁신적인 인식 전환의 틀을 제공한다. 즉 개별 문제에만 집중하기보다는 전체 시스템 내 연결된 흐름과 관계를 파악하고, 통합적이고 지속 가능한 해결책을 모색하게 만든다.

비즈니스에 적용하면 조직은 더 이상 부서별로 고립된 집합이 아니라 서로 긴밀히 연결된 하나의 유기적 시스템으로 해석할 수 있다. 즉 운영, 전략, 커뮤니케이션, 의사결정은 고립된 이벤트가 아니라 연쇄적이고 상호영향적인 흐름으로 바라보아야 한다.

한편 사일로는 고객 중심 조직을 구축하는 데 있어 가장 큰 장애물 중 하나다. 사일로는 정보 공유를 방해하고, 데이터 중복을 유발하며, 커뮤니케이션 단절을 야기한다. 그뿐만 아니라 데이터 접근성을 제한하여 '우리 대 그들'이라는 분열적 팀 문화를 조장해 협업과 데이터 기반 의사결정을 어렵게 만든다.

최근 만난 한 제약회사의 R&D 담당자는 새로운 접근을 시도했다.

"우리만으로는 한계가 있다고 판단해 대학, 다른 제약회사, 심지어 스타트업과도 협력하기 시작했어요. 경쟁사와도 공통 관심사에 대해서는 공동 연구를 진행하고 있어요. 그 결과 혁신 속도가 훨씬 빨라졌습니다."

연기법의 관점에서 보면 조직은 내부의 부서, 팀, 개인뿐만 아니라 외부의 고객, 경쟁사, 협력업체, 정부, 사회 전체와도 서로 영향을 주고받는 유기체적 시스템이다.

이러한 생태계적 관점은 상호의존성을 기반으로 한 개방형 혁신 생태계와 협력 네트워크를 촉진하여 혁신과 지속 가능한 기업가 정신을 이끌어낸다. 혁신 생태계는 전통적인 개방형 혁신을 넘어 기업, 정부, 대학, 스타트업 등 다양한 주체들이 연결된 광범위한 네트워크를 구축하여 가치의 공동 창출과 혁신을 실현한다.

가치 공동 창출은 기업과 고객이 협력하여 제품이나 서비스의 가치를 찾고, 생성하고, 향상시키는 과정에서 발생한다. 이 과정은 포용성, 개방적인 대화, 경험 중심의 참여를 특징으로 하며, 기업 문화를 혁신과 기업가 정신으로 전환시켜 소비자와의 공감과 신뢰를 바탕으로 긴밀한 관계를 가능케 한다.

한 소프트웨어 회사의 제품 관리자는 고객들을 제품 개발 과정에 직접 참여시키고, 그들의 피드백을 실시간으로 반영하면서 제품을 개발했다. 결과적으로 고객 만족도는 높아지고, 개발 비용은 절감되는 효과를 얻을 수 있었다.

상대평가의 딜레마

기업의 HR 담당자라면 한 가지 고민에 직면하게 된다. 연기법의 철학을 실천하고자 해도 기존의 상대평가 시스템과 충돌하는 지점이 존재하기 때문이다. 어떻게 하면 개인의 성장과 팀 간 협력을 동시에 추구할 수 있을까?

조직 내 상대평가는 직원의 자존감을 해치고 의욕을 약화시키는 부작용을 야기할 수 있으며, 연기법의 '우리' 중심 철학과 본질적인 긴장 관계를 형성한다.

이러한 긴장을 해소하려면 개인의 욕망과 비전을 인정하면서도 조직의 목표 또는 성장 방향성과 조화를 이루는 구조적 설계와 유연한 평가 체계를 마련해야 한다. 이에 따라 개인의 역할과 조직의 성장 간 정렬을 이끌어 내는 구체적인 실행 솔루션이 요구된다.

새로운 성과 관리 모델

'우리' 중심의 성과 관리 모델은 전통적인 평가 시스템이 지닌 한계를 극복하기 위한 대안을 제시한다. 이 접근은 투명성과 협업 문화를 조성하여 직원 참여도를 높이고 전반적인 생산성을 향상시킬 수 있다는 장점을 지닌다.
한 컨설팅 회사는 연간 평가 대신 분기별로 팀 목표 달성도를 함께 평가하는 방식을 도입해 주목받았다. 물론 개인의 기여도도 반영하지만, 팀 전체의 성과와 협업 정도에 더 큰 비중을 두자 팀워크가 눈에 띄게 개선되었다.
그렇다면 연기법의 철학을 반영한 성과관리 전략은 어떻게 구체화될 수 있을까? 아래에 몇 가지 방법을 제안한다. 이중 당신의 조직에 필요한 전략은 무엇인가?

· 연간 단위의 평가 대신 정기적인 체크인과 지속적인 피드백 및 코칭 중심의 운영
· 직원들이 자신의 업무가 팀 또는 조직 목표에 어떻게 기여하는지 명확하게 이해하도록 지원
· 상사, 동료, 부하 직원이 함께 평가에 참여하는 360도 피드백 시스템 도입
· 동료 지원 프로그램을 통해 직원 복지 증진과 심리적 안정감이 있는 근무환경 조성

위기가 드러낸 진짜 리더십

코로나-19 팬데믹은 수많은 리더의 진면목을 드러낸 계기였다. 어떤 리더는 위기를 핑계로 대규모 해고를 단행한 반면 어떤 리더는 오히려 직원들을 보호하기 위해 최선을 다했다.
매리어트의 CEO 아른 소렌슨은 팬데믹 초기에 직원들에게 영상 메시지를 보내 자신의 급여를 삭감하고 직원들의 일자리를 최대한 지키겠다고 약속했다. 그의 진정성 있는 태도는 많은 이들에게 깊은 울림을 주었다.
뉴질랜드 총리 저신다 아던은 과학적 데이터에 기반한 신속한 정책과 국민의 감정에 공감하는 따뜻한 리더십을 동시에 보여주며, 위기 상황에서 리더가

가져야 할 결단력과 인간미를 증명했다.

위기 상황에서 직원 참여는 회복탄력성을 지닌 인적자원을 만드는 데 결정적인 역할을 한다. 조직은 위기에 대응하는 과정에서 직원들이 능동적으로 참여할 수 있도록 명확한 소통 채널을 마련하고, 정기적인 상황을 업데이트하며, 직원들이 자유롭게 질문하고 피드백을 공유할 수 있는 심리적 안전 환경을 조성해야 한다.

한 항공회사의 임원은 팬데믹 당시를 이렇게 회상했다.

"항공업계 전체가 심각한 타격을 입었을 때, 우리는 매주 전 직원에게 회사의 상황을 투명하게 공유했어요. 어렵고 불확실한 상황이지만 우리가 함께 극복할 수 있다는 메시지를 반복적으로 전달했죠. 그 덕분에 힘든 시기에도 직원들이 회사를 신뢰하고 끝까지 함께해줬습니다."

한 중견기업은 코로나-19로 매출이 급감했지만 단 한 명의 직원도 해고하지 않았다. 대신 임원진이 먼저 급여를 삭감하고, 모든 직원이 함께 어려움을 나누었다. 직원들이 회사의 가장 큰 자산이라 여기고, 위기 때일수록 더 소중히 여겨야 한다고 믿었기 때문이다.

위기 상황에서 해고 대신 직원을 보호하기로 결심한 리더들은 단기적인 비용보다 장기적인 관계와 신뢰를 우선시했다. 이러한 기업 사례는 우리에게 중요한 교훈을 준다. 리더가 구성원의 고통과 어려움에 진심으로 공감하고, 실질적인 지원을 제공하며 심리적 안정감을 조성할 때, 이는 직원 개개인의 만족도를 넘어 조직 전체의 생산성과 장기적인 충성도를 높이는 핵심적인 경영자산으로 작용한다.

한 조직심리학자는 다음과 같은 충격적인 사실을 언급했다. 미국에서 스트레스 관련 문제로 연간 약 3,000억 달러의 비용이 발생한다는 것이다. 이는 단순히 의료비뿐만 아니라 생산성 저하, 이직률 증가, 창의성 감소 등을 조직 전반에 걸친 손실을 모두 포함한 수치다.

전통적인 질책 중심의 관리 방식은 직원의 스트레스 수준을 높이고, 명확한 사고와 창의성을 저해하며 동료 관계마저 손상시킨다. 실제로 미국 노동시장에서는 스트레스 관련 문제로 인해 연간 약 3,000달러에 달하는 숨겨진 비용이 발생하고 있다. 이는 자비로운 조직문화가 완화할 수 있는 비용이며, 우리가 무심코 간과해온 조직 리스크의 본질이다.

관리자가 직원의 실수나 낮은 성과에 대해 질책 대신 자비로운 반응을 보일 때, 직원의 신뢰와 충성도는 높아진다. 이는 단순히 분위기를 좋게 만드는 데 그치지 않고, 실제로 생산성을 높이고, 이직률과 병가를 줄이는 실질적 효과를 가져온다. 다시 말해 진정한 충성도는 급여가 아니라 '관계'에서 비롯된다는 것이다.

한 IT회사의 팀장은 새로운 변화를 경험했다.

"예전에는 실수한 직원을 호출해서 실수에 대해 따져 물었어요. 하지만 이제는 먼저 '그래서 제가 어떻게 도와줄까요?'라고 물어요. 그랬더니 직원들이 실수를 숨기지 않고 빨리 알려주더라고요. 결국 문제가 커지지 않게 훨씬 더 효율적으로 해결할 수 있게 됐어요."

자비는 약점이 아니라 회복탄력성의 핵심이다. 진정한 자비는 위기를 빠르게 회복하고 더 끈끈한 조직을 만드는 전략적인 경영 자산이 된다.

한 스타트업 CEO가 시작한 작은 실천이 화제가 되었다. 이들은 매주 월요일 아침 회의에서 감사 인사 시간을 가진다. 지난주에 도움을 받은 동료에게 고마움을 표현하는 시간이다. 모두가 인사하는 데 채 5분도 걸리지 않았지만, 팀 분위기는 완전히 달라졌다.

자비와 연기법을 조직에 적용하는 것은 거창한 제도 변화만으로 이루어지는 것이 아니다. 일상의 작은 실천들이 모여서 큰 변화를 만들어낸다.

이와 관련해 구체적인 리더십 실천 방법들을 아래에 제시한다. 우리는 어떤 리더십에 감동하는지 생각해볼 시간이다.

· **매일의 체크인**: 매일 업무 시작 전, 팀원들의 컨디션과 감정 상태를 간단히 확인하여 정서적 연결감을 높인다.

· **실패 공유 세션**: 매월 1회 실패 사례를 함께 나누며 그 과정에서 얻은 교훈과 성장의 기회를 공유하는 문화를 정착시킨다.

· **크로스 펑셔널 미팅**: 타 부서와의 정기적인 만남을 통해 사일로를 허물고 협업의 기회를 자연스럽게 확장한다.

· **고마움 표현하기**: 동료의 도움이나 협업에 대해 구체적으로 감사를 표현하는 문화를 장려함으로써 관계의 온도를 높인다.

· **360도 피드백**: 상사, 동료, 후배로부터의 다면적 피드백 시스템을 통해 상호 존중과 성장을 동시에 추구한다.

기술을 넘어선 인간의 가치

AI 전문가들은 하나같이 말한다.

"아무리 기술이 발전해도 인간의 공감능력, 창의성, 협력 정신은 대체할 수 없어요. 오히려 기술이 발전할수록 이런 인간적인 가치가 더 중요해지고 있습니다."

붓다의 자비와 연기라는 심오한 가르침은 현대 조직 커뮤니케이션과 문화에 혁신적인 변화를 가져올 수 있는 잠재력을 지니고 있다. '나' 중심의 경쟁적이고 분절적인 구조는 협업 부족, 중복 업무, 정보 단절 등의 형태로 추가적인 비용과 비효율성을 초래한다. 이제는 도덕적 당위를 넘어 '우리' 중심의 조직화로 전환하는 것이 조직의 지속 가능성과 경쟁력 확보를 위한 전략적인 선택임을 인식해야 한다.

이러한 불교적 원리들을 조직에 성공적으로 통합하기 위해서는 다음과 같은 단계적 접근이 필요하다.

리더십의 문화적 전환 주도: 최고경영진부터 자비와 연기법의 원리를 이해하고 실천한다.

심리적 안전감의 체계적 구축: 직원들이 실수를 두려워하지 않고 솔직하게 소통할 수 있는 환경을 만든다.

연기법적 시스템 사고 내재화: 부서 간 경계를 허물고 전체적인 관점에서 문제를 해결한다.

성과 관리 시스템의 혁신: 개인 경쟁보다는 팀 협력을 중시하는 평가 체계를 구축한다.

가치 기반의 조직문화 혁신: 존중, 협력, 공동체 의식을 핵심 가치로 내재화한다.

위기 상황에서의 연민적 리더십 강화: 어려운 시기일수록 직원들을 더 보호하고 지지한다.

미래 지향적 조직의 모습

앞으로의 조직은 기계처럼 효율적이면서도 인간처럼 따뜻한 곳이어야 한다. 자비와 연기법의 원리가 그런 조직을 만드는 핵심 열쇠가 될 것이다.

이러한 불교 철학 기반의 접근 방식은 단순히 윤리적 조직을 만드는 것을 넘어, 복잡하고 끊임없이 변화하는 현대 비즈니스 환경에서 조직이 진정으로 번성하고 지속 가능한 성공을 달성할 수 있는 강력한 토대를 제공한다.

결국 자비와 연기법이 제시하는 것은 완전히 새로운 조직 운영 패러다임이다. 이는 인간의 가치와 조직의 성과를 대립하는 것으로 보지 않고, 오히려 둘이 서로를 강화하는 선순환 구조를 만들어내는 것이다.

자비와 연기법을 실천한다고 해서 성과가 떨어지지 않는다. 오히려 더 높은 차원의 성과를 달성할 수 있게 될 것이다. 모든 사람이 최고의 역량을 발휘할 수 있는 환경이 만들어지기 때문이다.

『니까야』는 인간의 가치와 조직의 성과를 통합하는 새로운 패러다임이며, 미래 지향적인 조직 리더십의 핵심이 될 것이다. 자비와 연기법의 지혜를 통해, 우리는 진정으로 인간적이면서도 동시에 탁월한 성과를 내는 조직을 만들어갈 수 있다.

그리고 그 시작은 바로 지금, 각자의 작은 실천에서 출발한다. 동료에게 건네는 따뜻한 말 한마디, 실수한 사람을 감싸주는 마음, 전체를 생각하는 넓은 시각…… 작은 변화들이 모여서 결국 조직 전체를 변화시키고, 더 나아가 사회 전체를 더 따뜻하고 지혜로운 곳으로 만들어갈 것이다.

고대 지혜, 현대 조직을 밝히다: 사섭법과 서번트 리더십의 조화

권위에서 영향력으로: 리더십의 패러다임 전환

한 글로벌 기업의 신임 CEO는 첫 전체 직원 회의에서 이렇게 선언했다.

"저는 여러분을 이끌러 온 것이 아닙니다. 여러분을 섬기러 왔습니다."

처음에는 다소 어리둥절한 반응이었지만, 6개월이 지난 후 직원들의 표정은 확연히 달라져 있었다. 그들의 얼굴에는 활기와 자신감이 넘쳤고 조직 전반에는 신뢰와 자율성이 자리 잡기 시작했다.

급변하는 세상 속에서 조직은 끊임없이 새로운 리더십의 길을 모색하고 있다. 권위와 통제 중심의 리더십은 더 이상 구성원들의 마음을 움직이지 못하며, 이제는 영향력과 진정성으로 이끄는 리더십이 절실히 요구된다.

한 조직문화 전문가는 이런 변화를 지적했다.

"명령과 통제로는 더 이상 사람들의 마음을 얻을 수 없어요. 특히 젊은 세대일수록 진정성 있는 리더십을 원하죠. 자신을 진심으로 생각해주는 리더를 따르고 싶어 합니다."

이와 같은 시대적 전환 속에서 고대 불교의 지혜인 사섭법(四攝法)은 오늘날 조직을 위한 실천적 리더십 원리로 재조명되고 있다. 보시(布施), 애어(愛語),

이행(利行), 동사섭(同事攝)은 단순히 개인의 덕목을 넘어 현대 조직을 건강하게 이끌어갈 핵심 원리로서 빛을 발할 수 있기 때문이다.

사섭법과 서번트 리더십의 만남

사섭법은 경청, 치유, 공감, 개념화, 자기 인식, 설득, 공동체 구축 등을 강조하는 서번트 리더십의 철학과 깊이 맞닿아 있다. 서번트 리더십이 구성원을 가장 중요한 자원으로 여기고 사람을 우선시하는 것처럼, 사섭법 또한 리더가 자신의 이익보다 타인의 성장과 조직의 번영을 우선시하는 '총체적 리더십' 모델임을 지향한다.

2,600년 전 붓다의 가르침과 현대 서번트 리더십 이론이 맞닿아 있다는 사실에 놀라운가? 이는 진정한 리더십의 본질이 시대와 문화를 초월해 통용된다는 점을 다시 한번 보여줄 뿐이다.

사섭법과 서번트 리더십이 만나면, 리더는 권위가 아닌 진정한 영향력으로 조직을 이끌 수 있으며 구성원들의 자발적인 참여와 팔로워십을 꽃피우는 강력한 시너지를 발휘할 수 있다.

사섭법의 네 가지 덕목은 조직에 활력을 불어넣는 네 갈래 숨결과 같다. 이 숨결들이 조화롭게 어우러질 때, 조직은 비로소 살아 숨 쉬는 유기체로 거듭난다.

첫째, 보시(布施): 베풂을 통한 신뢰 구축

한 IT 회사의 CEO가 놀라운 결정을 내렸다. 회사 수익의 일정 부분을 직원들의 자기계발비로 지원하겠다고 선언한 것이다. "직원들이 성장해야 회사도 성장한다"는 것이 그의 철학이었다.

보시(布施)는 일시적인 물질적 나눔을 넘어 리더가 자신의 시간, 노력, 지식, 정신적인 지지까지 아낌없이 베푸는 넓은 의미의 나눔을 뜻한다. 조직에서는 공정한 보상과 쾌적한 근무 환경 제공은 물론 구성원들의 성장을 위한 교육, 멘토링, 새로운 프로젝트 참여 기회까지 모두 이 보시에 포함된다.

한 제조업체의 공장장은 이런 보시를 몸소 실천했다.

"매주 금요일 오후에는 직원들과 개별 면담 시간을 가져요. 업무 상담뿐만 아니라 개인적인 고민까지 들어주죠. 처음에는 시간 낭비라고 생각했는데, 오히려 생산성이 높아졌어요."

재능과 지식을 공유하는 법시(法施)의 현대적 형태도 주목할 만하다. 한 대기업에서는 시니어 직원들이 주니어 직원들에게 자신의 노하우를 전수하는 멘토링 프로그램을 운영하고 있다. 이는 단순한 업무 교육을 넘어서 인생 선배로서의 조언까지 포함하는 진정한 보시의 실천이다.

둘째, 애어(愛語): 마음을 따뜻하게 하는 말의 힘

한 콜센터의 팀장이 놀라운 변화를 만들어냈다. 직원들에게 고객 응대 시 "죄송합니다"보다 "도와드리겠습니다"를 먼저 말하도록 했다. 작은 변화였지만 고객 만족도가 크게 향상되었다.

애어(愛語)는 듣는 이에게 편안함과 기쁨을 주는 사랑스럽고 부드러운 말이다. 리더가 존중과 배려를 담아 정중하고 친절하게 말하고, 칭찬과 격려로 긍정적인 분위기를 조성하며, 진심으로 귀 기울여 경청하는 것은 상호 신뢰를 구축하는 데 필수적이다.

특히 온라인 환경에서도 애어는 중요하다. 신중한 댓글 작성, 존중하는 토론 태도, 긍정적인 SNS 공유, 상대방을 배려한 이메일 커뮤니케이션 등은 디지털 시대의 애어 실천이다.

이러한 애어의 실천은 조직 내 '심리적 안전감'을 높이는 데 결정적인 역할을 한다. 심리적 안전감이 높은 환경에서는 직원들이 두려움 없이 자유롭게 의견을 표현하고, 과감하게 도전하며, 실수를 통해 배울 수 있다고 믿는다.

한 광고회사의 크리에이티브 디렉터는 이런 경험을 했다.

"팀원들에게 '바보 같은 아이디어는 없습니다'라고 계속 말해줬어요. 그랬더니 정말 창의적인 아이디어들이 쏟아져 나오더라고요. 실패를 두려워하지 않으니까 더 대담한 시도를 하게 된 거죠."

이처럼 애어는 개방적인 소통을 가능하게 하고, 나아가 혁신과 창의적인 문제 해결을 촉진하는 데 필수적이다.

셋째, 이행(利行): 말보다 행동으로 보여주는 리더십

한 병원의 원장은 코로나-19 팬데믹 당시 큰 화제가 되었다. 의료진들이 가장 위험한 상황에서 일할 때, 그는 매일 병원에 머물며 직원들과 함께 고락을 나눴다. "함께 이겨내자"는 말보다 그의 실천이 직원들에게 더 큰 용기를 주었다.

이행(利行)은 말에 그치지 않고 실제로 타인에게 이로움을 주는 행동을 의미한다. 리더가 자신의 역할과 책임을 다하며 솔선수범하고, 구성원들의 어려움을 직접 돕고 지원하며, 조직 전체의 발전에 기여하는 구체적이고 실질적인 행동을 포함한다.

오늘날에는 크라우드펀딩을 통한 사회적 프로젝트 지원, 온라인 자원봉사 참여, 환경보호를 위한 스마트 기술 개발, 전문가의 재능 기부 등 기술을 활용한 이행의 새로운 유형들도 활발하게 나타나고 있다.

한 테크 회사의 개발자들은 매월 한 차례, 비영리 단체를 위한 웹사이트나 앱을 무상으로 개발해 주는 '프로보노(Pro Bono)' 활동을 하고 있다. 우리의 기술이 사회에 도움이 된다는 경험은 구성원들에게 소속감과 자부심을 안겨준다.

리더가 '이행'을 일관되게 실천할 때, 특히 도전적인 상황이나 윤리적 기준이 시험받는 순간에 이를 보여줄 때 그의 행동은 조직의 윤리적 문화를 개선하고, 사회적 책임을 다하는 기업으로서 평판을 높이며 가치 지향적인 인재 유치에도 긍정적 영향을 미친다.

넷째, 동사섭(同事攝): 함께하는 리더십의 힘

한 대기업 CEO의 독특한 회의 방식이 화제가 되었다. 그는 회의 시간의 70%를 경청에 할애한다. "내가 말하는 시간보다 직원들이 말하는 시간이 더 많아야 한다"는 것이 그의 철학이다.

동사섭(同事攝)은 자신의 지위나 권위를 내세우기보다 구성원들과 함께 어려움을 나누고 기쁨을 공유하며, 그들의 생각과 감정에 깊이 공감하고 함께 참여하는 태도를 의미한다.

리더가 권위적인 태도를 버리고 수평적인 입장에서 구성원들의 의견을 경청하고 존중하며, 중요한 의사결정 과정에 그들의 참여를 유도하고, 공동체 의식을 함양하여 신뢰를 구축하는 것이 바로 동사섭이다.

한 제조업체 인상적인 사례를 소개하겠다. 이 회사의 CEO는 한 달에 한 번 '현장의 소리' 시간을 갖는다. 생산라인 작업자부터 관리직까지 모든 직급의 직원들이 돌아가며 경영진에게 직접 의견을 제시하는 시간이다. 한 작업자는 현장의 소리에 대해 이렇게 말했다.

"처음에는 형식적인 시간인 줄 알았는데, 정말로 우리 의견을 들어주시더라고요? 그리고 실제로 개선도 이루어졌어요. 이제는 정말 우리 회사라는 느낌이 들어요."

특히 다문화 및 원격근무 환경에서 동사섭은 더욱 중요하다. 문화 간 교류 프로그램 참여, 다국적 팀에서의 효과적인 협업, 이주민 지원 활동 등을 통해 다양성을 포용하고, 온라인 협업 도구를 통한 활발한 소통과 비공식적인 체크인으로 원격근무자의 고립감을 해소하며 공동체 의식을 강화할 수 있다.

한 글로벌 IT 회사에서는 매주 '버추얼 커피 타임(Virtual Coffee Chat)'을 갖는다. 전 세계 각지의 직원들이 온라인으로 모여 업무 이야기가 아닌 일상적인 대화를 나누는 시간이다. 이를 통해 물리적으로는 떨어져 있지만 마음으로는 더 가까워진 느낌을 줄 수 있다.

사섭법과 서번트 리더십의 시너지: 자발적 팔로워십의 완성

사섭법과 서번트 리더십은 서로를 보완하며 강력한 시너지를 창출한다. 서번트 리더십이 리더를 '섬기는 자'로 정의하며 구성원의 성장과 복지를 최우선으로 여기는 것처럼, 사섭법의 각 덕목은 이러한 철학을 구체적인 행동으로 구현한다.

불교의 보시 정신은 서번트 리더십의 치유와 성장 지원 원칙으로 발현된다. 스타벅스의 하워드 슐츠가 직원 복지 향상에 집중하고 직원들의 고충을 경청하여 신뢰를 쌓은 것은 보시의 현대적 실천이라 할 수 있다.

슐츠는 파트타임 직원들에게도 건강보험을 제공하고, 대학 학비를 지원하는 프로그램을 만들었다. 그는 직원들이 꿈을 이룰 수 있도록 돕는 것이야말로 기업의 책무라고 믿었다. 이러한 철학은 스타벅스를 업계에서 가장 낮은 이직률을 가진 기업으로 만들었다.

한편 애어는 서번트 리더의 경청과 공감 능력과 직결된다. 이러한 리더의 능력은 구성원 간 열린 의사소통과 상호 신뢰를 촉진한다. 또한 이행은 서번트 리더의 솔선수범과 책임감을 의미한다.

서비스 마스터의 윌리엄 폴라드 전 CEO가 직접 고객사 병원의 계단과 화장실을 청소하며 직원들의 어려움을 체험한 사례는 이행의 정신을 보여주는 대표적인 예시다. 폴라드는 이렇게 말했다.

"리더는 직원들에게 어떤 일을 시키기 전에 먼저 자신이 그 일을 해봐야 합니다. 그래야 진정으로 그들을 이해할 수 있어요."

마지막으로 동사섭은 서번트 리더십의 공동체 구축이라는 핵심 가치와 일맥상통한다.

캐럿글로벌의 노상충 대표가 직함 대신 이름을 부르도록 하여 수평 문화를 지향한 것은 개인의 창의성과 자율성을 발현시키고 공동체 의식을 강화하려는 동사섭적 접근의 일환이다. 그는 직원들에게 권유했다.

"'대표님' 대신 '상충님'이라고 불러주세요! 우리는 모두 동등한 파트너입니다."

이런 작은 변화가 조직 전체의 소통 방식을 바꿔놓는 것이다.

이처럼 사섭법은 서번트 리더십의 철학적 기반을 제공하고, 서번트 리더십은 사섭법의 현대적 실천 방안을 구체화하는 역할을 한다. 이 두 리더십 모델의 결합은 강압적인 통제가 아닌 진정한 영향력으로 조직을 이끌고, 구성원들의 자발적인 참여와 몰입을 이끌어내는 강력한 시너지를 발휘한다.

이는 수직적인 상하 관계를 넘어 상호 존중과 협력을 바탕으로 하는 수평적인 조직문화를 조성하며, 궁극적으로 조직의 성과와 지속 가능성을 높이는데 기여한다. 그 변화를 구체적으로 살펴보자.

신뢰와 자발적 팔로워십의 구축

한 중견 제조업체의 놀라운 변화가 화제가 되었다. 새로 부임한 공장장이 사섭법의 원리를 적용한 지 1년 만에 생산성이 30% 향상되고, 이직률은 절반으로 줄어들었다.

사섭법의 원리를 조직 관리에 적용하는 것은 단순한 분위기 개선을 넘어, 실질적인 조직 성과와 문화 혁신으로 이어지는 강력한 동력이 된다.

사섭법은 리더와 구성원 간의 신뢰와 자발적 팔로워십을 구축한다. 강압적인 통제에 의존하는 전통적인 리더십과 달리, 사섭법은 상호 존중과 이해를 바탕으로 소통하고 협력하는 수평적인 관계를 지향한다.

"예전에는 시키는 일만 했어요. 하지만 이제는 스스로 더 잘할 방법을 찾게 되더라고요. 공장장님이 우리를 진심으로 생각해 주신다는 게 느껴지거든요"라고 한 작업자는 말했다.

심리적 안전감과 개방형 소통

애어와 동사섭의 실천은 조직 내 심리적 안전감을 증진시키고 개방형 소통을 활성화한다. 심리적 안전감은 구성원들이 업무에 집중하고, 반대되는 의견일지라도 두려움 없이 자신의 목소리를 낼 수 있는 분위기를 의미한다.

한 컨설팅 회사의 사례가 인상적이다. 이 회사에서는 매주 '실패 공유 시간'을 갖는다. 실패한 프로젝트나 실수한 일들을 서로 공유하고, 그로부터 배운 점을 나누는 시간이다.

"처음에는 실수를 말하는 게 부끄러웠는데, 모든 사람이 실수를 공유하다 보니 오히려 편안해졌어요. 그리고 다른 사람의 실수에서 배우는 것도 많고요."

혁신과 직원 만족도 향상

심리적 안전감이 높은 조직문화는 자연스럽게 혁신과 직원 만족도를 향상시킨다. 직원들이 새로운 아이디어를 자유롭게 표현하고 위험을 감수해도 안전하다고 느낄 때, 혁신적인 솔루션이 나올 가능성이 커진다.

한 광고대행사에서는 '크레이지 아이디어 타임'이라는 시간을 운영한다. 아무리 황당한 아이디어라도 비판하지 않고 일단 들어보는 시간이다. 이 시간에서 나온 아이디어 중 일부가 실제로 큰 성공을 거둔 캠페인으로 발전했다.

윤리적 기업 문화와 사회적 책임 구축

나아가 사섭법의 이타적 실천은 조직의 윤리적 기업 문화를 강화하고 사회적 책임을 다하는 데 중요한 역할을 한다. 이행은 리더가 높은 윤리적 기준을 지키고 솔선수범하는 것을 의미하며, 이는 조직 전체에 윤리적 행동을 장려하는 선순환을 만든다.

한 제약회사의 사례가 주목할 만하다. 이 회사의 CEO는 매년 개발도상국에 의약품을 무료로 제공하는 '나눔 프로젝트'를 진행한다. 처음에는 비용 부담을 우려하는 목소리도 있었지만, 이런 활동을 통해 회사의 브랜드 가치가 높아지고 우수한 인재들이 몰려들게 되었다. 한 연구원의 말에서 구성원이 느끼는 가치를 알 수 있다.

"우리 회사에서 일한다는 것 자체가 자랑스러워요. 돈을 벌면서도 사회에 기여할 수 있다는 게 정말 보람있어요."

단기 성과주의와의 충돌

"사섭법의 원리요? 실천하고 싶지만, 주주들은 분기마다 실적을 요구해요.

장기적 관점과 단기적 압박 사이에서 균형을 잡기가 쉽지 않아요."

이러한 CEO의 고민에 어떤 해법을 제시할 수 있을까?

사섭법은 현대 조직에 무한한 가능성을 열어주지만, 실제 적용 과정에서는 여러 도전에 부딪히기 쉽다. 특히 급변하는 미래 조직 환경에서는 이러한 과제를 슬기롭게 풀어내는 전략적 접근이 요구된다.

가장 큰 도전은 단기 성과주의와의 충돌이다. 사섭법은 장기적인 관계 형성과 구성원의 성장을 중시하지만, 현대 기업은 종종 단기적인 재무 성과에 대한 압박에 시달린다.

또한 사섭법이 지닌 불교적 배경으로 인해 문화적 저항이나 인식의 간극이 발생할 수 있다. 특히 기존의 권위주의적 조직문화에 익숙한 리더나 구성원에게는 공감 중심의 수평적 리더십으로의 전환이 낯설고 부담스럽게 느껴질 수 있다.

한 전통적인 제조업체의 중간관리자는 내게 솔직한 어려움을 토로했다.

"30년간 수직적인 조직문화에 익숙해져 있다가 갑자기 수평적으로 소통하라고 하니까 정말 어색해요. 좋다는 건 알겠는데 어떻게 해야 할지 막막하기도 하고요."

보시, 애어, 이행, 동사섭과 같은 덕목은 정량적으로 측정하기 어렵기에 효과 입증, 측정, 평가의 어려움도 따른다. 따라서 이러한 도전 과제를 극복하기 위해서는 전략적인 접근이 필요하다.

나는 사섭법을 바탕으로 다음과 같은 접근방법을 구성해 보았다.

첫째, 명확한 비전 제시 및 가치 내재화

사섭법의 원리를 조직의 핵심 가치와 비전에 통합하고, 이를 명확하게 소통하여 모든 구성원이 공감하고 내재화하도록 해야 한다.

한 IT 회사에서는 사섭법의 네 가지 원칙을 회사의 핵심 가치로 정하고, 사무실 곳곳에 이를 시각화해서 배치했다. 또한 신입사원 교육에서 이 가치들의 의미와 실천 방법을 구체적으로 설명한다.

둘째, 실질적인 교육과 훈련

한 금융회사에서는 모든 관리자에게 '서번트 리더십 아카데미'라는 6개월 과정을 수료하도록 했다. 이론 교육뿐만 아니라 실제 상황에서의 롤플레이, 멘토링 실습 등을 통해 체화할 수 있도록 구성했다.

이처럼 사섭법과 서번트 리더십의 원칙을 반영한 맞춤형 리더십 개발 프로그램을 설계하여, 리더들이 경청, 공감, 솔선수범, 공동체 구축 등의 역량을 함양하고 윤리적 의사결정 능력을 강화할 수 있도록 해야 한다.

셋째, 성과 평가 시스템의 재정비

단기 재무 성과뿐만 아니라, 구성원 만족도, 협업 지수, 혁신 기여도, 윤리적 행동 등 사섭법적 가치 실천에 따른 비재무적 성과를 측정하고 보상하는 시스템이 필요하다.

한 컨설팅 회사는 개인 평가항목에 '팀 기여도', '후배 육성', '윤리적 행동'을 추가했다. 개인 성과뿐 아니라 조직 기여 요소도 동일한 관점에서 평가한 결과, 팀워크와 조직문화가 눈에 띄게 향상되었다.

다문화와 원격근무 환경에서의 적용

다문화 및 원격근무 환경에서의 적용은 미래 조직이 직면한 핵심 과제 중 하나다. 다양성이 점점 확대되는 현대 사회에서 동사섭은 문화 간 교류 프로그램 참여, 다국적 팀 간의 협업, 이주민 지원 활동 등을 통해 그 중요성이 더욱 부각되고 있다.

한 글로벌 제조업체의 사례는 이를 잘 보여준다. 이 회사는 전 세계 15개국에 공장을 두고 있으며, 각국의 문화적 특성을 존중하면서도 사섭법의 핵심 원칙을 조직 전반에 공통적으로 적용하고 있다. 이 회사의 HR 담당자는 조직문화를 다음과 같이 설명했다.

"인도 공장에서는 힌두교 명절을 함께 축하하고, 브라질 공장에서는 축구를 통해 소통해요. 형태는 다르지만 서로를 존중하고 함께한다는 동사섭의 정신은 같아요."

또 다른 디지털 마케팅 회사에서는 매일 아침 '굿모닝 체크인'을 한다. 업무 브리핑 전에 각자의 컨디션과 기분을 공유하는 시간이다. 짧지만 이 시간을 통해 팀원들이 서로를 더 잘 이해하게 되었다.

이처럼 리더는 재택근무에 대한 명확한 조직 규범을 설정하고, 원격근무자들이 일과 삶의 균형을 맞출 수 있도록 지원해야 한다.

특히 원격근무 환경에서는 물리적 거리를 넘어선 심리적 유대감 형성이 핵심이다. 따라서 온라인 협업 도구를 통한 소통, 비공식적 체크인, 팀원 간 사회적 상호작용 장려 등을 활용한다면 원격근무자의 고립감을 해소하고 공동체 의식을 효과적으로 확보할 수 있다. 이는 애어와 동사섭의 원칙을 활용한 예시다.

시대를 초월한 리더십의 지혜

"아무리 인공지능이 발전해도 공감, 연민, 사랑 같은 인간적 가치는 대체할 수 없습니다. 오히려 기술이 고도화될수록 이러한 가치의 중요성은 더욱 커지고 있습니다."

한 AI 전문가의 이말은 시사하는 바가 크다. 붓다의 사섭법은 시대를 초월해, 인간 중심의 가치를 바탕으로 현대 조직 관리의 여러 문제에 해답을 제시하는 지혜다.

사섭법은 조직 내 심리적 안전감을 증대시켜 구성원들이 자유롭게 의견을 개진하고 혁신적인 아이디어를 제안할 수 있는 환경을 조성한다. 이는 직원 만족도 향상뿐만 아니라 조직의 생산성과 창의성 증대로 이어진다. 또한 리더의 이타적이고 윤리적인 행동은 조직 전체의 윤리적 문화를 강화하고, 사회적 책임을 다하는 기업 이미지를 구축하는 데 기여한다.

물론 단기 성과주의와의 균형, 문화적 저항 극복, 효과 측정의 어려움과 같은 도전 과제는 여전히 존재한다. 그러나 사섭법의 원리를 조직의 핵심 가치로 내재화하고, 리더십 개발 프로그램을 통해 리더들의 역량을 강화하며, 비재무적 성과를 포함하는 종합적인 평가 시스템을 구축함으로써 이러한 문제들을 극복할 수 있다.

특히 다문화 및 원격근무 환경에서는 애어와 동사섭의 원칙을 적극적으로 활용하여 물리적·문화적 장벽을 넘어선 공동체 의식과 신뢰를 형성하는 것이 중요하다.

한 미래학자는 이렇게 전망했다.

"앞으로의 리더는 명령하는 사람이 아니라 섬기는 사람이 될 거예요. 사섭법과 서번트 리더십이 그런 미래를 준비하는 가장 좋은 방법입니다."

궁극적으로 사섭법은 리더가 자신의 이익보다 타인의 성장과 조직의 번영을 우선시하는 총체적 리더십 모델이다. 즉 사섭법은 현대 조직이 직면한 복잡한 문제들을 해결하고 지속 가능한 발전을 이루는 데 필요한 인간 중심적이고 윤리적인 경영 철학을 제공한다.

작은 실천에서 시작되는 큰 변화

사섭법은 거창하지 않다.

직원의 말을 진심으로 들어주고, 어려울 때 함께하고, 솔선수범하는 것부터 시작하라.

이 고대 지혜의 현대적 재해석과 실천은 조직 구성원 모두가 주인의식을 가지고 함께 성장하며, 사회적 가치를 창출하는 건강하고 활기찬 조직을 만드는 데 기여할 것이다.

그리고 그 시작은 바로 지금, 우리 각자의 마음가짐과 행동에서 출발한다.

동료에게 건네는 따뜻한 말 한마디, 어려운 일을 함께 나누는 마음, 솔직하고 진정성 있는 소통……. 이런 작은 변화들이 모여서 조직 전체를 변화시키고, 더 나아가 사회 전체를 더 따뜻하고 지혜로운 곳으로 만들어갈 것이다.

사섭법과 서번트 리더십의 조화는 단순한 경영 기법을 넘어서, 인간다운 삶과 일의 의미를 되찾게 해주는 새로운 패러다임이다. 이는 2,600년 전 붓다의 지혜가 현대에도 여전히 유효하며, 앞으로도 계속해서 우리에게 올바른 길을 제시해 줄 것임을 보여준다.

현대 경영의 나침반, 불교윤리:
불살생과 불망어에서 배우는 지속 가능한 성장

고대 지혜, 현대 경영을 비추다

급변하는 현대 경영 환경 속에서 기업은 단순히 이윤을 추구하는 것을 넘어, 사회적 책임과 지속 가능성이라는 새로운 시대적 요구에 직면하고 있다.
이러한 흐름 속에서 고대 불교의 심오한 지혜, 특히 오계(五戒) 중 첫 번째 계율인 불살생(不殺生)과 네 번째 계율인 불망어(不妄語)는 현대 경영 윤리의 핵심 가치로서 깊은 통찰력을 제공한다.
한 경영학 교수는 이렇게 설명했다.
"요즘 젊은 직원들과 고객들은 기업의 가치관을 중요하게 봅니다. 단순히 좋은 제품이나 서비스만으로는 부족합니다. 그 기업이 어떤 철학을 갖고 있는지, 사회에 어떤 기여를 하는지가 선택의 기준이 되고 있습니다."

생명을 살리는 경영, 그 따뜻한 시작

어느 날 아침, 사무실로 향하는 길에 문득 이런 생각이 들었다.
우리는 매일 '경영'이라는 이름으로 얼마나 많은 것들을 죽이고 있을까?
직원들의 창의성을, 고객들의 신뢰를,때로는 우리 자신의 양심까지도 말이다.

‘불살생(不殺生)’이라는 말을 처음 들을 때는 단순히 생명을 해치지 않는다는 뜻으로 이해하기 쉽다. 나도 그중 하나였다. 하지만 경영 현장에서 이 개념을 다시 마주했을 때, 그 의미가 훨씬 더 깊고 넓다는 사실을 깨닫게 되었다. 마하트마 간디가 말한 아힘사(Ahimsa)처럼, 이는 단지 물리적 폭력을 피하는 것이 아니라 모든 형태의 해로움을 거부하는 철학이었다.

건설 현장의 이야기부터 시작해 보자. 과거 건설업계는 ‘위험한 일터’의 대명사였다. 그런데 몇몇 기업들이 ‘안전제일’을 외치며 근본적인 변화를 시도했다. 처음에는 단순히 사고를 줄이자는 취지였지만, 결과는 그 이상이었다. 직원들의 사기가 올라가고, 생산성이 향상되었으며, 회사에 대한 자부심까지 생겨났다.

이것이 바로 불살생 경영의 첫 번째 교훈이다. 사람을 살리는 일이 곧 조직을 살리는 일이기도 하다는 것 말이다.

구글의 연구팀이 4년간 180개 팀을 분석한 ‘아리스토텔레스 프로젝트’의 결과는 많은 사람들을 놀라게 했다. 최고의 팀을 만드는 핵심 요소가 바로 ‘심리적 안전감’이었던 것이다. 팀원들이 실수를 해도 비난받지 않고, 자유롭게 의견을 말할 수 있는 환경 말이다.

포드자동차 CEO 앨런 뮬랄리의 이야기는 더욱 인상적이다. 2006년 그가 취임했을 당시, 임원들은 회사의 문제를 솔직하게 보고하는 것을 두려워했다. 뮬랄리는 이러한 분위기를 바꾸기 위해 단순하지만 의미 있는 방식을 선택했다. 바로 문제를 보고한 사람에게 “고맙다”고 말하기 시작한 것이다. 이 작은 변화는 신뢰와 소통의 문화를 회복시켰고, 결국 회사는 경영 위기에서 벗어날 수 있었다.

픽사의 성공 비결도 마찬가지다. 그들의 핵심은 솔직함에 있었다. 서로의 작품에 대해 거침없이 피드백을 주고받을 수 있는 문화, 그것이 명작 애니메이션들을 탄생시킨 원동력이다.

물론 심리적 안전감이 모든 상황에 긍정적인 효과를 주는 것은 아니다. 펜실베이니아대학교 와튼스쿨의 연구진은 과도한 심리적 안정감이 오히려 책임의식을 약화시킬 수 있다는 점을 밝혀냈다. 이는 마치 너무 따뜻한 온실에서는 강인한 식물이 자라기 어려운 것과 같은 원리다.

그들이 제시한 해답은 '집단적 책임감'이었다. 개인을 탓하기보다는 모두가 함께 추구해야 할 목표에 집중하자는 것이다. 이는 불살생의 진정한 의미를 보여준다. 단순히 비난하지 않는 것이 아니라, 함께 성장할 수 있는 환경을 만드는 것이다.

이러한 철학은 한국 기업에서도 실천된 바 있다. 동국제강은 '노사불이(勞使不二)' 정신 아래, 노동자와 사용자를 대립적 관계가 아닌 공동체적 협력자로 인식했다. 그 결과, '무파업 경영'이라는 독자적인 기업 문화를 이뤄냈다. 또한 국내 벽지업계 1위인 DID의 허훈종 사장은 '인과법'과 '투명성'을 경영 원칙으로 삼았다. 이 회사에서 매출의 20%를 디자인 개발에 투자하며 '마음 경영'을 실천한 결과, 업계 선두자리를 굳건히 지켜나가고 있다.

투명성, 진실 추구의 가치

'불망어(不妄語)'는 거짓을 피하는 것에 그치지 않는다. 진실을 말하고 진실에 기반해 행동하려는 적극적인 윤리를 뜻한다. 이는 조직에서의 투명한 소통과 신뢰 구축의 핵심 가치로 작용하며, 간디가 말한 사티아(Satya), 즉 진리 추구의 정신과 맞닿아 있다. 기업에서 이는 '투명성'으로 나타난다. 모든 이해관계자와의 관계에서 솔직하고 정직한 소통을 유지하는 것이다.

소셜미디어 관리 플랫폼 버퍼의 사례를 보자. 이 회사는 CEO를 포함한 전 직원의 급여를 온라인에 공개했다. 처음에는 많은 사람들이 의아해했지만, 결과는 놀라웠다. 회사에 대한 신뢰도가 높아지면서 직원 이직률이 크게 감소했기 때문이다.

브리지워터 어소시에이츠의 레이 달리오는 '급진적 투명성'으로 유명하다. 달리오는 회의 중에 아이패드 앱으로 상호 간 실시간 점수를 매기고, 직급에 무관하게 자유롭게 의견을 나누는 문화를 만들었다. 이런 시스템 덕분에 개인의 편견보다는 객관적 데이터에 기반한 의사결정이 가능해졌고, 조직의 지속적인 성장을 이뤄낼 수 있었다.

하지만 이런 극단적인 투명성에는 부작용도 있다. 직원들의 심리적 부담이 커지고, 때때로 조직 내 긴장과 분열을 초래할 수도 있기 때문이다. 달리오 자신도 모든 기업이 이 방식을 따를 필요는 없다고 인정했다. 투명성과 공감 사이의 균형이 중요하다는 것이다.

반대로 불망어를 어겼을 때의 결과는 참혹하다. 폭스바겐의 디젤게이트 사건을 보자. 2015년, 이 회사는 배기가스 조작 사실을 시인해야 했다. 실험실에서만 배기가스 저감장치를 작동시키고, 실제 도로에서는 기준치의 40배에 달하는 유해가스를 배출한 것이다.

이 사건의 배경에는 이른바 '사기 삼각형'이 있었다. 세계 1위 자동차 제조업체가 되겠다는 욕망에 사로잡힌 경영진의 압박, 복잡한 소프트웨어 코드 속에 조작 프로그램을 숨기기 쉬운 기술적 기회, '회사를 위한 일'이라는 왜곡된 합리화의 결합이다.

결과는 치명적이었다. 막대한 배상금과 벌금, 관련자들의 처벌은 물론 회사 존폐까지 거론되는 고객의 신뢰 붕괴로 이어졌기 때문이다. 심지어 그 여파는 디젤 엔진 시장 전체의 몰락으로 확산되었다.

마법 같은 선순환의 비밀

신뢰는 참 신기한 자산이다. 눈에 보이지 않지만 그 영향력은 어떤 유형 자산보다도 크기 때문이다. 고객의 충성, 직원의 헌신, 투자자의 신뢰, 사회의 지지가 모두 이 '신뢰 자본'에서 나온다. 무엇보다 이 자산은 쌓일수록 선순환을 만들며 조직의 지속 가능성을 높인다.

불살생과 불망어의 실천은 단순히 윤리적으로 옳은 일을 하자는 것이 아니다. 이는 기업의 지속 가능한 성장을 위한 가장 확실한 경영 전략이기도 하다. 직원들의 잠재력을 함양하고, 고객들과의 진실한 관계를 맺으며, 사회와 상생하는 기업이 되어 진정한 성공을 거두는 길로 나아갈 수 있다.

경영이란 숫자와 전략의 게임이 아니라 사람과 사람 사이의 신뢰를 쌓아가는 일이다. 그 신뢰의 바탕에는 생명을 살리고 진실을 말하려는 작은 실천들이 있다. 그리고 그 작은 실천들이 모여 거대한 변화를 만들어낸다.

한 명의 직원이더라도 진심으로 대화를 나누고, 고객에게 한 가지 진실한 정보를 더 제공하며, 동료에게 따뜻한 격려 한마디를 건네는 것. 어쩌면 이런 소소한 일상이 진정한 불살생과 불망어 경영의 시작일지도 모른다.

침묵의 순간, 경청의 순간

경영을 하다 보면 참 다양한 순간을 마주한다. 직원이 실수를 저질렀을 때, 경쟁사의 도발적인 언론플레이에 직면했을 때, 아직 확실하지 않은 정보로 결정을 재촉받을 때. 그런 순간마다 우리는 무언가 말해야 한다는 강박에 시달린다.

하지만 때로는 침묵이 가장 현명한 선택이 될 수 있다. 불교에서 말하는 '신중한 침묵'의 지혜다. 이는 단순히 입을 다무는 것이 아니라, 감정을 다스리고 상황을 객관적으로 바라보며, 최선의 대응을 찾기 위한 시간을 확보하는 것이다.

위기관리 전문가들이 말하는 '전략적 침묵'도 같은 맥락이다. M&A가 진행 중이거나, 사법기관의 조사가 이루어지고 있을 때, 혹은 상대방의 비난이 단순한 트집에 불과할 경우에는 굳이 즉각적으로 반응할 필요가 없다. 오히려 성급한 대응이 사안을 키우고 불필요한 논란을 자초할 수 있다.

물론 이런 침묵은 계획과 일관성이 뒷받침되어야 한다. 중간에 흔들리는 침묵은 전략이 아니라 우유부단함으로 비칠 뿐이다.

"리더는 입보다 귀를 가져야 한다"는 말이 있다. 그러나 하지만 진정한 경청이 무엇인지 아는 리더는 많지 않다.

전문 연설가 스티븐 코비는 경청을 5단계로 구분했다.

1단계, 아예 무시하기.

2단계, 듣는 척하기.

3단계, 듣고 싶은 것만 선택적으로 듣기.

4단계, 귀 기울여 듣기

그리고 마지막 5단계는 '공감적 경청'이다.

고백하자면, 나 역시 오랫동안 3단계에 머물러 있었다. 상대가 말하는 동안 이미 내 머릿속은 답변을 준비 중이었고, 내가 듣고 싶은 정보만 골라서 받아들이고 있었다. 하지만 5단계 경청을 직접 경험하고 나니, 그 차이는 하늘과 땅만큼 컸다.

어느 날 직원 한 명이 사무실을 방문해 내게 힘들다고 토로한 일이 있다. 평소라면 곧장 "무슨 일인지 간단히 말해봐"라고 했을 텐데, 그날은 그냥 조용히 들어주었다. 그의 말투, 표정, 심지어 침묵하는 순간까지 주의 깊게 지켜보았다.

놀랍게도 그는 나에게 말하던 와중 스스로 문제의 핵심을 찾아갔고, 해결책까지 떠올렸다. 나는 거의 아무 말도 하지 않았는데 말이다.

그때 깨달았다. 진정한 경청은 상대방에게 스스로 답을 찾을 수 있는 안전한 공간을 제공하는 것이라는 걸.

메라비언의 법칙(Mehrabian's Rule)에 대해 들어본 적 있는가? 메라비언 교수의 실험에 따르면 감정과 태도를 전달할 때 말의 내용(7%)보다 목소리 톤(38%)과 얼굴표정(55%)이 더 큰 영향을 미친다.[26] 즉 소통의 93%는 비언어적 요소에서 비롯된다고 볼 수 있다. 그럼에도 우리는 많은 시간을 '무엇을 말할까'에만 집중하는 것이다.

그러나 진정한 리더는 '어떻게 들을까'를 더 많이 고민한다. 상대방의 말 뒤에 숨겨진 진짜 메시지를 찾으려 노력하고, 그들이 그 말을 하게 된 배경과 감정까지 이해하려 한다.

이런 '맥락적 경청'이 가능해지면, 조직 안에서 일어나는 많은 문제가 저절로 해결되기 시작한다. 직원들은 자신이 진정으로 이해받고 있다고 느끼게 되고, 방어적이거나 공격적인 태도를 버리게 된다.

지속 가능한 미래를 향한 나침반

예전에는 윤리를 '해야만 하는 것'으로 여겼다. 법을 어기지 않고, 사회적 비난을 피하기 위한 최소한의 기준쯤으로 생각했던 것이다.

하지만 이제는 관점이 완전히 달라졌다.

불살생, 불망어, 침묵과 경청의 지혜. 이 모두는 단순한 도덕적 규범이 아니다. 기업이 살아남고 번영하기 위한 핵심적인 경영 전략이다.

폭스바겐과 웰스파고의 몰락을 보면서, 그리고 파타고니아와 버퍼의 성공을 지켜보면서 나는 확신하게 되었다.

윤리는 이제 기업의 경쟁력이다. 의식 있는 소비자들을 끌어들이고, 최고의 인재들을 모으며, 투자자들의 장기적인 신뢰를 얻는 핵심 동력이다.

이처럼 미래의 기업들이 나아가야 할 방향이 점점 명확해지고 있다. 그렇다면 새로운 시대의 경영 원칙은 무엇인가?

먼저 인간 중심의 가치 내재화다. 직원을 단순한 인적 자원이 아니라 '함께 성장하는 동반자'로 바라보는 패러다임의 전환이 필요하다. 이는 모든 의사결정 과정에서 인간의 존엄성과 웰빙을 최우선에 두는 것을 의미한다.

다음은 투명성과 신뢰의 문화 구축이다. 정보의 비대칭성을 해소하고, 모든 이해관계자에게 진실하고 책임감 있는 정보를 제공하는 것이다. 이는 위기가 닥쳤을 때 기업의 회복탄력성을 높이는 토대가 된다.

성숙한 소통 리더십의 함양도 중요하다. 말의 힘만큼이나 침묵과 경청의 지혜를 발휘하여, 구성원들이 자유롭게 의견을 개진하고 실패를 두려워하지 않는 심리적으로 안전한 환경을 만드는 것이다.

마지막으로 지속 가능한 성장을 위한 윤리적 혁신이다. 단순한 이윤 추구를 넘어 '공동의 선'을 추구하는 비즈니스모델을 개발하는 것이다.

결국 모든 변화는 작은 실천에서 시작된다. 한 명의 직원과 진심으로 대화를 나누고, 고객에게 진심어린 이야기를 해주며, 동료의 말에 진정으로 귀 기울이는 것. 때로는 성급한 판단을 자제하고 침묵으로 지혜를 모으는 것.

이런 소소한 일상들이 모여 조직의 문화가 되고, 그 문화가 기업의 DNA가

된다. 그리고 그 DNA가 결국 기업의 미래를 결정한다.

불교의 지혜가 현대 경영에게 주는 메시지는 명확하다. 탐욕과 단기적 이익의 유혹을 넘어서 진정한 가치를 창출하고 모든 생명과 조화롭게 공존하며 지속적으로 번영할 수 있는 길을 찾아가자는 것이다.

그 길의 나침반은 우리 안에 있다. 생명을 살리고, 진실을 말하며, 때로는 조용히 듣고, 깊이 이해하려는 마음. 그것이 바로 미래 경영의 출발점이다.

제4부

실행과 변화를 위한
내면 수련

마음챙김으로 통찰력을 기르고
삼법인의 지혜로 미래를 실행하라

사념처 수행과
CEO의 일상 루틴

번아웃 시대의 리더십

어느 월요일 아침. 알람이 울리기도 전에 눈이 떠졌다.

내 머릿속에는 이미 오늘 해야 할 일들이 쏟아져 들어오고 있었다. 중요한 회의, 결정해야 할 사안들, 처리해야 할 메일들……. 나는 침대에서 일어나기도 전에 벌써 지쳐있는 자신을 발견했다.

이런 아침이 얼마나 자주 반복되는지 모른다. 그러나 한편으로는 많은 이들이 나의 경험에 공감할 것이다. 현대 CEO와 임원들의 일상이 대부분 이럴테니 말이다.

VUCA(변동성, 불확실성, 복잡성, 모호성)로 대표되는 현대 비즈니스 환경에서 우리는 끊임없는 압박과 스트레스에 노출되어 있다.

미국의 웰니스 솔루션 기업 메퀄리브리엄(meQuilibrium)은 관리자는 일반 직원보다 번아웃을 경험할 가능성이 36% 더 높고, 현재 직장을 떠날 생각을 하는 비율도 24% 더 높다고 분석하였다.[27)]

그런데 여기서 중요한 점은 스트레스와 번아웃이 단지 개인적인 고통에 그치지 않는다는 것이다. 리더의 정신적 상태는 의사결정의 질, 팀과의 관계, 전략적 사고 능력에 직접적인 영향을 미친다. 결국 '나'와 '당신'의 스트레스가 곧 조직 전체의 성과를 좌우하게 된다.

마음챙김, 새로운 리더십의 기본기

'마음챙김'이라는 말을 처음 들었을 때는 솔직히 반신반의했다. 그저 추상적인 말처럼 느껴졌고, 실제로 얼마나 도움이 될 수 있을지 의심스러웠다. 하지만 막상 경험해보니 이는 스트레스 해소법이 아니라 리더십의 기본 역량이었다. 마음을 관리하고 현재에 집중하는 능력이 없다면 제대로 된 피드백을 줄 수도, 올바른 결정을 내릴 수도 없다. 마음챙김은 개인의 정신건강을 넘어 조직 전체의 회복탄력성을 높이는 전략적 경영 도구였다.

특히 급변하는 환경에서 일하는 리더에게 마음챙김은 더욱 중요하다. 권위나 계급이 아닌 팀원들과 함께 만들어가는 '공유된 리더십'이 요구되는 시대에는 리더 자신의 내적 안정성이 그 어느 때보다 절실하다.

이 마음챙김의 뿌리를 찾던 나는 『니까야』에서 '사념처 수행법'을 만났다.

붓다의 수행법, 사념처(四念處)

2,600년 전에 탄생한 실용적이고 체계적인 자기 관리 방법론이다.

사념처는 '마음챙김의 확립'을 의미한다. 단순히 과거를 기억하거나 미래를 계획하는 것이 아니라 '지금 이 순간'에 온전히 집중하는 능력을 기르는 것이다. 이를 이해하면 마음이 딴 데로 달아나지 않도록 하고, 자신의 내면에서 무슨 일이 일어나는지 명확히 알 수 있다.

특히 인상 깊었던 점은 '행복은 획득되는 것이 아니라 고통이 소멸되면 저절로 드러나는 것'이라는 원리였다. 이는 새로운 가치를 덧붙이기보다 불필요한 것을 덜어내는 데 집중하는 비즈니스 리더십의 본질과도 일맥상통한다. 간단해 보이지만, 누구나 가장 어렵다고 토로하던 바로 그 일 말이다.

이제 사념처의 네 가지 방법을 알아보자.

몸이 주는 신호를 듣다 - 신념처

사념처의 첫 번째 기초는 '몸'에 대한 마음챙김이다.

나는 몸의 감각을 주의 깊게 관찰하기 시작하면서, 놀라운 발견을 했다. 중요한 회의를 앞두고 어깨가 굳어지는 것, 어려운 결정을 내려야 할 때 가슴이 답답해지는 것, 스트레스를 받을 때 호흡이 얕아지는 것. 이 모든 신호들을 그동안 무시하고 살아왔다는 것이다.

몸의 감각을 알아차리기 시작하면 스트레스나 피로를 조기에 감지할 수 있다. 그리고 그에 맞는 대응을 할 수 있다. 몸이 보내는 신호를 무시하고 밀어붙이다가 결국 더 큰 문제가 되는 일을 미리 방지할 수 있는 것이다.

감정의 파도를 관찰하다 - 수념처

사념처의 두 번째 기초는 '느낌'에 대한 마음챙김이다.

즐거운 느낌, 괴로운 느낌, 중립적인 느낌을 있는 그대로 관찰하는 것이다.

과거에 나는 좋은 소식을 들으면 과도하게 기뻐하고, 나쁜 소식을 들으면 과도하게 낙담했다. 감정의 롤러코스터를 타고 좌우로 흔들리면서도 그때그때 반응하는 것이 당연하다고 생각했다. 사람이란 그런 존재가 아니냐고 자평하며 말이다.

하지만 감정을 관찰하기 시작하면서 나는 내 안의 모든 감정이 서서히 일어났다가 천천히 사그라지는 과정을 지켜볼 수 있었다. 그리고 아무리 강렬한 기쁨이나 분노도 영원하지 않다는 사실을 깊이 이해하게 되었다.

이 순리를 알고 나니 감정에 휩쓸리지 않고 객관적으로 상황을 판단할 수 있게 되었다. 특히 직원과의 갈등이나 사업상의 어려움에 직면했을 때, 즉각적으로 감정을 표출하는 대신 한 걸음 뒤로 물러서서 상황을 바라볼 수 있게 된 것이다.

생각의 흐름을 지켜보다 - 심념처

사념처의 세 번째 기초는 마음에 대한 마음챙김이다. 탐욕, 분노, 어리석음처럼 떠오르는 마음의 상태를 있는 그대로 알아차리는 것에서 심념처는 출발한다.

많은 사람은 부정적인 감정을 무작정 억누르려는 경향이 있다. 특히 리더일수록, 그런 감정을 가져서도, 표현해서도 안 된다고 여기는 경우가 많다. 하지만 감정은 탄성이 강한 공과 같다. 억누를수록 되려 더 강하게 튀어오르기 마련이다.

이에 나는 인정하기 시작했다.

"아, 지금 내가 화가 나 있구나."

"지금 욕심이 일어나고 있구나."

인정한다는 것은 판단하지 않고, 그저 있는 그대로 관찰하는 것이다. 감정을 억누르지 않고 바라보기만 했을 뿐인데, 오히려 부정적인 감정들은 자연스럽게 사라졌다.

생각의 흐름을 지켜보는 연습을 통해 나는 점점 충동적인 결정을 피할 수 있었고, 자연히 보다 의도적이고 윤리적인 선택을 할 수 있게 되었다. 이처럼 마음의 상태를 명확히 인식하는 것만으로도 리더십의 질은 근본적으로 달라질 수 있다.

변화의 본질을 받아들이다 - 법념처

사념처의 네 번째 기초는 현상에 대한 마음챙김이다. 가장 추상적이면서도 가장 실용적인 부분이다.

모든 것은 변한다(무상).

모든 것은 완전하지 않다(고)

모든 것은 내 마음대로 되지 않는다(무아).

이 세 가지 특성을 직접 경험하는 것이 핵심이다.

'이런 철학적 개념들이 비즈니스와 무슨 상관이 있을까?'라고 생각할 수도 있다. 하지만 시장의 변화, 조직 내부의 갈등, 외부 환경의 불확실성을 이런 철학적 관점에서 바라보기 시작하면, 오히려 마음이 한결 편안해지는 것을 경험하게 된다.

내가 변화를 수용하면 변화가 찾아온다. 성공에 집착하지 않고, 실패를 두려워하지 않으며, 어떤 변화든 그저 자연스러운 흐름으로 받아들인다. 이러한 태도는 위기 상황에서도 감정적으로 흔들리지 않고 상황을 객관적으로 분석하며 다음 단계를 계획하는 힘으로 이어진다.

통합적 자기 관리의 지혜

사념처의 네 가지 기초는 분리된 것이 아니라 서로 연결되어 있다. 마음의 내용은 몸의 감각으로 나타나고, 감정은 생각에 영향을 주며, 현상에 대한 인식은 모든 것을 아우른다.

중요한 발표를 앞두고 느끼는 스트레스(마음)는 어깨 긴장(몸)으로 나타나고, 불안감(느낌)을 만들어내며, 결국 발표의 질(현상)에 영향을 미친다. 이 모든 과정을 통합적으로 관찰하고 관리할 수 있다면, 훨씬 효과적인 대응이 가능하다.
즉 사념처 수행법은 단일한 문제의 해결책이 아니라 시스템적 자기 관리의 방법론이다. 많은 임원과 CEO가 사념처 수행에 주목해야 하는 이유도 바로 여기에 있다. 리더로서 자신의 전반적인 상태를 명확히 인식하고 조절할 수 있을 때, 비로소 진정한 리더십이 발휘된다.

두 개의 날개: 마음챙김과 알아차림

사념처 수행을 하면서 내가 얻은 가장 소중한 배움은 '마음챙김(sati)'과 '알아차림(sampajanna)'의 차이를 깨달은 것이다. 처음에는 둘이 같은 뜻이라고 생각했지만, 실제로는 서로 다른 역할을 수행하는 개념이었다.
마음챙김은 '지금, 여기'의 순간을 놓치지 않고 포착하는 능력이다. 마치 카메라의 셔터처럼, 순간순간 일어나는 경험을 정확하게 붙잡는 기능을 한다.
반면 알아차림은 그렇게 포착한 경험을 명료하게 '이해하는 것'이다. 이는 카메라의 렌즈가 초점을 맞춰 선명한 이미지를 만들어내는 것과 같다.
예를 들어 요한 회의에서 누군가가 날카로운 질문을 던졌을 때를 떠올려보자. 마음챙김은 그 순간 내 가슴이 두근거리고 어깨가 긴장되는 변화를 포착한다. 알아차림은 "아, 지금 내가 방어적이 되고 있구나. 이 질문이 나를 위축시키고 있구나"라고 정확히 인식하는 과정이다.
이 두 가지가 함께 작용하면 복잡한 상황 속에서도 감정에 휘둘리지 않고 상황을 객관적으로 파악하게 해, 보다 명확한 판단과 효율적인 대응을 가능케 한다.

일상 속 사념처의 실천

이론을 아는 것과 실제로 적용하는 것은 전혀 다른 문제다. 나 역시 처음에는 명상실에 앉아 조용히 수행하는 것만이 사념처 수행이라고 여겼다. 하지만 정작 긴장되거나 중요한 순간에는 그 모든 배움이 까맣게 잊히고는 했다. 그래서 나는 일상 업무 속에 수행을 자연스럽게 녹여내는 방법을 찾기 시작했다.

첫째, 몸의 지혜를 활용하자. (신념처)

회의가 시작되기 전 잠깐 자신의 자세를 점검한다. 어깨가 올라가 있지는 않은지, 호흡이 얕아지지는 않았는지 확인한다. 긴 회의 중간에는 의식적으로 발을 바닥에 닿게 하고 척추를 곧게 세운다. 단 몇 초의 관찰이지만, 놀랍도록 마음이 안정된다.

스트레스를 받을 때는 몸이 먼저 신호를 보낸다는 것을 배웠다. 목이 뻣뻣해지고, 소화가 안 되고, 잠이 안 온다. 이런 신호들을 무시하지 않고 조기에 대응하면 번아웃을 예방할 수 있다.

둘째, 감정의 파도를 느끼자. (수념처)

좋은 소식을 들었을 때는 “기쁜 느낌이 일어나고 있다”고 관찰한다. 나쁜 소식을 들었을 때는 “괴로운 느낌이 일어나고 있다”고 인정한다. 그 감정을 억누르거나 부인하지 않고, 그냥 있는 그대로 본다.

신기한 것은 감정을 그냥 관찰만 해도 그 강도가 줄어든다는 것이다. “아, 지금 내가 화가 나 있구나”라고 인정하는 순간, 이미 그 화에서 한 걸음 물러나게 된다. 감정에 휩쓸리지 않고 객관적으로 상황을 판단할 수 있는 공간이 생긴다.

셋째, 생각의 흐름을 관찰하자. (심념처)

하루 중 몇 번씩 "지금 내가 무슨 생각을 하고 있지?"라고 자문해 본다. 놀랍게도 많은 시간을 과거의 실수나 미래의 걱정에 쓰고 있다는 것을 발견했다. 부정적인 생각이 들 때는 "부정적인 생각이 일어나고 있구나"라고 라벨링한다. 긍정적인 생각이 들 때도 마찬가지다. 좋고 나쁨을 판단하지 않고 그냥 관찰만 한다. 그러면 생각에 사로잡히지 않고 더 명료한 의식 상태를 유지할 수 있다.

넷째, 변화의 본질을 받아들이자. (법념처)

시장 상황이 급변할 때, 과거의 나는 "왜 이런 일이 일어나는 거야?"라며 현실을 쉽게 받아들이지 못했다. 그러나 이제는 "모든 것은 변한다. 이것도 자연스러운 현상이다"라고 받아들인다. 이처럼 적응에 에너지를 사용하니, 훨씬 빠르고 효과적으로 대응할 수 있었다.

실패했을 때도 마찬가지다. 좌절하거나 자책하는 대신 이제는 "이것도 지나갈 것이다. 여기서 무엇을 배울 수 있을까?"라고 스스로에게 묻는다. 이와 같은 시간을 거쳐, 문제의 본질적 원인을 파악하고 이를 기반으로 다음 단계를 계획하는 데 집중할 수 있게 되었다.

사념처를 통한 통합적 리더십의 탄생

이렇게 사념처의 네 가지 기초를 일상에 받아들이며 예상치 못한 긍정적인 변화들이 일어났다.

우선 신체적 차원에서는 스트레스가 눈에 띄게 줄어들었다. 에너지 관리가 훨씬 효율적으로 되었고, 번아웃 위험도 크게 줄어들었다. 무엇보다 몸의 신호를 무시하지 않고 제때 휴식을 취하자, 오히려 전반적인 생산성이 더욱 향상되었다.

감정적 차원에서는 충동적인 반응이 줄어들었다. 화가 나거나 실망스러운 상황에서도 한 박자 쉬고 대응할 수 있게 되었다. 정서 지능이 높아지면서 팀원들과의 관계도 개선되었다.

정신적 차원에서는 집중력이 향상되고 의사결정의 질이 높아졌다. 편향이나 선입견에 사로잡히지 않고 상황을 객관적으로 분석할 수 있게 되었기 때문이다. 또한 자기 인식이 깊어지면서 진정한 리더십이 무엇인지 이해하게 되었다.

전략적 차원에서는 문제해결 능력이 크게 향상되었다. 변화에 대한 유연성이 높아졌고, 위기 상황에서도 침착함을 유지할 수 있게 되었다. 혁신적인 아이디어가 더 자주 떠오르고, 조직의 지속 가능성에 대한 통찰도 깊어졌다.

이처럼 사념처 수행은 단순한 명상 기법이 아니라 통합적 리더십을 위한 체계적인 훈련 과정이다. 몸과 마음, 감정과 생각, 개인과 조직이 하나로 연결된 전체적인 시스템을 이해하고 관리하는 지혜였다.

이제 나는 아침에 눈을 뜰 때 더 이상 압박감이나 스트레스가 먼저 밀려오지 않는다. 대신 기대감이 다가온다.

"오늘은 어떤 순간들을 알아차릴 수 있을까?"

마음챙김이 내게 가져다준 가장 큰 선물이다.

마음챙김, 리더십의 게임 체인저

뇌를 업그레이드하는 소프트웨어

마음챙김을 처음 접했을 때는 스트레스 해소법 정도로 생각했다. 하지만 여러 연구 결과들을 보면서 놀라지 않을 수 없었다. 마음챙김이 뇌의 구조와 기능을 바꾼다는 논의였다.

하버드 의과대학의 연구에 따르면, 마음챙김 훈련은 학습과 기억을 담당하는 뇌 영역에 실질적인 변화를 일으킨다.[28] 작업 기억력이 향상되고, 인지 유연성이 높아지며, 전전두엽 피질의 활성화 또한 증가하는 것으로 나타났다.

이는 마음챙김이 단순한 소프트 스킬이 아니라는 것을 의미한다. 뇌라는 하드웨어를 최적화하는 '소프트웨어'인 셈이다. CEO로서 고도의 복잡성과 불확실성 속에서 최고의 인지 성능을 유지해야 하는 우리에게는 필수적인 도구가 되었다.

개인적 변화의 놀라운 힘

마음챙김을 꾸준히 실천하면서 경험한 변화들은 정말 놀라웠다.

먼저 스트레스가 달라졌다. 물론 스트레스가 완전히 사라진 것은 아니었지만, 예전에는 스트레스에 휩쓸려 감정적으로 반응했다면 이제는 스트레스를 관찰하고 이에 맞게 대응할 수 있게 되었다. 영국 리즈 대학교의 연구에 따르면 마음챙김은 스트레스 호르몬인 코르티솔을 눈에 띄게 감소시키고, 스트레스 관련 증상도 30%까지 줄인다고 한다.[29]

집중력 또한 눈에 띄게 개선되었다. 과거에는 여러 일을 동시에 처리하려다 보니 깊이 있는 몰입이 어려웠다. 하지만 이제는 하나의 일에 깊이 집중하는 능력이 생겼다. 덕분에 정보 처리력과 세부사항 감지력이 모두 향상되었다.

창의성이 폭발했다. 마음을 고요히 하자 새로운 아이디어가 떠오를 공간이 생겼다. 이는 뇌의 전전두엽 피질이 자극되며 발산적 사고가 증가한다는 연구 결과와 정확히 일치하는 경험이었다.

리더로서 가장 중요한 역량은 의사결정 능력이다. 마음챙김은 이 영역에서 혁명적인 변화를 이끄는 도구였다.

무엇보다 마음챙김은 리더가 자신도 모르게 빠지는 편향에서 벗어날 수 있도록 돕는다. 예전의 나는 감정이나 선입견에 휘둘려 결정을 내리는 일이 잦았다. 하지만 이제는 자신의 편향을 인식하고, 객관적으로 상황을 평가하며, 스트레스나 불안에 흔들리지 않고 차분하고 사려 깊은 판단을 내릴 수 있게 되었다. 모든 리더가 간절히 원하는 능력이 바로 여기에 있다.

정보 처리 능력이 향상된 것은 덤이다. 현재의 순간에 머무르며, 감정적으로 반응하기 전 '잠시 멈춤'으로써 논리적 사고의 여유를 확보하게 되었다.

관계의 혁명

리더십은 결국 사람과의 관계다. 마음챙김은 이 부분에서도 놀라운 변화를 가져왔다.

공감 능력이 급격히 향상되었다. 자신의 감정을 명확히 인식하고 관리할 수 있게 되니, 다른 사람의 감정도 더 잘 이해할 수 있게 되었다. 팀원들과 더 깊이 연결되고, 신뢰를 구축하며, 더 열린 마음으로 소통할 수 있게 되었다.

경청의 달인이 되었다. 이제는 상대의 말을 들으며 다음에 무슨 말을 해야 할지 고민하지 않는다. 온전히 현재 순간과 상대에게 집중하여 적극적으로 귀를 기울일 뿐이다. 이러한 변화는 팀원들이 존중받고 가치 있다고 느끼는 조직문화를 만드는 데 큰 도움이 되었다.

자극과 반응 사이에 공간이 생겼다. 예전에는 자극에 즉각적으로 반응했다면, 이제는 그사이에 선택의 여지가 생겼다. 충동적인 반응 대신 의도적인 대응을 할 수 있게 되었다.

조직문화의 변화

리더의 변화는 조직 전체에 파급효과를 가져온다. 내면이 흔들림 없는 리더는 자연스럽게 긍정적인 분위기와 안정감을 조직에 전파한다. 감사의 표현, 개방적인 소통 장려, 솔선수범하는 태도는 팀 내에 긍정적이고 건강한 업무 환경을 조성하는 핵심 요소가 되었다. 이에 따라 팀원들의 참여도와 만족도는 눈에 띄게 향상되었고, 이직률 역시 현저히 감소하는 변화를 경험할 수 있었다.

일상 속 실천의 지혜

바쁜 CEO에게 장시간의 명상은 비현실적이다. 대신 기존 루틴에 짧고 반복적인 습관을 연결하는 것이 핵심이다.

아침 루틴의 변화

하루를 4-7-8 호흡법으로 시작한다. 4초 동안 숨을 들이쉬고, 7초 동안 참았다가, 8초 동안 내쉬는 것을 몇 번 반복한다. 단 2~3분만 투자해도 심박수가 안정되고 불안이 줄어든다.

감사 명상도 빼놓을 수 없다. 감사하는 세 가지를 떠올리고 그 감정에 집중하는 시간을 갖는다. 긍정적인 마음 상태로 하루를 시작할 수 있다.

업무 중 틈새 활용

커피 한 모금을 마신 후, 이메일을 읽은 후, 회의가 끝난 후. 이런 틈새 순간에 자기 점검을 한다. "지금 기분은 어떤가?", "다음 한 시간 동안 무엇을 하고 싶은가?"와 같은 질문을 던져 현재 상태를 인식하고 의도적으로 다음 행동을 선택한다.
회의 전에는 잠시 숨을 고르고 감정을 점검한다. 회의 중에는 온전히 현재에 집중하여 경청한다. 이는 집중력을 향상시키고 효과적인 소통을 가능하게 한다.

퇴근 후 전환 의식

퇴근 전 5분간 '정신적 핸드오프'를 한다. 미완성된 생각, 다음 날 우선순위, 마음에 남아있는 무거운 것들을 적어둔다. 이를 통해 업무와 개인 생활의 경계를 명확히 하고, 업무 스트레스를 해소할 수 있다.
집에 가는 길에는 의도적으로 오감을 활용한다. 좋아하는 음악을 듣거나, 주변을 관찰하며 산책하거나, 좋아하는 커피 맛을 음미한다. 이런 전환 의식을 통해 업무 모드에서 벗어나 현재 순간에 온전히 집중할 수 있다.

성공한 리더들의 증언

마음챙김의 효과는 이미 많은 성공한 리더들이 입증하고 있다.
스티브 잡스는 스스로 마음을 관찰하고 고요하게 함으로써 직관이 피어나고 인식이 명료해진다고 믿었다. 레이 달리오는 명상이 정신적 명료함, 창의성, 평화, 건강을 가져다주어 사회적·개인적 삶 모두에 긍정적 영향을 미쳤다고 말했다.
마음챙김은 더 이상 복지 프로그램이 아니다. 명확한 투자 대비 효과(ROI)가 있는 비즈니스 전략이다.
에트나(Aetna)의 경우 마음챙김 프로그램 도입 후 직원당 연간 3,000달러의 생산성 향상과 약 2,000달러의 의료비 절감 효과를 거뒀다.

이는 직원들의 정신건강과 웰빙이 조직의 핵심 자산임을 보여준다. 이제 마음챙김은 이직률 감소와 생산성 증대로 이어져 장기적인 조직의 회복탄력성과 지속 가능한 성장을 위한 필수 요소가 되었다.

무엇보다 중요한 것은 리더의 솔선수범이다. 리더가 직접 마음챙김을 실천하고 그 경험을 공유하는 것이 조직 전체에 마음챙김 문화를 확산시키는 가장 강력한 도구다.

'명상하는 CEO', '명상하는 리더'라니, 아직은 어색한 말이다.

하지만 나는 명상의 효과를 직접 경험하고 팀원들과 공유하면서, 이것이 개인의 선택을 넘어 리더와 조직의 가치가 될 수 있다는 것을 깨달았다.

나 또한 명상 공간을 마련하고, 마음챙김 워크숍을 운영하며, 관련 자료를 공유하는 등 조직 내에 마음챙김이 자연스럽게 스며들 수 있는 환경을 조성했다. 그뿐 아니라 직원들이 휴식을 취하고 재충전할 수 있도록 정기적인 마음챙김 활동도 적극 장려했다.

결과는 놀라웠다. 처음에는 생소하거나 거리감을 느끼던 마음챙김에 대해 팀원들의 심리적 거부감이 점차 줄어들고, 수용도와 참여도는 눈에 띄게 높아졌다. 특히 리더로서 나의 약점을 솔직하게 드러내고 개인적인 변화의 경험을 진솔하게 공유했을 때, 조직 전체에 긍정적인 울림이 퍼졌다.

마음챙김은 이제 HR 영역을 넘어 전략 영역에서 다뤄야 할 핵심 의제가 되었다. 개인의 내면적 변화가 조직 전체의 문화적 변혁으로 이어질 수 있다는 것을 체험해보자.

사례들이 말하는 진실

구글의 'Search Inside Yourself' 프로그램은 2007년부터 시작되어 지금까지 전 세계 14,000명 이상이 참여했다. 놀라운 것은 참가자의 93%가 이 프로그램을 추천했다는 점이다. 마음챙김, 감성 지능, 스트레스 관리, 공감 능력 등에서 실질적인 향상과 이에 따른 긍정적 변화를 경험했기 때문이다.

에트나의 사례는 더욱 구체적이다. CEO 마크 버톨리니의 개인적 경험에서 시작된 이 프로그램은 놀라운 수치로 그 효과를 증명했다. 구체적으로 직원들의 스트레스가 28% 감소하고, 수면의 질이 20% 향상되었으며, 번아웃 증상 또한 19% 줄어들었다.

제너럴 밀스는 마음 챙김 7주 프로그램 후 경영진의 80%가 의사결정 능력 향상을, 89%가 경청 능력 향상을 경험했다고 보고했다.

나이키는 사무실에 명상실을 마련하고 무료 요가와 명상 수업을 제공하며 'Just Do It' 정신으로 정신건강을 돌보도록 장려하고 있다.

이런 데이터들이 보여주는 것은 명확하다. 마음챙김은 '직원 웰빙'이라는 무형의 자산을 생산성 증대와 같은 유형의 재무적 성과로 전환시킨다는 것이다. 앞으로 비용 센터가 아니라 이익 센터가 될 수 있다는 증거다.

현실적인 도전들과 해결책

물론 마음챙김을 조직에 도입하는 과정이 언제나 매끄러운 것은 아니었다. 실제로 내가 겪었던 현실적인 어려움과 그 해결 방식을 솔직하게 나누고 싶다.

가장 흔한 반응은 "시간이 없다"는 말이었다. 이는 마음챙김이 느긋함을 요구한다고 오해하는 경우가 많았기 때문이다.

"바쁜데 언제 명상을 해요?"

하지만 결국 이것은 '관점'의 문제다.

더 많은 시간을 만들어내는 것이 아니라 주어진 시간의 질을 높이는 것이 핵심이다.
몇 분간의 심호흡, 짧은 순간이라도 계속해서 이루어지는 마음챙김, 식사할 때 음식에 집중하기와 같은 작은 습관들을 일상에 받아들이면 된다. 명상 또한 회의처럼 달력에 명시해 의도적으로 시간을 확보하는 실천이 중요하다.
그렇다면 팀원들의 회의적인 반응은 어떻게 해야 할까? “업무에 명상이 무슨 도움이 돼요?”와 같은 반응은 나도 수없이 마주한 일이다.
이럴 때는 개인적 경험보다 구체적인 데이터로 설명하는 것이 더 효과적이다. 스트레스 감소, 생산성 향상처럼 정량적으로 측정 가능한 이점을 제시하는 것이 설득에 도움이 된다.
또한 명상을 거창하게 생각하지 않는 것이 중요하다. 디지털 디톡스나 몇 분간의 심호흡 같은 작고 현실적인 실천 과제부터 시작해 점진적으로 익숙해지도록 돕는 것이 효과적이다. 무엇보다 리더가 직접 실천하고, 변화의 모습을 보여주는 것이 가장 핵심적인 설득 도구가 된다.
그리고 여기서 다시 질문해야 한다. 이 과정을 조직에 적응하면서 우리는 무엇을 더 주의해야 할까?

과도한 신중함의 함정

마음챙김이 모든 것을 신중하게 고려하도록 장려하다 보니 때로는 분석 마비에 빠지거나 우유부단해질 수 있다. 이는 자극과 반응 사이의 공간을 활용하는 것으로 해결할 수 있다.
명확한 목표 설정과 우선순위 지정을 통해 중요한 것에 집중하고, 불필요한 것에는 과감히 ‘아니오’라고 말하는 연습이 필요하다. 신중함과 효율성의 균형을 맞추는 것이 관건이다.

공감과 단호함의 딜레마

마음챙김 리더는 공감해야 하지만, 때때로 단호해야 한다. 이는 정서 조절 능력을 강화하고 자기 인식을 심화함으로써 해결할 수 있다. 감정에 휩쓸리지 않고 상황을 명확히 볼 수 있는 능력이 현명한 결정을 내리게 한다.

조직 차원의 지원이 핵심

개인의 노력만으로는 한계가 있다. 조직 차원의 지원이 있어야 마음챙김이 지속 가능하다.

명상 공간을 마련하고, 정기적인 프로그램을 운영하며, 전문가와 협력하여 프로그램의 깊이와 진정성을 확보하는 것이 중요하다. 마음챙김이 일시적인 행사로 끝나지 않고 조직문화에 깊이 뿌리내리도록 해야 한다.

특히 마음챙김을 형식적인 스트레스 해소 기법이 아닌, 총체적인 자기 인식과 리더십 개발 도구로 인식할 수 있도록 전문적인 교육을 제공해야 한다. 개인의 책임에만 초점을 맞추지 않고, 과도한 업무량이나 조직문화와 같은 시스템적 문제도 함께 다루는 포괄적인 접근이 필요하다.

지속 가능한 리더십을 향한 여정

마음챙김은 '해야 할 일' 항목에 추가되는 과제가 아니다. 이는 리더십의 존재 방식을 근본적으로 변화시키는 접근이다.

'무엇을 하는가'의 차원에서 '어떻게 존재하는가'의 차원으로 리더십을 끌어올리는 것이다. 현재에 온전히 존재하고, 비판단적으로 관찰하며, 의도적으로 반응하는 태도를 체화하도록 돕는다.

이러한 마음챙김 기반의 리더십은 기업의 사회적 책임을 실현하고 장기적 관점에서 지속 가능한 성장을 이끄는 동력이 된다. 직원들의 정신건강을 우선시하고 윤리적 의사결정을 내리며, 포용적인 문화를 조성하는 것은 ESG 경영 패러다임과도 밀접하게 연결될 수 있다.

지금 당신의 리더십은 어떠한가?

정진의 원칙: 지속 가능한 성장과 혁신을 위한 조직문화 구축 전략

끝없는 정진, 조직을 깨우는 힘

팔정도의 일곱 번째 요소인 정정진(正精進).

처음 이 개념을 접했을 때는 단순히 '열심히 하라'는 뜻으로 이해했다. 하지만 그 속의 깊은 의미를 알게 되면서, 이것이 현대 조직 운영에 얼마나 중요한 통찰을 주는지 깨달았다.

정진은 단순히 '열심히 노력하라'는 것이 아니다. 올바른 방향으로, 꾸준히, 지속적으로 나아가자는 실천의 태도다. 불건전한 생각이나 행동을 단속하고, 건전한 생각과 행동을 점점 더 키워가는 끊임없는 '깨어있음'이 바로 정진이다.

조직의 관점에서 보면, 이는 바쁘게 일하는 것을 넘어 의식적·목적 지향적으로 활동하는 것을 의미한다. 장기적인 관점에서 유익한 것과 해로운 것을 계속해서 구분하는 조직을 만드는 것이다.

나태함이라는 보이지 않는 적

조직 내 나태함은 성장을 가로막는 가장 큰 장애물이다. 그런데 여기서 말하는 나태함은 단순히 게으름을 의미하지 않는다.

잘못된 방향으로 나아가거나, 변화에 의문을 품지 않거나, 적응에 실패하는 다차원적인 개념이다. 기존 관행을 개선하려는 노력 없이 그대로 답습하는 것, 시장의 변화를 외면하는 것, 새로운 기술이나 방법론을 학습하려 하지 않는 것. 이 모든 것은 '나태함'의 또 다른 얼굴이다. 이는 효율성 저하와 시장에서의 경쟁력 상실로 이어진다. 즉 내부적 비효율성뿐만 아니라 외부의 무관심과 신뢰 상실로도 연결될 수 있는 '위험한' 조직 상태다.

깨어있는 조직의 특징

진정한 정진을 실천하는 조직은 어떤 모습일까? 그간의 관찰을 통해 발견한 특징들을 함께 살펴보자.

끊임없는 자기 성찰

조직 활동과 핵심 가치, 전략적 목표 간의 정렬에 대해 끊임없이 질문한다. "우리가 지금 하고 있는 일이 정말 우리의 미션과 일치하는가?", "이 방향이 맞는가?"와 같은 질문을 정기적으로 던지는 것이다.

적극적인 학습 문화

변화하는 환경에 대한 지속적인 관심을 갖고, 새로운 지식과 기술 습득을 위해 끊임없이 학습한다. 실패를 두려워하지 않고 실험하며, 실패에서 배우는 것을 당연하게 여긴다.

지속적인 개선

계획-실행-점검-행동의 순환을 멈추지 않는다. 작은 개선이라도 지속적으로 시도하며, 혁신과 효율성을 동시에 추구한다.

선제적 대응력

문제가 터지기를 기다리지 않고 미리 대응한다. 시장의 변화, 고객의 니즈 변화, 기술의 발전을 예의주시하며 빠르게 적응한다.

이론은 좋다. 하지만 언제나, 실제로 어떻게 구현할 것인가가 문제다.
다음과 같은 몇 가지 실천 방법을 소개해보고 싶다.

작은 실험의 힘: 큰 변화를 한 번에 시도하기보다는 작은 실험들을 지속적으로 진행한다. 실패해도 큰 손실이 없고, 성공하면 확대 적용할 수 있는 안전한 방법이다.
학습하는 조직 만들기: 정기적인 교육 프로그램, 외부 전문가 초청 강연, 직원들의 자기계발 지원 등을 통해 학습을 장려한다. 무엇보다 리더가 먼저 배우는 모습을 보여주는 것이 중요하다.
개선 제안 시스템: 직원들이 개선 아이디어를 자유롭게 제안할 수 있는 시스템을 만든다. 제안이 채택되지 않더라도 시도 자체를 격려하고 인정한다.
정기적인 회고: 프로젝트가 끝날 때마다, 또는 정기적으로 "무엇이 잘됐고, 무엇이 아쉬웠으며, 다음에는 무엇을 다르게 할 것인가?"를 묻는 회고 시간을 갖는다.

지속 가능한 성장의 비밀

정진의 원칙이 조직에 깊이 뿌리내리면 놀라운 일이 일어난다. 지속적인 학습이 더 나은 적응력을 낳고, 이는 다시 혁신과 성장을 촉진하는 자기 강화적인 순환이 만들어진다.
이는 일회성 변화가 아니라 역동적인 균형 상태를 지속하는 것이다. 예측 불가능하고 복잡한 VUCA 환경에서도 조직이 지속적으로 진화하도록 설계되어 본질적인 경쟁 우위를 확보하게 된다.
궁극적인 비전은 단순히 나태하지 않은 조직을 넘어 회복 탄력적이고 스스로 개선하며 미래를 준비하는 조직을 만든다. 이런 조직은 위기가 와도 흔들리지 않고, 오히려 위기를 기회로 전환시킬 수 있는 힘을 갖게 된다.
결국 정진은 개인의 수행을 넘어 조직 전체의 생명력을 깨우는 힘이다. 끊임없이 깨어있고, 지속적으로 개선하며, 올바른 방향으로 나아가는 조직. 그것이 바로 2,600년 전 붓다가 제시한 정진의 지혜가 현대 경영에 주는 선물이다.

정진의 네 가지 핵심 가치

정진을 실제 조직에 적용하려면 그 핵심 가치들을 구체적으로 이해해야 한다. 몇 년간의 실천을 통해 네 가지 핵심 요소를 발견했다.

첫째, 향상심, 즉 끊임없는 배움의 여정이다.

현재에 안주하지 않고 끊임없이 더 나은 상태를 향해 나아가려는 마음이 정진의 첫 번째 가치인 셈이다.
구글은 '20% 타임' 정책을 통해 직원들에게 근무 시간의 20%를 자신의 관심 분야나 혁신적인 프로젝트에 투자하도록 자율성을 부여했다. 그 결과 Gmail, AdSense 같은 혁신적인 제품들이 탄생했다.
내가 있던 조직에서도 비슷한 시도를 해봤다. 매주 금요일 오후를 '학습과 실험의 시간'으로 정했다. 직원들이 스스로 학습 기회를 탐색하고 새로운 아이디어를 실험할 수 있도록 지원했다. 처음에는 시간 낭비라는 우려도 있었지만, 몇 개월 후 놀라운 변화를 목격했다. 직원들의 창의성이 폭발했고, 조직에 대한 주인의식도 크게 향상되었다.

둘째, 실천력이다.

두 번째 가치는 단기적인 성과에 만족하지 않고 장기적인 비전을 향해 꾸준히 나아가는 끈기에 있다.

웨스트포인트 사관후보생 조사에서 흥미로운 결과가 나왔다. 높은 시험점수나 운동능력보다 그릿(Grit)이 있는 후보생이 훈련을 끝까지 마칠 확률이 높았다는 것이다.

하지만 개인의 그릿만으로는 충분하지 않다. 조직의 그릿 문화가 개인의 그릿을 증폭시키고 올바른 방향으로 이끄는 지원 환경이 되어야 한다. 우리 조직에서는 '업무 그릿' 개념을 도입했다. 개인의 흥미와 관계없이 조직 목표와 연결된 개인 목표 달성을 위한 책임감에 기반한 노력을 강조한 것이다.

리더의 역할은 추상적인 장기 비전을 구체적이고 공유된 목표로 전환하여 집단적인 끈기를 육성하는 것이다. 그리고 끈기 있는 개인을 단순히 채용하는 것을 넘어, 집단적인 그릿을 배양하고 보상하는 문화를 구축하는 것이다.

셋째, 언제나 깨어 있는 분별의 지혜이다.

분별이란 불건전한 생각이나 행위를 단속하고 건전한 생각이나 행위를 형성하는 의식이다. 조직 차원에서는 정기적인 성찰, 피드백 시스템, 데이터 기반 의사결정이 이에 해당한다.

매월 말 많은 조직이 일종의 '성찰의 시간'을 갖는다. "우리가 지금 하고 있는 일이 정말 우리의 미션과 일치하는가?" "이 방향이 맞는가?", "무엇을 멈춰야 하고, 무엇을 시작해야 하는가?"와 같은 질문을 정기적으로 던진다. 이는 조직이 잘못된 방향으로 나아가는 것을 막고, 올바른 길을 지속할 수 있게 해준다.

넷째, 이타심이다.

자신만을 위한 노력이 아니라 이타적인 마음으로 함께 성장하려는 의지. 이것이 네 번째 가치다. 팀 빌딩, 멘토링, 협력적 문화 조성을 통해 구현할 수 있다. 내가 있는 조직에서는 '성장 파트너' 제도가 있다. 선배와 후배가 서로의 성장을 돕는 관계를 만들려는 목적에서 도입되었으며, 일방적인 지도가 아니라 서로 배우고 성장하는 관계를 지향한다. 이를 통해 소속감이 크게 향상되었고, 협력적인 문화가 자연스럽게 형성되었다.

번아웃 vs 정진: 지속 가능한 동기의 비밀

정진을 잘못 이해하면 번아웃으로 이어질 수 있다. 정진은 끊임없이 노력할 것을 강요하는 것이 아니라, 지속 가능한 에너지로 목표를 향해 나아갈 수 있도록 지원하는 것이다.

번아웃의 주요 원인들을 분석해보니 패턴이 보였다. 업무량 과다, 성취감 부족, 자율성 부족, 불공정한 평가, 일과 삶의 경계 모호함. 이 모든 것들이 조직 시스템의 실패를 나타내는 신호였다.

번아웃은 단순히 개인의 문제가 아니다. 생산성 감소, 결근율 증가, 이직률 상승으로 이어지는 조직적 문제다. 소진된 직원들은 진정으로 정진에 참여할 수 없다. 노력의 양에서 노력의 질과 지속 가능성으로 사고방식을 전환해야 한다.

자기결정성 이론이 주는 통찰

진정한 정진을 위해서는 자발적 동기 부여가 핵심이다. 자기결정성 이론에서 제시하는 세 가지 기본 심리적 욕구를 조직에서 어떻게 충족시킬 수 있을까?

자율성: 직원이 중요한 의사결정 과정에 참여하고 업무 방식에 대한 자율성을 존중받을 때 주인의식이 높아진다. 단순히 지시를 따르는 것이 아니라, 스스로 업무에 대한 통제감을 느끼고 자신의 행동이 진정한 자아에서 비롯된다고 인식할 때 더욱 적극적으로 정진하게 된다.

유능감: 직원들이 자신의 능력이 발휘되고 있음을 느끼고, 업무를 통해 성장하며, 긍정적인 성과를 달성할 때 그들의 노력은 더욱 강화된다. 예상치 못한 긍정적 피드백을 받는 것이 내재적 동기 부여를 크게 증가시킨다는 연구 결과도 있다.

관계성: 조직 내에서 상호 존중과 지지를 바탕으로 한 긍정적인 관계는 직원들이 공동의 목표를 향해 함께 나아가도록 돕는다. 심리적 안정감을 제공하여 지속적인 노력을 가능하게 한다.

변혁적 리더십의 실천

리더의 역할은 무엇보다 중요하다. 명확한 비전을 제시하는 것을 넘어, 영감을 주고 지적으로 자극하는 변혁적 리더십이 필요하다.

영감을 주는 비전	단순히 무엇을 해야 할지 지시하는 것을 넘어, 왜 그것이 중요한지 영감을 주어야 한다. 미래에 대한 비전을 공유하고, 이를 통해 동기를 부여하며, 팔로워의 존경을 받는 롤모델 역할을 해야 한다.
지적 자극	현상 유지에 도전하고 팔로워 사이에서 지적인 창의력을 장려해야 한다. 새롭게 일하는 방법과 학습 기회를 모색하도록 권장하는 것이다.
개인적 배려	각 팀원의 개별적인 필요와 욕구를 인식하고 이에 맞춰 적절한 지원을 제공해야 한다.

SMART 목표를 넘어선 의미 있는 목표

목표 설정도 중요하다. 구체적이고 도전적인 목표가 성과를 높이는 데 효과적이라는 것은 이미 입증된 사실이다. 하지만 SMART 목표만으로는 충분하지 않다.

직원들이 주인의식을 느낄 수 있는 의미 있는 목표가 중요하다. 직원들이 '왜' 목표를 달성해야 하는지 스스로 이해하고, '어떻게' 달성할지 고민할 때, 그들의 헌신과 내재적인 동기부여는 크게 향상된다.

목표는 공유된 약속으로 인식되어야 한다. 이를 위해서는 상향식 목표 하달 방식을 넘어, 개인의 목적과 조직의 목표를 통합·협력하는 목표 설정 프로세스가 필요하다.

정진의 원칙을 조직에 적용하면, 단순히 나태하지 않은 조직을 만드는 것을 넘어 회복탄력성을 갖추고, 스스로 개선하며, 미래를 능동적으로 준비하는 조직으로 발전할 수 있다. 2,600년 전 붓다의 지혜가 오늘날의 조직에 여전히 유효한 이유가 바로 여기에 있다.

인적 자원 관리: 개인의 빛을 발견하고 키우기

어느 날 한 회사의 팀장이 새로 들어온 직원을 보며 고민에 빠졌다. 분명 능력 있는 사람인데 왜 기대만큼 성과가 나오지 않을까? 그 답은 의외로 간단했다. 그는 세밀한 분석을 좋아하는 사람인데, 빠른 결정을 요구하는 업무를 맡겼던 것이다.

조직에서 일하는 모든 사람은 저마다 다른 강점과 잠재력을 가지고 있다. 어떤 이는 창의적 아이디어가 샘솟고, 어떤 이는 꼼꼼한 분석에 탁월하며, 또 어떤 이는 사람들과의 소통에서 빛을 발한다. 문제는 이런 다양성을 획일적인 잣대로 재단하려 할 때 생긴다.

진정한 인재 관리는 각 개인의 고유한 색깔을 발견하고, 그 색깔이 가장 아름답게 빛날 수 있는 자리를 찾아주는 것이다. 이는 단순히 적성에 맞는 업무를 배분하는 것을 넘어서, 개인의 성장 욕구와 조직의 목표가 자연스럽게 만나는 지점을 만들어내는 섬세한 작업이다.

멘토링, 마음을 어루만지는 손길

멘토링은 단순한 기술 전수가 아니다. 그것은 한 사람의 가능성을 믿고, 그 가능성이 현실이 될 수 있도록 옆에서 지켜보며 격려하는 따뜻한 손길이다.

좋은 멘토는 멘티에게 '당신은 할 수 있다'는 메시지를 전달한다. 이 메시지는 멘티의 자존감을 높이고, 자신감을 키우며, 스스로에 대한 믿음을 굳건하게 만든다. 어려운 과제 앞에서 주저하던 사람이 '한번 해보자'며 용기를 내는 순간, 그 안에서 성장의 씨앗이 움트기 시작한다.

멘토링의 진정한 힘은 관계 속에서 나온다. 신뢰할 수 있는 선배가 있다는 것만으로도 직원들은 더 큰 도전을 감당할 용기를 얻는다. 실패를 두려워하지 않고 새로운 시도를 할 수 있게 되는 것이다.

공정함이라는 든든한 기둥

직장에서 가장 사기를 떨어뜨리는 것 중 하나는 불공정함이다. 열심히 일해도 제대로 인정받지 못하고, 성과보다는 다른 요소들이 평가에 영향을 미친다고 느낄 때, 사람들은 점차 의욕을 잃게 된다.

반대로 공정하고 투명한 평가 시스템이 있는 곳에서는 사람들이 더 적극적으로 일한다. 자신의 노력이 정당하게 평가받을 것이라는 믿음이 있기 때문이다. 이는 단순히 급여나 승진의 문제가 아니라, 자신의 가치가 인정받는다는 근본적인 인정 욕구와 연결되어 있다.

인정의 힘

사람은 누구나 인정받고 싶어 한다. 특히 자신이 쏟은 노력과 성취한 결과가 다른 사람들에게 알려지고 칭찬받을 때 느끼는 기쁨은 그 무엇과도 바꿀 수 없다.

우수한 성과를 거둔 직원을 전체 회의에서 소개하고, 그들의 노하우를 공유하게 하는 시간을 갖는 것은 단순한 이벤트가 아니다. 이는 "이 조직에서는 좋은 성과를 낸 사람을 소중히 여긴다"는 메시지를 전달하는 강력한 신호다. 동시에 다른 직원들에게는 "나도 저렇게 인정받고 싶다"는 건강한 동기를 부여한다.

지속적인 관심과 피드백

과거의 성과 평가는 1년에 한 번, 형식적으로 이루어지는 경우가 많았다. 하지만 사람의 성장은 1년 단위로 이루어지지 않는다. 매일매일의 작은 노력들이 쌓여서 큰 변화를 만들어낸다.

따라서 좋은 리더는 직원들과 정기적으로 대화를 나눈다. "요즘 어떤 일이 가장 힘든가요?", "어떤 부분에서 더 성장하고 싶나요?", "제가 어떻게 도울 수 있을까요?" 같은 질문을 통해 직원들의 현재 상태를 파악하고, 필요한 지원을 제공한다.

이런 지속적인 관심과 피드백은 직원들로 하여금 자신이 소중한 존재라고 느끼게 한다. 그리고 이런 느낌이야말로 사람들에게 성장 의지를 불러일으키는 원동력이 되어준다.

결국 인적 자원 관리의 핵심은 사람을 사람답게 대하는 것이다. 각자의 독특함을 인정하고, 그 독특함이 빛날 수 있는 환경을 만들어주며, 공정하게 평가하고 따뜻하게 격려하는 것. 이런 기본이 지켜질 때 조직은 진정으로 사람이 성장하는 곳이 될 수 있다.

웰빙 문화:
지치지 않는 조직을 만드는 지혜

마라톤 선수의 지혜

올림픽 마라톤 선수를 떠올려보자. 그들은 42.195km라는 긴 거리를 완주하기 위해 어떻게 준비할까? 처음부터 끝까지 전력질주할까?
그들은 페이스 조절의 중요성을 누구보다 잘 안다. 적절한 호흡, 중간중간의 수분 보충, 그리고 무엇보다 자신의 몸이 보내는 신호에 귀 기울이는 것이 완주의 비결이다.
직장생활도 마찬가지다. 매일 전력질주하면 어느새 지쳐서 쓰러지게 된다. 진정으로 지속 가능한 성과를 내려면 적절한 휴식과 재충전이 필수다. 이는 게으름이 아니라 더 멀리 가기 위한 지혜로운 전략이다.

리더가 먼저 보여주는 모습

어느 회사의 CEO가 있었다. 그는 항상 "일과 삶의 균형이 중요하다"고 말했지만, 정작 본인은 밤늦게까지 일하며 주말에도 이메일을 보냈다. 직원들은 그의 말보다 행동을 보고 배웠다. 결국 그 회사는 높은 이직률과 번아웃으로 고생하게 되었다.

반면 다른 회사의 팀장은 달랐다. 그는 오후 6시가 되면 정시에 퇴근했고, 주말에는 가족과 시간을 보냈다. 휴가 때는 정말로 업무에서 완전히 손을 뗐다. 처음에는 "팀장이 너무 여유롭게 사는 것 아니냐"는 걱정도 있었지만, 시간이 지나면서 팀원들도 자연스럽게 워라밸을 실천하게 되었다. 놀랍게도 그 팀의 성과는 오히려 향상되었다.

리더의 행동은 말보다 강력하다. 진정한 변화는 위에서부터 시작된다.

작은 배려들이 만드는 큰 변화

'근무 시간 후 이메일 금지' 정책을 도입한 회사가 있었다. 처음에는 급한 일이 생기면 어떻게 하느냐는 우려가 있었지만, 정작 시행해 보니 대부분의 일은 다음날 처리해도 문제가 없었다. 오히려 직원들이 저녁 시간을 온전히 자신의 것으로 만들 수 있게 되면서 다음날 더 활기찬 모습으로 출근하게 되었다.

재택근무를 하는 직원들을 위해 팀 내에서 근무 시간을 공유하는 시스템도 좋은 예다. "오늘 오전 9시부터 오후 6시까지 근무합니다"라고 미리 알려두면, 동료들도 그 시간에만 업무 연락을 하게 된다. 이런 작은 배려가 서로를 존중하는 문화를 만들어간다.

휴식은 사치가 아니라 필수

과거에 휴식은 게으름의 상징이었다. 하지만 이제 휴식은 더 나은 성과를 위한 투자다. 충분히 쉰 사람이 더 창의적인 아이디어를 내고, 더 집중해서 일할 수 있다는 것이 과학적으로도 증명되었다.

어떤 회사에서는 직원들에게 "쉬는 것도 업무의 일부"라고 말한다. 휴가를 쓰지 않는 직원에게는 상사가 직접 "휴가 좀 쓰라"고 권유한다. 나 또한 처음에는 산업계의 이러한 변화가 어색하게 느껴졌다. 하지만 이제는 모든 직원이 자연스럽게 휴가를 즐기며 재충전의 시간을 가지고 다음 도약을 위한 에너지를 축적하는 문화가 자리 잡았다.

마음과 몸을 돌보는 따뜻한 손길

요즘 많은 회사가 직원들의 건강에 신경을 쓴다. 사내 헬스장을 만들고, 명상 프로그램을 운영하며, 심리 상담을 제공하기도 한다. 어떤 곳은 점심시간에 요가 강습을 열고, 어떤 곳은 영양식을 무료로 제공한다.
이런 프로그램들은 단순한 복지가 아니다. 직원들의 몸과 마음이 건강해야 회사도 건강할 수 있다는 깨달음에서 나온 것이다. 스트레스를 받은 직원이 상담을 통해 마음을 정리하고, 운동을 통해 몸을 단련하면 그 에너지가 다시 일터로 돌아온다.

회복탄력성, 넘어져도 다시 일어서는 힘

회복탄력성은 어려움을 겪어도 다시 일어서는 힘을 말한다. 이는 타고나는 것이 아니라 기를 수 있는 능력이다.
회복탄력성이 강한 사람들은 실패를 다르게 바라본다. "내가 무능해서 실패했다"가 아니라 "이번 실패를 통해 무엇을 배울 수 있을까?"라고 생각한다. 힘든 상황에서도 침착함을 유지하고, 동료들과 도움을 주고받으며 함께 극복해 나간다.
조직에서는 이런 회복탄력성을 키울 수 있는 환경을 만들어야 한다. 실패를 무조건 나쁜 것으로 보지 않고, 거기서 배움을 찾도록 격려하는 것이다. 힘든 일을 겪는 직원에게는 충분한 지원을 제공하고, 혼자 감당하지 않도록 도와

주는 식이다.

어떤 경영자는 “직원 웰빙 프로그램에 돈을 쓰는 것이 과연 가치가 있을까?” 라고 의문을 가진다. 하지만 이는 근시안적인 생각이다.

건강하고 행복한 직원은 더 오래 회사에 머물고, 더 좋은 성과를 낸다. 번아웃으로 떠나는 직원을 대체하는 비용, 스트레스로 인한 실수와 갈등으로 발생하는 손실을 생각해 보면, 웰빙 프로그램은 비용이 아니라 투자다.

특히 요즘 같은 시대에는 좋은 인재를 유치하고 유지하는 것이 회사의 생존과 직결된다. 웰빙 문화가 잘 정착된 회사는 자연스럽게 사람들이 일하고 싶어 하는 곳이 된다.

지속 가능한 조직을 만들어가는 길

결국 웰빙 문화 조성의 핵심은 사람을 소중히 여기는 마음이다. 직원들을 단순히 생산성을 내는 도구로 보는 것이 아니라, 각자의 삶이 있고 감정이 있는 인간으로 바라보는 것이다.

이런 관점에서 출발할 때, 휴식은 사치가 아니라 필수가 되고, 건강 관리는 개인의 문제가 아니라 조직의 책임이 된다. 그리고 이렇게 만들어진 웰빙 문화는 결국 조직 전체의 지속 가능한 성장으로 이어진다.

마라톤을 완주하는 것처럼, 조직도 긴 호흡으로 꾸준히 나아갈 수 있는 체력을 갖춰야 한다. 그 체력의 원천은 바로 구성원들의 웰빙에서 나온다.

의미 부여:
일하는 이유를 찾아주는 리더십

왜 일하는가에 대한 질문

어느 날 한 젊은 직원이 상사에게 물었다.

"제가 매일 하는 이 업무가 정말 중요한 일인가요?"

상사는 잠시 말문이 막혔다. 그동안 업무의 '무엇을'과 '어떻게'에만 집중했지, '왜'에 대해서는 충분히 설명하지 못했다는 것을 깨달았기 때문이다.

사람은 누구나 자신이 하는 일의 의미를 알고 싶어 한다. 단순히 월급을 받기 위해서가 아니라, 내가 하는 일이 누군가에게 도움이 되고, 세상을 조금이라도 더 나은 곳으로 만드는 데 기여한다는 느낌을 받고 싶어 한다.

작은 톱니바퀴의 큰 역할

많은 현대인이 스스로에 대해 '그저 사회의 톱니바퀴일 뿐'이라고 자조한다. 그러나 시계 속 작은 톱니바퀴를 떠올려보자. 겉보기에는 보잘것없어 보일지 몰라도, 그 하나가 빠지면 시계 전체가 멈춰버린다. 조직에서 개개인의 존재도 마찬가지다.

예를 들어 고객 서비스 센터에서 전화를 받는 직원이 있다고 하자. 어떤 리더는 이에 대해 '고객 불만을 처리하는 업무'로 치부하지만, 또 다른 리더는 '고객의 문제를 해결해 그들의 하루를 더 나은 날로 만드는 업무'라고 말할 것이다. 같은 업무이지만 리더의 시각에 따라 조직문화가 달라지고 구성원들이 자신의 일을 받아들이는 방식 또한 완전히 달라진다.

좋은 리더는 직원들 한 명, 한 명이 전체 조직에서 얼마나 중요한 역할인지를 강조한다. "당신이 처리하는 고객 한 명, 한 명이 우리 회사를 신뢰하게 만드는 첫 번째 접점입니다. 당신의 친절한 목소리가 우리 브랜드의 얼굴이 됩니다."

성장하는 나, 발전하는 회사

"이 일을 하면 제가 어떻게 성장할 수 있을까요?" 이는 많은 직원들이 속으로 자주 되묻는 질문이다. 단순히 경력을 쌓는 것을 넘어서 진정한 성장의 기회를 찾고 있는 것이다.

어떤 회사에서 신입사원에게 단순 반복 업무만 맡겼다. 6개월 후 그 직원은 "저는 성장하고 있는 건가요?"라며 깊은 고민에 빠졌다. 반면 다른 회사에서는 신입사원에게 "이 업무를 통해 고객의 니즈를 파악하는 감각을 기르세요. 6개월 후에는 더 복잡한 프로젝트를 맡길 예정입니다"라고 명확한 성장 경로를 제시했다.

개인의 성장과 회사의 발전이 함께 갈 때, 직원들은 자신의 노력이 헛되지 않는다고 확신한다. 이에 따라 내가 발전하면 회사도 함께 발전하고, 회사가 성장하면 나에게도 더 좋은 기회가 돌아온다는 선순환 구조를 만드는 것이다.

주인의식이 생기는 순간

여기 두 명의 직원의 말을 들어보자.

"이 회사는 제 회사가 아니라 그냥 직장일 뿐이에요."
"우리 회사가 잘되려면 어떻게 해야 할까요?"
이들의 차이는 무엇일까?
바로 주인의식의 차이다. 주인의식은 억지로 심어줄 수 있는 것이 아니다. 직원들이 자신의 의견이 존중받고, 자신의 노력이 인정받으며, 자신의 성과가 회사의 성공으로 이어진다는 것을 실제로 경험할 때 자연스럽게 생겨난다.
어떤 혁신적인 스타트업에서는 모든 직원이 회사의 주요 의사결정 과정에 참여한다. "직원들이 경영에 대해 뭘 알겠어?"라는 시선도 있을 것이다. 그러나 때로는 현장에서 고객과 직접 만나는 직원들의 의견이 경영진보다 더 예리한 통찰을 제공하기도 한다. 그 과정에서 직원들은 '내가 이 회사의 주인 중 하나'라는 느낌을 가지게 된다.

지속을 위한 네 가지 원칙

지속 가능한 조직문화를 만들기 위한 네 가지 핵심 원칙이 있다.
첫째, 스스로 동기를 찾게 하라. 억지로 시키는 일보다는 스스로 하고 싶어 하는 일이 더 강력하다. 직원들이 자율성을 갖고, 자신의 능력을 발휘할 수 있으며, 동료들과 좋은 관계를 맺을 수 있는 환경을 만들어주는 것이 중요하다.
둘째, 리더가 먼저 변화하라. 변혁적 리더십이라는 말이 있다. 단순히 지시하고 통제하는 관리자가 아니라, 비전을 제시하고 영감을 주며, 함께 성장해가는 동반자 역할을 하는 리더 말이다.
셋째, 지속 가능한 에너지를 관리하라. 단거리 달리기가 아니라 마라톤을 한다는 마음가짐이 필요하다. 번아웃을 예방하고, 적절한 휴식을 보장하며, 몸과 마음의 건강을 챙기는 것이 장기적으로는 더 좋은 성과로 이어진다.

넷째, 공정하고 투명하게 평가하라. 노력한 만큼 인정받는다는 믿음이 있어야 지속적인 동기부여가 가능하다. 시간을 많이 보내는 것보다는 실제 성과를 중시하고, 그 과정을 투명하게 공개하는 것이 신뢰를 쌓는 기반이 된다.

역동적인 조직으로의 진화

이 모든 것들이 조화롭게 어우러질 때, 조직은 단순히 일하는 곳을 넘어서 함께 꿈을 키워가는 공동체가 된다. 구성원들은 더 이상 시키는 일만 하는 수동적인 존재가 아니라, 스스로 문제를 찾고 해결책을 제시하는 능동적인 주체가 된다.

이런 조직에서는 실패를 두려워하지 않는다. 실패도 성장의 과정이라는 것을 알기 때문이다. 새로운 시도를 격려하고, 혁신적인 아이디어를 환영하며, 변화를 기회로 받아들인다.

급변하는 현대 사회에서 이런 역동성은 선택이 아니라 필수다. 어제의 성공에 안주한다는 것은 내일의 실패를 준비하는 것과 마찬가지다.

의미 있는 일터를 만들어가는 여정

의미를 부여한다는 것은 "내가 이 일을 하는 이유"를 명확하게 느끼게 해주는 것이다. 그 이유가 명확할 때, 사람들은 어려움이 있어도 포기하지 않는다. 그 이유가 가슴 깊이 와닿을 때, 사람들은 의무감이 아니라 사명감으로 일한다.

좋은 리더는 이런 의미를 찾아주고 키워주는 사람이다. 그리고 좋은 조직은 모든 구성원이 자신만의 의미를 찾을 수 있도록 지원하는 곳이다. 이런 조직에서 일하는 사람들은 단순히 생계를 위해 일하는 것이 아니라, 자신의 가치를 실현하고 세상에 기여하기 위해 일한다.

이것이 바로 진정한 의미의 일터가 아닐까? 일만 하는 곳이 아니라, 의미 있는 일을 통해 함께 성장해가는 곳 말이다.

삼법인과 지속 가능 경영:
부처님의 지혜로 읽는 ESG 경영

2,600년 전 깨달음이 현대 경영에 주는 메시지

부처님이 보리수 아래에서 깨달은 진리가 오늘날 기업 회의실에서 다시 조명받고 있다. 무상(無常), 고(苦), 무아(無我)라는 삼법인의 가르침이 현대의 ESG 경영과 놀라울 정도로 닮아있기 때문이다.

언뜻 보기에는 종교적 가르침과 기업 경영은 전혀 다른 세계의 이야기처럼 들린다. 하지만 자세히 들여다보면 두 영역 모두 '지속 가능한 행복'을 추구한다는 공통점을 발견할 수 있다. 개인의 깨달음이 영원한 평화를 원하듯, 기업의 지속 가능한 성장은 사회 전체의 번영을 추구한다. 결국 두 세계가 바라는 궁극의 목적은 다르지 않은 것이다.

요즘 기업들은 단순히 얼마나 많은 돈을 벌었는지만으로 평가받지 않는다. 환경을 얼마나 보호했는지(Environmental), 사회에 얼마나 기여했는지(Social), 얼마나 투명하고 윤리적으로 경영했는지(Governance)가 새로운 평가 기준이 되었다.

이런 변화는 우연이 아니다. 기후변화로 인한 자연재해 증가, 팬데믹으로 드러난 사회적 불평등, 기업의 비윤리적 행위가 사회 전체에 미치는 파급력이 커지면서 기업들도 단기적 이익만 추구해서는 생존할 수 없다는 것을 깨닫기 시작했다.

무상(無常): 변화를 읽는 지혜

"모든 것은 변한다."

무상의 핵심은 이 한 마디로 요약된다.

강물이 같은 곳을 흐르는 것 같지만 실제로는 매 순간 다른 물이 흐르듯, 세상의 모든 것은 고정되어 있지 않고 끊임없이 변화한다.

이 당연해 보이는 진리가 기업 경영에 주는 시사점은 생각보다 크다. 성공에 취해 변화를 거부하는 기업들의 말로를 보면 알 수 있다. 코다크는 자신들이 개발한 디지털카메라 기술을 외면했고, 노키아는 스마트폰의 등장을 과소평가했다. "우리는 항상 이렇게 해왔다"는 안주가 그들을 몰락시켰다.

환경 경영에서 배우는 무상의 교훈

기후변화야말로 무상의 가르침을 가장 극명하게 보여주는 현상이다. 수십 년 전만 해도 '자연은 무한하고 변하지 않는다'고 생각했지만, 이제는 그 한계와 변화가 명백해졌다. 기업들도 이 현실을 받아들이고 적응해야 살아남을 수 있다.

흥미롭게도 우리나라 불교계가 이런 변화에 모범을 보이고 있다. 조계종은 '그린 템플' 프로젝트를 통해 전국 모든 사찰에 태양광 패널을 설치했다. "전통 사찰에 현대 기술을 도입하는 게 맞나?"라는 우려도 있었지만, '부처님의 가르침을 현대에 맞게 실천하는 것'이라는 관점에서 과감하게 추진했다.

통도사는 첨단 드론으로 산불을 감시하고, 해인사는 AI 열화상 카메라로 팔만대장경을 보호한다. 전통과 혁신이 조화를 이루는 아름다운 모습이다. 이들은 '전통을 지키려면 변화해야 한다'는 역설적 진리를 몸소 보여주고 있다.

통도사의 사례를 자세히 살펴보자. 통도사는 2022년부터 도입한 드론 감시 시스템으로 산불 조기 감지 및 초기 진화율을 70%까지 끌어올렸다. 처음에는 "스님들이 드론을 날린다고?"라며 의아해하는 시선도 있었지만, 이제는 다른 사찰들이 벤치마킹하려고 찾아올 정도다.

해인사 역시 세계문화유산인 팔만대장경을 보호하기 위해 최첨단 AI 기술을 도입했다. 인공지능 열화상 카메라가 24시간 화재 위험 지역의 온도를 모니터링하며, 이상 징후 발견 즉시 관계자에게 알림을 보낸다.

이런 사례들을 보면 '변화 적응'이 무엇인지 명확해진다. 부처님의 가르침을 실천하고, 문화재를 보호하겠다는 목적은 변하지 않지만, 방법은 시대에 맞게 진화시키는 것이다.

기업이 배워야 할 무상의 지혜

무상의 가르침을 받아들인 기업들은 다음과 같은 특징을 보인다.

"우리가 아는 것이 전부가 아니다"라는 겸손한 자세로 새로운 기술과 트렌드를 받아들인다. 실패를 두려워하지 않고 실험하며, 실패에서 배우는 것을 소중하게 여긴다.

또한 유연한 조직 운영 급변하는 환경에 빠르게 대응할 수 있도록 조직을 민첩하게 운영한다. 경직된 위계질서보다는 수평적 소통을 중시하며, 직원들의 창의적 아이디어를 적극 수용한다.

더불어 장기적 관점의 투자 단기적 이익에 매몰되지 않고 장기적 지속 가능성을 고려한다. 환경 투자나 사회공헌이 당장은 비용으로 보일 수 있지만, 장기적으로는 기업의 브랜드 가치와 경쟁력을 높인다는 것을 안다.

무상과 환경 경영의 실천 원칙

무상의 지혜를 환경 경영에 적용할 때 따라야 할 원칙들이 있다.

첫째, 지속적 개선(Continuous Improvement)

'완벽한 해답은 없다'는 전제 하에 끊임없는 개선이 필요하다. 작은 변화라도 꾸준히 축적하면 큰 변화를 만들어낸다. 토요타의 카이젠 철학이 좋은 예다.

둘째, 예측과 대비(Proactive Risk Management)

환경 변화로 인한 리스크를 미리 예측하고 대비하는 것이다. 기후변화로 인한 공급망 차질, 환경 규제 강화로 인한 비용 증가 등을 사전에 고려하여 대응책을 마련한다.

셋째, 혁신 기회 포착(Innovation Opportunities)

환경 문제를 해결하는 새로운 기술이나 비즈니스모델을 개발하는 것이다. 위기를 기회로 전환하는 능력을 기를 수 있다. 재생에너지, 친환경 소재, 순환경제 등이 대표적인 분야다.

무상이 주는 위로와 희망

무상의 가르침은 때로는 불안하게 느껴질 수 있다. "모든 것이 변한다"는 것은 현재의 성공과 안정도 영원하지 않다는 뜻이기 때문이다. 하지만 다른 관점에서 보면 이는 희망의 메시지이기도 하다. 현재 어려운 상황에 있는 기업이라도 변화와 혁신을 통해 새로운 기회를 만들 수 있다는 뜻이기 때문이다. 코로나-19로 큰 타격을 받았던 많은 기업이 디지털 전환을 통해 오히려 더 강해진 것을 보라.
중요한 것은 변화를 두려워하지 않는 자세다. 변화는 피할 수 없는 현실이므로, 그 변화에 어떻게 대응하느냐가 기업의 운명을 결정한다.
결국 무상의 가르침이 현대 기업에게 주는 메시지는 명확하다. 변화는 피할 수 없는 현실이며, 그 변화에 어떻게 대응하느냐가 기업의 지속 가능성을 결정한다는 것이다.
2,600년 전 부처님의 가르침이 21세기 기업 경영에 새로운 통찰을 제공하는 것은 결코 우연이 아니다. 진리는 시대를 초월하기 때문이다. 무상의 지혜를 받아들인 기업들이 진정한 의미의 지속 가능한 미래를 만들어갈 것이라 믿는다.
변화를 두려워하지 말고, 변화 속에서 새로운 가능성을 발견하자. 그리고 그 변화를 통해 모든 생명이 함께 번영하는 세상을 만들어가자. 이것이 무상의 가르침이 현대 기업에게 주는 가장 소중한 선물이다.

고(苦): 고통을 이해하는 것이 곧 해결의 시작

병원에서 의사가 환자를 치료할 때 가장 먼저 하는 일은 무엇일까? 바로 아픈 곳을 정확히 찾아내는 것이다. 통증의 원인을 모르고서는 올바른 치료법을 제시할 수 없기 때문이다.
붓다가 말한 '고(苦)'의 가르침도 마찬가지다. 세상의 모든 괴로움을 정확히 인식하는 것이 그 해결책을 찾는 첫걸음이라는 뜻이다. 이는 단순히 육체적 고통만을 의미하는 것이 아니다. 우리가 삶에서 느끼는 모든 불만족, 불안, 좌절감까지 포함하는 포괄적인 개념이다.
현대 기업들이 직면한 문제들을 보자. 기후변화로 인한 환경 위기, 심화되는 사회 불평등, 노사 갈등, 그리고 소비자들의 신뢰 상실. 이 모든 것들이 현대 사회가 앓고 있는 '고'의 다양한 모습들이다.

어떤 기업은 이윤만을 추구하다가 환경을 파괴하고, 어떤 기업은 직원들을 혹사시키며, 또 어떤 기업은 소비자를 기만한다. 이런 행위들은 모두 사회 전체에 고를 확산시키는 일이다.

하지만 고의 가르침을 이해한 기업은 다르다. 자신들의 활동이 어떤 괴로움으로 나타나는지 정확히 인식하고, 그것을 해결하려고 노력한다. 이것이 바로 진정한 사회적 책임의 출발점이다.

불교의 수행의 공간인 사찰은 그 자체로 '가르침을 실천하는 조직'이다.

2024년 3월, 충북 보은의 법주사가 강원도 산불 피해 이재민을 위해 1억 원을 기부한 일이 있었다. 지리적으로 멀리 떨어진 곳이지만 "재난은 누구에게나 닥칠 수 있다"며 손을 내민 것이다.

서울 봉은사는 청각장애인을 위한 수어 불교 강좌를 개설했다. 500여 명이 참여할 정도로 큰 호응을 얻었는데, 이는 소외받기 쉬운 사람들까지 포용하려는 노력의 결실이었다.

전북 장성의 백양사는 매주 인근 마을 노인들을 위한 무료 급식소를 운영한다. 일시적인 이벤트가 아니라 꾸준한 나눔을 실천하는 모습이다.

이런 사례들은 고의 가르침이 어떻게 구체적인 행동으로 이어지는지 보여준다. 이는 다른 이의 아픔을 내 아픔처럼 여기고, 그 아픔을 덜어주려고 노력하는 태도다.

무아(無我): '우리'의 경계를 넘어서

'내 것', '우리 것'이라는 생각에 집착하면 시야가 좁아진다. 무아의 가르침은 이런 경계를 허물고 더 넓은 관점에서 세상을 바라보라고 말한다.

전통적인 기업 경영은 주주의 이익을 최우선으로 생각했다. 하지만 무아의 관점에서 보면 기업은 독립된 실체가 아니라 다양한 이해관계자들의 복잡한 관계망이다. 직원, 고객, 협력업체, 지역사회, 그리고 환경까지 모든 것이 서로 연결되어 있다.

무아의 가르침을 받아들인 기업은 투명한 경영을 추구한다. 특정 집단만의 이익이 아니라 모든 이해관계자의 목소리에 귀 기울이기 때문이다.

송광사의 사례가 흥미롭다. 이 절은 불사금(사찰 공사비) 모금과 사용 내역을 블록체인 기술로 실시간 공개하고 있다. 조작이 거의 불가능하고 누구나 확인할 수 있는 시스템이다. 그 결과 2024년 모금액이 전년보다 200% 증가했다. 신도들은 "내가 낸 돈이 어디에 쓰이는지 알 수 있어서 마음이 놓인다"고 말한다. 투명성이 곧 신뢰로 이어지고, 신뢰가 다시 더 많은 참여로 이어지는 선순환이 만들어진 것이다.

불교계는 2023년 '사찰 재정 공개 가이드라인'을 마련해 각 종단이 예산과 기금사용 내역을 신도들에게 공개하도록 했다. 이는 종교의 사회적 신뢰를 유지하기 위한 최소한의 약속으로 여기는 것이다.

열반: 단순한 지속 가능성을 넘어서

열반은 흔히 '모든 것이 사라지는 상태'로 오해받곤 한다. 실제로는 탐욕, 분노, 무지라는 번뇌가 사라진 청정하고 평화로운 상태를 의미한다. 이는 현대 경영학의 '재생적 경영(Regenerative Business)' 개념과 놀랍도록 닮아있다. 기존의 지속 가능 경영이 '덜 나쁘게 하기(less bad)'에 초점을 맞췄다면, 재생적 경영은 '더 좋게 만들기(better than before)'를 목표로 한다. 단순히 환경 파괴를 줄이는 것을 넘어서, 적극적으로 생태계를 복원하고 사회를 더 나은 방향으로 변화시키는 것이다.

탐욕, 분노, 무지를 넘어서

기업 경영에서 삼독(三毒)은 어떻게 나타날까?

탐욕은 단기적 이윤만을 추구하는 모습으로 나타난다. 당장의 매출에만 급급해서 장기적 가치를 놓치는 것이다.

분노는 경쟁사나 이해관계자와의 갈등으로 나타난다. 윈윈 전략이 아닌 제로섬 게임의 사고방식이다.

무지는 변화하는 환경과 사회적 요구를 외면하는 것이다. '우리는 항상 이렇게 해왔다'며 혁신을 거부하는 태도다.

이런 삼독에서 벗어난 기업은 어떤 모습일까? 장기적 가치를 추구하고, 모든 이해관계자와 협력하며, 변화에 유연하게 적응하는 기업이다. 이것이 바로 열반적 경영의 모습이다.

공생적 ESG: 새로운 경영 철학

일반적인 ESG 경영은 종종 외부의 압력에 의해 추진된다. 규제를 피하기 위해서, 투자자를 만족시키기 위해서, 또는 이미지 개선을 위해서 말이다. 이런 접근은 때로는 '그린워싱(green washing)'이나 '착한 척 하기'로 이어지기도 한다.

하지만 불교의 연기법에 바탕을 둔 공생적 ESG는 다르다. 모든 존재가 서로 의존하고 있다는 깊은 깨달음에서 출발한다. 이는 외부 압력이 아닌 내재적 동기에서 나오는 진정한 변화다.

그렇다면 오계와 육바라밀, 삼법인을 ESG로 이해할 수 있을까?

불교의 오계 중 첫 번째인 '생명을 존중하라'는 사람뿐만 아니라 모든 생명체를 포괄한다. 이는 ESG의 환경보호와 직접적으로 연결된다. 또한 육바라밀은 구체적인 실천 지침을 제공한다.

- **보시**: 사회 공헌과 나눔
- **지계**: 윤리적 경영과 도덕성
- **인욕**: 이해관계자 간의 상호 존중
- **정진**: 근면성실한 노력과 효율성
- **선정**: 균형 잡힌 경영과 집중력
- **지혜**: 모든 것을 조화롭게 실천하는 통찰력

한편 삼법인의 가르침은 ESG 경영과 연관하여 철학적 기반을 제공한다.

- **무상**: 변화에 대한 유연한 적응력 (환경 경영)
- **고**: 사회적 고통에 대한 깊은 공감과 해결 의지 (사회적 책임)
- **무아**: 모든 이해관계자를 고려하는 투명한 경영 (지배구조)

그리고 열반은 단순한 지속 가능성을 넘어선 재생적 경영이라는 궁극적 목표를 제시한다.

실천하는 불교계, 배우는 기업들

천태종단의 금강대학교는 종교계 최초로 ESG 경영을 선언하고 '기후변화와

ESG 경영'을 주제로 학술대회를 개최했다. 이론만이 아니라 실제 적용 방안을 모색하는 것이다.

영천 죽림사 주지인 선지 스님은 『붓다 경영』이라는 책을 통해 '공생적 ESG 경영'을 제안했다. 기업의 가치 평가가 재무적 가치에서 비재무적 가치로 전환되는 시대에 불교 사상이 나아갈 방향을 제시한 것이다.

사찰들도 변화하고 있다. 단순히 문화재를 보존하는 것을 넘어서, 기후위기에 대응하고 지역사회와 상생하며 투명한 운영을 통해 사회와 소통하는 공간으로 거듭나고 있다.

지혜의 숲이 되는 기업들

현대 기업은 선택의 기로에 서 있다.

단기적 이익만을 추구하며 사회와 환경에 고통을 주는 기업이 될 것인가.

아니면 붓다의 지혜를 받아들여 모든 존재의 공존과 번영에 기여하는 기업이 될 것인가.

불교의 연기법과 보살 사상을 바탕으로 한 공생적 ESG 경영은 후자의 길을 제시한다. 이는 기업이 단순히 이윤을 추구하는 조직을 넘어서, 인류의 공존과 번영, 지구의 지속 가능한 발전에 기여하는 주체로 거듭날 수 있는 비전을 보여준다.

붓다의 가르침은 기업이 사회적 책임을 다하고, 환경을 보호하며, 투명한 지배구조를 확립하는 데 필요한 내재적 동기와 실천적 지침을 제공한다. 이를 통해 기업들은 '지혜의 숲'이 되어 지속 가능한 미래를 이끌어갈 수 있다.

2,600년 전 보리수 아래에서 시작된 깨달음이 21세기 기업 경영실에서 새로운 빛을 발하고 있다. 이는 결코 우연이 아니다. 진리는 시대를 초월하기 때

문이다. 붓다의 지혜를 받아들인 기업들이 진정으로 조화롭고 지속 가능한 미래를 만들어갈 것이라 믿는다. 이런 행위들은 결국 사회 전체에 '고', 즉 고통을 가져다준다.

하지만 깨어있는 기업들은 다르다. 자신들이 사회에 미치는 영향을 정확히 인식하고, 그 문제들을 해결하기 위해 노력한다. 이것이 바로 ESG 경영의 핵심이다.

기업 활동으로 인한 환경 파괴는 이제 지구 전체가 겪는 거대한 고통이 되었다. 온실가스 배출, 수질 오염, 생태계 파괴 등은 모든 생명체에 고통을 초래하는 문제임에도 실제 경영에 이를 반영하는 일은 여전히 쉽지 않다. 그럼에도 불구하고, 이러한 고통을 직시한 기업들은 변화를 선택하고 있다. 탄소중립을 선언하고, 재생에너지로 전환하며, 순환경제 모델을 도입하는 등 지속 가능한 방향으로 경영의 패러다임을 전환하고 있는 것이다.

불평등, 차별, 노동 착취는 오늘날 사회가 겪는 심각한 고통이다. 이는 인권의 문제를 넘어 조직과 사회 전체의 지속 가능성을 위협하는 구조적 문제로 기인한다. 진정한 ESG 기업들은 이러한 고통을 외면하지 않는다. 이들은 공정한 임금을 지급하고, 다양성과 포용성을 실천하며, 지역사회와 함께 성장하는 길을 모색한다. 이러한 노력이 바로 사회적 책임을 행동으로 실현하는 방식이다.

부패, 불투명성, 비윤리적 경영은 이해관계자 모두에게 고통을 초래한다. 이러한 고통의 해답은 투명한 경영, 윤리적 의사결정, 책임감 있는 리더십에 있다.

사회적 가치 창출은 단순한 회피가 아닌 고통을 해결하려는 '행동'이다. 문제를 외면하지 않고 적극적으로 사회적 고통에 대응하는 기업들이 늘어나고 있다는 사실이 이를 방증한다. 이들은 공유가치창출(CSV) 개념을 실천하며, 경제적 성과와 사회적 기여를 동시에 추구하는 새로운 경영 패러다임을 만들어 가고 있다.

어느 제약회사는 개발도상국의 질병 문제를 해결하기 위해 저가 치료약을 개발했다. 단순한 자선활동처럼 보일 수 있지만, 이는 사회문제를 해결함과 동시에 새로운 시장을 개척한 전략적 선택이었다.

이처럼 '이익과 가치 창출을 동시에 추구하는 접근'은 공유가치창출의 대표 사례이며, 니까야 경영의 현대적 실현 방식 중 하나라 할 수 있따. 그렇다면 이러한 철학은 어떻게 기업 내에서 재현되고 있을까?

현대 직장인들이 겪는 스트레스, 번아웃, 불안감은 분명한 '고'의 형태다. 이를 인식한 기업들은 더 이상 '성과 중심'만을 추구하지 않는다. 이들은 직원의 심리적 안정과 웰빙을 중요한 경영 자산으로 보고, 이를 진심으로 돌보는 문화를 조성하고 있다.

마이크로소프트는 '4일 근무제' 실험을 통해 직원들의 업무 스트레스를 줄이고 생산성을 높였다. 구글은 명상 프로그램과 심리 상담 서비스를 제공한다. 이런 노력들은 단순한 복지가 아니라, 직원들이 겪는 정신적 고통을 이해하고 해결하려는 의지의 표현이다.

고객들이 겪는 불편함과 어려움을 진정으로 이해하려는 기업들도 있다. 단순히 제품을 파는 것이 아니라, 고객의 문제를 해결해주는 것을 목표로 한다.

애플은 단순히 스마트폰을 만든 것이 아니다. "복잡한 기술을 쉽게 사용하고 싶다"는 사람들의 사용자 경험에 대한 고충을 해결했다. 테슬라 역시 마찬가지다. "환경을 지키면서도 멋진 차를 타고 싶다"는 딜레마를 해결하며 새로운 시장을 열었다.

이처럼 고통에 대한 정확한 인식은 역설적으로 혁신의 출발점이 된다. 문제가 없다고 믿는 곳에서는 변화나 개선의 동기가 생기지 않기 때문이다. 진정한 혁신은 다음과 같은 과정을 통해 일어난다.

문제 인식 → 공감 → 해결책 모색 → 혁신

사회적 기업들이 주목받는 이유도 여기에 있다. 그들은 기존 기업들이 놓친 사회의 고통을 발견하고, 그것을 해결하는 새로운 비즈니스모델을 만들어낸다. 이들은 고통을 피하지 않고 마주하는 용기를 가지고 있다.

'고'의 가르침에서 중요한 것은 고통을 피하거나 외면하지 않는 것이다. 오히려 그것을 정면으로 마주하고, 근본 원인을 찾아 해결하려는 용기를 갖는 것이다.

기업도 마찬가지다. 자신들이 만든 문제나 사회의 고통을 외면하지 않고, 그것을 해결하기 위해 노력할 때 진정한 지속 가능성을 확보할 수 있다.

"나는 혼자가 아니다."

무아의 가르침이 전하는 핵심 메시지다. 모든 존재는 서로 연결되어 있으며, 독립적으로 존재하는 것은 아무것도 없다는 깨달음이다.

현대 기업 경영에서 이는 매우 중요한 통찰을 제공한다. 기업은 고립된 섬이 아니라, 사회라는 거대한 생태계의 일부다. 공급업체, 고객, 직원, 지역사회, 환경 등과 복잡하게 연결되어 있다.

무아의 관점에서 보면, 기업과 공급업체는 별개의 존재가 아니라 하나의 유기체다. 한 부분이 아프면 전체가 고통받는다. 이러한 지혜는 순환경제의 철학과도 닿아있다. "폐기물은 다른 곳의 자원이다"라는 인식이 바로 그것이다.

한 기업에서 나온 부산물이 다른 기업의 원료가 되고, 그 기업의 제품이 또 다른 기업의 투입재가 되는 순환 구조. 이는 모든 것이 연결되어 있다는 무아의 가르침을 경제 활동에 적용한 것이다. 예컨대 칼스버그는 맥주 제조 과정에서 나오는 부산물을 바이오연료로 만들고, 그 연료로 자신들의 공장을 가동한다. 폐기물이 자원이 되는 완벽한 순환 구조다.

무아의 관점에서 보면, 기업과 지역사회도 하나의 생명체다. 지역사회가 건강해야 기업도 건강하고, 기업이 번영해야 지역사회도 발전한다.

삼성전자의 평택 캠퍼스는 단순한 공장이 아니라 지역사회와 함께 성장하는 생태계를 만들고 있다. 지역 대학과 협력하여 인재를 양성하고, 지역 중소기업과 상생 프로그램을 운영한다. 기업의 성장이 곧 지역의 발전으로 이어지는 모습이다.

무아의 지혜는 기업 간의 관계에 대한 인식도 바꾼다. 경쟁사는 단순히 이기거나 져야 할 상대가 아니라, 함께 더 큰 가치를 만들어갈 수 있는 파트너가 될 수 있다. 자동차 업계에서 전기차 충전소 네트워크를 함께 구축하는 것이 좋은 예다. 경쟁사들이 따로 충전소를 만들면 비효율적이지만, 함께 표준을 정하고 네트워크를 구축하면 모든 고객과 기업이 이익을 본다.

무아는 시간적 차원에서도 적용된다. 현재 세대와 미래 세대는 분리된 존재가 아니라 연결된 하나다. 우리의 선택이 미래에 미칠 영향을 깊이 고려해야 한다는 뜻이다.

지속 가능한 경영의 핵심도 여기에 있다. 당장의 이익을 위해 미래를 저당 잡지 않고, 미래 세대도 번영할 수 있는 기반을 만들어가는 것이다.

무상, 고, 무아의 가르침은 하나의 고리로 연결되어 있다.

무상의 지혜로 변화를 받아들이고,

고의 인식으로 문제를 정확히 파악하며

무아의 깨달음으로 모든 이해관계자와 함께 해결책을 찾아간다

이 세 가지가 조화롭게 어우러질 때, 진정한 의미의 지속 가능한 경영이 가능해진다.

삼법인의 지혜를 받아들인 기업들은 완전히 새로운 문화를 만들어간다. 경쟁보다는 협력을, 독점보다는 공유를, 단기 이익보다는 장기 가치를 추구한다.

이런 기업들은 직원들에게도 다른 메시지를 전달한다. '우리는 단순히 돈을 버는 조직이 아니라 세상을 더 나은 곳으로 만드는 공동체'라는 의식을 갖게 한다.

2,600년 전 부처님의 가르침이 21세기 기업 경영에 이토록 깊은 통찰을 제공한다는 것은 놀라운 일이다. 이는 진리의 보편성과 시대를 초월한 지혜의 힘을 보여준다.

삼법인의 가르침을 실천하는 기업들이 늘어날수록, 우리 사회는 더욱 지속 가능하고 평화로운 방향으로 나아갈 것이다. 모든 생명이 함께 번영하는 세상, 그것이 바로 삼법인이 가리키는 궁극적인 목표이기 때문이다.

변화를 두려워하지 말고, 고통을 외면하지 말며, 연결되어 있음을 잊지 말자. 이것이 부처님의 지혜가 현대 기업에게 주는 가장 소중한 가르침이다.

부처님이라면 회사를 어떻게 운영하셨을까?

2,600년을 뛰어넘는 질문

함께 상상해보자. 보리수 아래에서 깨달음을 얻은 그분이 오늘날 실리콘밸리에 스타트업을 차렸다면? 아니면 대기업의 CEO가 되었다면? 과연 어떤 모습의 회사를 만들어가셨을까?

이는 단순한 상상 이상의 의미가 있다. 2,600년 전에 깨달은 진리가 21세기 자본주의 사회에서도 여전히 유효한 지혜를 제공할 수 있는지, 그리고 그 지혜가 어떻게 구현될 수 있는지를 탐구하는 것이기 때문이다.

붓다의 가르침은 인간 본성에 대한 깊은 통찰에서 나왔다. 그렇다면 그 통찰이 인간들이 모여 만든 조직인 기업에도 적용될 수 있지 않을까? 탐욕과 분노, 어리석음에서 벗어난 경영이 과연 가능할까?

삼독(三毒)을 뿌리 뽑은 경영

첫째, 탐욕 없는 성장

부처님이 운영하는 회사에서는 "더 많이, 더 빨리"라는 강박적 성장 욕구를 찾아볼 수 없을 것이다. 대신 "진정으로 필요한 것은 무엇인가?"라는 질문에서 출발할 것이다.

어느 날 직원이 이렇게 보고한다면 어떨까?

"부처님, 이 제품의 품질을 조금 떨어뜨리면 원가를 30% 절약할 수 있습니다."

일반적인 CEO라면 유혹을 느낄 수도 있겠지만, 부처님은 고개를 저으실 것이다.

"고객에게 진정으로 도움이 되지 않는 것으로 이익을 얻는 것은 올바르지 않습니다."

그렇다고 수익을 포기한다는 뜻은 아니다. 오히려 더 근본적인 가치를 제공함으로써 지속 가능한 수익을 만들어가는 것이다. 고객이 정말 필요로 하는 것, 사회가 진정으로 요구하는 것을 파악해서 그것을 제공하는 사업 모델을 구축할 것이다.

둘째, 분노 없는 경쟁

시장에서 경쟁사가 더 좋은 성과를 냈다는 소식을 들었을 때, 부처님은 어떻게 반응하실까? 질투나 분노보다는 축하와 배움의 자세를 보이실 것이다.

"그들이 성공한 이유가 무엇인지 살펴보고 우리도 배워봅시다. 하지만 그들을 이기기 위해서가 아니라, 우리가 더 나은 가치를 제공하기 위해서 말입니다."

내부에서 직원이 실수를 했을 때도 마찬가지다. 감정적으로 질책하는 대신 "왜 이런 일이 일어났는지 함께 살펴보고, 앞으로 어떻게 하면 더 나아질 수 있는지 생각해 봅시다"라고 말하실 것이다. 실수는 학습의 기회이지, 비난의 대상이 아니라는 관점이다.

셋째, 어리석음 없는 의사결정

부처님의 회사에서는 "우리는 항상 이렇게 해왔으니까"라는 말을 들을 수 없을 것이다. 변화하는 세상의 흐름을 꿰뚫어 보시는 분이기에, 과거의 성공에 안주하지 않고 끊임없이 배우고 혁신하려 하실 것이다.

중요한 결정을 내릴 때는 다양한 관점을 수집한다. 직급이 낮은 직원의 의견도 진지하게 듣고, 고객의 목소리에 귀 기울이며, 때로는 경쟁사의 동향도 객관적으로 분석한다. 편견 없는 정보 수집과 냉철한 분석을 통해 지혜로운 판단을 내리는 것이다.

수평적 소통의 힘

부처님이 운영하는 회사의 회의실 풍경을 상상해보자. CEO인 부처님이 맨 앞에 앉아 일방적으로 지시하는 모습은 없을 것이다. 오히려 원형으로 앉아 모든 참석자가 동등한 자격으로 의견을 나누는 모습을 볼 수 있을 것이다.

"여러분의 생각은 어떻습니까? 현장에서 직접 고객을 만나는 분들의 의견을 듣고 싶습니다."

직위나 연차에 관계없이 모든 구성원의 목소리를 소중히 여기는 것이다.

갈등이 생겼을 때도 한쪽 편을 들기보다는 양쪽의 이야기를 충분히 듣고, 서로의 입장을 이해할 수 있도록 돕는 중재자 역할을 하실 것이다.

"여러분이 추구하는 목표는 결국 같습니다. 방법에 대한 의견이 다를 뿐이지요."

개인의 성장을 돕는 리더

부처님은 모든 중생이 부처가 될 수 있다고 가르치셨다. 마찬가지로 회사의 모든 구성원이 각자의 잠재력을 최대한 발휘할 수 있도록 도우실 것이다.

신입 직원이 들어오면 이렇게 말하실 것이다.

“당신에게는 무한한 가능성이 있습니다. 우리는 그 가능성이 꽃필 수 있도록 최선을 다해 지원하겠습니다.”

단순히 업무 처리 능력뿐만 아니라, 그 사람의 인격적 성장과 행복까지 관심을 가지시는 것이다.

실패한 직원에게는 “이번 경험을 통해 무엇을 배웠는지 함께 나누어봅시다”라고 격려하실 것이다. 비난보다는 배움의 기회로 만드는 것이다.

심리적 안전감이 있는 직장

부처님의 회사에서는 누구도 두려움 때문에 의견을 말하지 못하거나, 실수를 숨기려 하지 않을 것이다. 모든 구성원이 있는 그대로의 모습을 인정받고, 심리적 안전감 속에서 자신의 역량을 발휘할 수 있는 환경이 조성될 것이다.

“여기서는 틀린 질문이란 없습니다. 모르는 것을 부끄러워하지 마세요. 모르는 것을 아는 것이 지혜의 시작입니다.”

워라밸도 자연스럽게 지켜질 것이다.

“몸과 마음이 건강해야 좋은 일을 할 수 있습니다. 충분히 쉬고, 가족과 시간을 보내세요.” 단연코 야근이나 주말 근무를 강요하는 일은 없을 것이다.

지속 가능한 번영을 추구하는 기업

부처님의 회사는 환경 파괴를 대가로 성장하지 않을 것이다. 모든 생명체의 소중함을 아시는 분이기에, 자연과 조화를 이루는 사업 모델을 만들어가실 것이다.

“우리가 지구로부터 받은 것은 다시 지구에게 돌려주어야 합니다.”

친환경 제품 개발, 재생에너지 사용, 폐기물 최소화 등은 선택이 아닌 필수가 될 것이다.

때로는 환경보호 때문에 단기적 수익이 줄어들 수도 있다. 하지만 미래 세대를 위해 우리가 할 수 있는 일이라며 기꺼이 그 길을 선택하실 것이다.

사회적 가치를 창출하는 경영

부처님의 회사는 단순히 돈을 버는 것을 넘어서 사회의 문제를 해결하는 데 기여할 것이다. 취약계층을 위한 일자리 창출, 공정무역 실천, 지역사회 발전에 기여하는 등 다양한 방식으로 사회적 가치를 만들어갈 것이다.

"기업의 성공은 사회의 성공과 함께할 때 진정한 의미가 있습니다."

이익의 일부를 사회에 환원하는 것은 의무가 아닌 자연스러운 선택이 될 것이다.

투명하고 윤리적인 운영

부처님의 회사에서는 숨기는 것이 없을 것이다. 재정 상황, 의사결정 과정, 심지어 실수와 문제점까지도 투명하게 공개할 것이다.

"진실은 언젠가 드러나게 되어 있습니다. 처음부터 솔직하게 말하는 것이 모두에게 도움이 됩니다."

이해관계자들과의 신뢰는 투명성에서 시작된다는 것을 아시기 때문이다.

니까야 경영, 새로운 가능성의 문

지금까지 상상해본 부처님의 경영 방식은 결코 비현실적인 이상론이 아니다. 실제로 이런 가치를 추구하며 성공한 기업들이 존재한다. 파타고니아의 환경 경영, 구글의 '악하지 않기' 철학, 유니레버의 'Sustainable Living Plan' 등이 그 예다.

니까야 경영은 이윤과 인간적 가치가 대립하는 것이 아니라 상호 보완하며 함께 성장할 수 있다는 새로운 가능성을 제시한다. 탐욕과 분노, 어리석음에서 벗어난 경영은 단기적으로는 어려워 보일 수도 있지만, 장기적으로는 더 지속 가능하고 의미 있는 성공을 가져다준다.

부처님이 운영하는 회사의 모습을 상상하면서 우리는 질문하게 된다. 과연 우리가 일하는 곳, 우리가 만들어가는 조직도 그런 모습이 될 수 있을까?

완벽한 부처님은 될 수 없어도, 그분의 지혜를 조금씩 배워 적용해 나갈 수는 있다. 작은 변화부터 시작해서 점진적으로 더 나은 조직을 만들어가는 것이다. 동료를 대할 때 조금 더 공감하고, 의사결정을 할 때 장기적 관점을 고려하며, 이익을 추구할 때 사회적 가치도 함께 생각하는 것. 이런 작은 실천들이 모여서 니까야 경영의 씨앗이 될 수 있다.

2,600년 전 보리수 아래에서 시작된 깨달음이, 21세기 회의실에서 새로운 꽃을 피울 수 있다. 그것은 탐욕과 경쟁만이 아닌, 자비와 지혜를 바탕으로 한 진정한 번영의 꽃이다.

부처님이라면 회사를 어떻게 운영하셨을까?

그 답을 찾아가는 여정 자체가 우리를 더 나은 리더, 더 나은 조직 구성원, 그리고 더 나은 인간으로 만들어갈 것이다.

현대의 우리가 함께 그의 길을 뒤쫓아 걸어가다 보면, 언젠가 이윤과 인간적 가치가 완전히 조화를 이루는 조직을 만날 수 있을 것이다. 그리고 그때 우리는 깨닫게 될 것이다. 부처님의 가르침이 얼마나 실용적이고 현실적인 지혜였는지를.

불교 용어 사전: 니까야 경영을 위한 핵심 개념

니까야(Nikāya)

- **불교적 의미**: 부처님의 실제 말씀을 가장 가깝게 전하는 초기 불교경전으로, 팔리어로 기록되어 있습니다.
- **현대 경영 적용**: 인간 존재의 본질, 고통의 원인과 소멸, 궁극적인 행복에 이르는 길을 제시하며, 현대 경영의 핵심 가치와 맞닿아 있는 지혜를 제공하는 새로운 경영 철학이자 실천적 방법론입니다. 현대 경영의 문제점들을 정확히 진단하고 해결책을 제시하는 통찰을 제공합니다.

사성제(四聖諦, Four Noble Truths)

- **불교적 의미**: 붓다의 핵심 가르침으로, 고통의 본질을 이해하고, 그 원인을 파악하며, 궁극적으로 고통을 소멸시키는 길을 제시하는 심오한 철학적 틀입니다.

  고성제(苦聖諦, Dukkha): 문제를 정확히 인식하고, 현실을 있는 그대로 직시하며, 불편한 진실도 받아들여야 합니다. 현대 기업이 겪는 근본적인 불안과 불만족을 의미합니다.

  집성제(集聖諦, Samudaya): 문제의 근본 원인을 찾아야 합니다. 겉으로 드러나는 증상이 아니라 뿌리를 파헤쳐야 합니다. 고통에는 반드시 원인이 있으며, 그 원인을 제거하면 고통도 사라진다는 진리입니다.

  멸성제(滅聖諦, Nirodha): 해결 가능성을 믿고, 아무리 복잡한 문제라도 반드시 해결책이 있다는 희망을 잃지 말아야 합니다. 탐욕과 집착, 무지로부터 벗어나 진정한 평화와 지속 가능한 번영을 이루는 것입니다.

  도성제(道聖諦, Magga): 고통의 소멸에 이르는 구체적인 실행 방법을 찾아야 합니다.

팔정도와 같은 체계적인 접근법이 필요합니다.

- **현대 경영 적용**: 현대 경영에서 훌륭한 문제해결 프레임워크가 될 수 있습니다. 기업의 전략 수립, 리더십 개발, 조직문화 혁신에 새로운 관점을 제공합니다. 노사갈등 해결 등 다양한 기업 문제에 적용되어 성공적인 결과를 가져옵니다.

팔정도(八正道, Eightfold Path)

- **불교적 의미**: 고통의 소멸에 이르는 구체적이고 체계적인 여덟 가지 실천법입니다. 정견(正見)에서 시작해 정정(正定)으로 완성되는 유기적인 체계로, 윤리(戒), 집중(定), 지혜(慧)의 세 가지 핵심 축으로 구성됩니다.

  정견(正見, Right View): 단순히 정보를 많이 아는 것이 아니라, 현상 이면의 진실을 꿰뚫어 보는 통찰력입니다. 편견이나 선입견 없이 상황을 있는 그대로 파악하는 능력입니다.

  정사유(正思惟, Right Intention): 올바른 동기와 의도를 갖는 것입니다.

  정어(正語, Right Speech): 진실하고 이로운 말을 하는 것입니다. 거짓말, 비방, 무의미한 말을 피하고 진실하고 건설적인 말을 하는 것을 의미합니다.

  정업(正業, Right Action): 어떤 존재에게도 해를 끼치지 않는 행동을 하는 것입니다.

  정명(正命, Right Livelihood): 생계를 꾸리는 방식 자체가 타인과 환경에 해를 끼치지 않아야 한다는 원칙입니다.

  정정진(正精進, Right Effort): 올바른 방향으로의 꾸준한 노력을 의미합니다. 불건전한 생각이나 행위를 단속하고 건전한 생각이나 행위를 증장시키는 끊임없는 깨어있음입니다.

  정념(正念, Right Mindfulness): 현재 순간에 온전히 집중하며 상황을 객관적으로 인식하는 능력입니다. '마음챙김(Mindfulness)'과 같은 의미로 사용됩니다.

  정정(正定, Right Concentration): 마음을 한 곳에 집중하여 깊은 사색과 명상을 통해 흔들리지 않는 안정된 마음 상태를 유지하는 것입니다. 사물의 본질을 꿰뚫어 보는 통찰력을 얻는 정신적 훈련의 정점입니다.

- **현대 경영 적용**: 완벽한 의사결정 프레임워크가 될 수 있습니다. 기업이 지속 가능한 가치 창출과 진정한 번영에 도달하기 위한 명확한 로드맵이 됩니다. 리더와 조직이 함께 성장하며 변화하는 총체적 접근법입니다. 윤리, 집중, 지혜의 세 가지 핵심 축이 균형을 이룰 때 조직은 진정한 회복탄력성을 갖게 됩니다.

삼법인(三法印, Three Marks of Existence)

- **불교적 의미**: 무상(無常, Anicca), 고(苦, Dukkha), 무아(無我, Anattā)의 세 가지 진리를 말합니다. 세상의 본질적인 속성을 드러내는 심오한 통찰입니다.
- **현대 경영 적용**: 변화에 대한 유연성, 관계 중심의 사고, 마음챙김 기반의 의사결정에 심도 있게 기여합니다. 복잡하고 예측 불가능한 경영 환경 속에서 조직의 지속 가능한 성장과 번영을 위한 깊은 지혜를 제공합니다.

연기(緣起, Paṭicca-samuppāda)

- **불교적 의미**: "이것이 있으므로 저것이 있고, 이것이 생겨남으로 저것이 생겨난다. 이것이 없으므로 저것이 없고, 이것이 사라짐으로 저것이 사라진다"는 상호의존성의 법칙을 의미합니다. 세상의 모든 현상이 독립적으로 존재하는 것이 아니라 서로 의존하며 영향을 주고받는다는 심오한 통찰입니다.
- **현대 경영 적용**: 기업의 성공은 기업 혼자만의 노력으로 이루어지지 않으며, 우수한 직원, 고객 신뢰, 협력업체 지원, 지역사회 협력, 건강한 생태환경이 모두 조화롭게 어우러질 때 비로소 가능합니다. 현대 경영에서 말하는 '생태계 사고'와 정확히 일치하며, '이해관계자 자본주의'의 철학적 기반이 됩니다. 시스템 사고를 위한 혁신적인 프레임워크를 제공하며, 조직이 단편적인 문제해결 방식을 넘어 지속 가능한 성장을 위한 통합적인 해결책을 모색하도록 돕습니다.

자비(慈悲, Karuṇā)

- **불교적 의미**: 타인의 고통에 공감하고 그 고통에서 벗어나도록 적극적으로 돕고자 하

는 깊고 숭고한 마음입니다. 수동적인 감정 상태를 넘어 고통을 완화하기 위한 능동적인 행동을 포함합니다.

- **현대 경영 적용**: 연민적 리더십을 발휘하는 기업들이 직원 이직률이 낮고, 혁신 지수가 높으며, 고객 만족도도 뛰어납니다. 조직적 자비는 고통을 인지하고, 그 원인을 이해하며, 공감하고, 고통을 완화하기 위해 행동하는 네 가지 핵심 요소로 정의됩니다. 동료의 어려움을 외면하지 않고 함께 고민하며 해결책을 모색하는 태도, 실패를 비난하기보다는 격려하고 다시 일어설 수 있도록 지지하는 문화, 서로의 감정을 이해하고 공감하며 배려하는 따뜻한 소통 방식을 의미합니다.

사섭법(四攝法, Four All-Embracing Virtues)

- **불교적 의미**: 붓다가 설파한 네 가지 덕목으로, 보시(布施), 애어(愛語), 이행(利行), 동사섭(同事攝)을 말합니다.

  보시(布施, Dāna): 단순한 물질적 나눔을 넘어선, 리더가 자신의 시간, 노력, 지식, 정신적인 지지까지 아낌없이 베푸는 넓은 의미의 나눔입니다.

  애어(愛語, Priya-vacana): 듣는 이에게 편안함과 기쁨을 주는 사랑스럽고 부드러운 말입니다.

  이행(利行, Artha-caryā): 말뿐 아니라 실제로 다른 사람에게 이로움을 주는 행동을 실천하는 것입니다.

  동사섭(同事攝, Samānārthatā): 자신의 지위나 권위를 내세우기보다 구성원들과 함께 어려움을 나누고 기쁨을 공유하며, 그들의 생각과 감정에 깊이 공감하고 함께 참여하는 태도를 의미합니다.

- **현대 경영 적용**: 리더가 자신의 이익보다 타인의 성장과 조직의 번영을 우선하는 '총체적 리더십' 모델입니다. 서번트 리더십의 철학과 깊이 맞닿아 있습니다. 조직의 활력을 불어넣는 네 가지 숨결과도 같습니다.

불살생(不殺生, Ahimsa)

- **불교적 의미:** 오계 중 첫 번째 계율로, 단순히 생명을 해치지 않는 것을 넘어, 모든 형태의 해로움을 거부하는 철학(아힘사)입니다.
- **현대 경영 적용:** 사람을 살리는 일은 결국 조직을 살리는 일임을 의미합니다. '안전제일'을 통해 직원들의 사기, 생산성, 회사에 대한 자부심 향상에 기여합니다. 심리적 안전감을 통해 직원들이 실수를 해도 비난받지 않고 자유롭게 의견을 말할 수 있는 환경을 조성합니다.

불망어(不妄語, Musāvāda veramaṇī)

- **불교적 의미:** 오계 중 네 번째 계율로, 거짓말을 하지 않는다는 뜻을 넘어, 진실을 적극적으로 추구하고 실천하는 것(사티아)입니다.
- **현대 경영 적용:** '투명성', 즉 모든 이해관계자와의 관계에서 솔직하고 정직한 소통을 유지하는 것입니다. 공급망 관행, 환경 영향, 임금 구조까지 투명하게 공개하는 것을 포함합니다. '급진적 투명성'을 통해 직원들 간의 신뢰를 높이고 이직률을 줄입니다.

정진(正精進, Vīriya)

- **불교적 의미:** 팔정도 중 하나로, 올바른 방향으로의 꾸준한 노력을 의미합니다. 불건전한 생각이나 행위를 단속하고 건전한 생각이나 행위를 증장시키는 끊임없는 깨어있음입니다.
- **현대 경영 적용:** 지속적인 개선(Kaizen)과 근본적 혁신(Innovation)을 균형 있게 추진하는 것을 의미합니다. 변화 저항 극복과 문화 혁신에 기여합니다. 비효율적인 관행 개선, 혁신적인 변화 추구, 긍정적인 조직문화 조성 등 지속적인 노력을 통해 토요타와 같은 세계 최고 품질의 자동차 회사로 성장하는 데 기여했습니다.

정념(正念, Sati)

- **불교적 의미:** 팔정도 중 하나로, 현재 순간에 온전히 집중하며 상황을 객관적으로 인식하는 능력입니다. '마음챙김(Mindfulness)'과 같은 의미로 사용됩니다.

- **현대 경영 적용**: 감정이나 편견에 휩쓸리지 않고 명확한 판단을 내리는 것을 의미합니다. 구글의 마음챙김 프로그램(Search Inside Yourself)이 대표적이며, 직원들의 스트레스 관리, 집중력 향상, 의사결정 능력 개선에 도움을 줍니다. 데이터 기반 의사결정과 직관적 통찰을 조화롭게 활용하는 능력을 포함합니다.

정정(正定, Samādhi)

- **불교적 의미**: 팔정도 중 하나로, 마음을 한 곳에 집중하여 깊은 사색과 명상을 통해 흔들리지 않는 안정된 마음 상태를 유지하는 것입니다. 사물의 본질을 꿰뚫어 보는 통찰력을 얻는 정신적 훈련의 정점입니다.
- **현대 경영 적용**: 복잡한 환경 속에서도 핵심에 집중하는 능력입니다. 장기적 비전을 유지하면서도 단기적 실행에 집중하는 능력입니다. 리더가 복잡한 정보를 처리하고 감정적 반응을 관리하며, 분석적 엄격함과 직관적 통찰을 통합하는 균형 잡힌 의사결정 역량을 기르는 것을 포함합니다. '딥워크(Deep Work)' 개념과도 맞닿아 있습니다.

열반(涅槃, Nirvana)

- **불교적 의미**: 탐욕, 분노, 무지라는 번뇌가 사라진 청정하고 평화로운 상태를 의미합니다. 이는 단순히 문제를 해결하는 것을 넘어선 근본적인 변화를 요구합니다.
- **현대 경영 적용**: 단기적 이익 추구나 성장 강박에서 완전히 벗어나, 기업 존재의 본질적 목적을 재정립하는 것을 의미합니다. 기업이 외부 환경 변화에 휘둘리지 않는 내적 안정성을 확보하는 과정이며, 기업의 본질적인 경쟁 우위로 이어집니다. 재무적 성과뿐만 아니라 환경적, 사회적 성과를 종합적으로 고려하는 '트리플 바텀 라인' 접근법이 필요합니다. '재생적 경영(Regenerative Business)' 개념과 놀랍도록 닮아있습니다.

삼독(三毒, Three Poisons)

- **불교적 의미**: 인간 고통의 근본 원인인 탐욕(貪), 분노(瞋), 어리석음(癡)을 말합니다.
  탐욕(貪, Lobha): 끝없는 욕구와 소유에 대한 갈망입니다.

분노(瞋, Dosa): 경쟁사를 적으로 여기거나, 불만족스러운 상황에 대한 적대적인 감정입니다.

어리석음(癡, Moha): 세상의 상호연결성과 복잡성을 이해하지 못하는 근본적인 인식의 한계, 즉 진리를 제대로 보지 못하는 무명(無明)을 의미합니다.

- **현대 경영 적용**: 현대 기업들이 직면한 문제의 구조와 정확히 일치합니다. 기업 고통의 뿌리에는 '성장에 대한 탐욕', '리더의 에고(자만심과 자기 의심)', '상호연결성에 대한 무지'라는 세 가지 독이 자리 잡고 있습니다. 이 독을 제거하려면 비애착의 지혜와 겸손함, 다양한 관점을 수집하고 통합하는 시스템이 필요합니다.

마음챙김(Mindfulness)

- **불교적 의미**: 현재 순간에 대한 의도적이고 비판단적인 알아차림을 의미합니다. 과거의 후회나 미래의 걱정에 사로잡히지 않고, 지금 이 순간에 온전히 집중하는 능력입니다. '정념(正念)'과 같은 의미로 사용됩니다.
- **현대 경영 적용**: 리더의 내면 성찰, 스트레스 관리, 집중력 향상, 더 나은 의사결정, 동료에 대한 이해를 깊게 하는 데 기여합니다. 구글의 'Search Inside Yourself' 프로그램처럼 글로벌 기업들이 도입하고 있습니다. 혼란 속에서도 명료함을 유지하고, 감정이나 편견에 휩쓸리지 않고 명확한 판단을 내리는 능력을 길러줍니다. 윤리적 의사결정, 불확실성 속에서의 명료함, 혁신과 창의성 촉진, 조직문화 변화의 촉매제 역할을 합니다.

사념처(四念處, Four Foundations of Mindfulness)

- **불교적 의미**: 마음챙김의 확립을 의미하는 불교 수행법입니다. 순간에 온전히 집중하는 능력을 기르고, 내면에서 무슨 일이 일어나는지 명확히 아는 것을 목표로 합니다.

  신념처(身念處, Kāyānupassanā): 몸에 대한 마음챙김입니다. 몸의 감각을 주의 깊게 관찰하여 스트레스나 피로를 조기에 감지하고 대응하는 것입니다.

  수념처(受念處, Vedanānupassanā): 느낌에 대한 마음챙김입니다. 즐거운 느낌, 괴로운 느낌, 중립적인 느낌을 있는 그대로 관찰하는 것입니다. 감정의 롤러코스터에 쓸리지 않고 감정을 관찰하고 다스리는 것입니다.

심념처(心念處, Cittānupassanā): 마음에 대한 마음챙김입니다. 탐욕, 분노, 어리석음 등 마음의 상태를 관찰하고 이해하는 것입니다.

법념처(法念處, Dhammānupassanā): 현상에 대한 마음챙김입니다. 세상의 모든 현상(무상, 고, 무아 등)을 있는 그대로 관찰하고 이해하는 것입니다.

- **현대 경영 적용**: 현대 CEO의 자기 관리 방법론으로 활용됩니다. 통합적 자기 관리의 지혜를 제공하여 리더로서 자신의 전체적인 상태를 명확히 인식하고 조절할 수 있게 합니다. 인지적 민첩성과 정서적 안정성이라는 핵심 역량을 갖추게 합니다.

육바라밀(六波羅蜜, Six Pāramitās)

- **불교적 의미**: 보살이 깨달음을 얻기 위해 실천하는 여섯 가지 덕목입니다.

보시(布施, Dāna): 아낌없이 베푸는 행위입니다. 물질적인 나눔뿐만 아니라 지식, 시간, 재능 등을 나누는 것을 포함합니다.

지계(持戒, Sīla): 계율을 지키고 윤리적인 삶을 사는 것입니다.

인욕(忍辱, Kṣānti): 고통이나 어려움을 참고 견디는 것입니다.

정진(精進, Vīriya): (팔정진과 동일) 올바른 방향으로 꾸준히 노력하는 것입니다.

선정(禪定, Dhyāna): 마음을 집중하여 고요하고 안정된 상태를 유지하는 것입니다.

지혜(智慧, Prajñā): 사물의 본질을 꿰뚫어 보는 통찰력입니다.

- 현대 경영 적용: 사회 공헌과 나눔(보시), 윤리적 경영과 도덕성(지계), 이해관계자 간의 상호 존중(인욕), 근면성실한 노력과 효율성(정진), 균형잡힌 경영과 집중력(선정), 모든 것을 조화롭게 실천하는 통찰력(지혜)으로 해석되어 더욱 구체적인 실천 지침을 제공합니다.

아힘사(Ahimsa)

- **불교적 의미**: 마하트마 간디가 말한 비폭력 철학으로, 불살생과 같은 의미입니다. 단지 물리적 폭력을 피하는 것이 아니라 모든 형태의 해로움을 거부하는 것을 의미합니다.

- **현대 경영 적용**: 기업 활동이 그 어떤 존재에게도 해를 끼치지 않아야 한다는 의미입니다. 법적 규제 준수를 넘어선 윤리적 부의 창출을 지향하며, 공급망 전반에 걸쳐 공정 무역, 윤리적 노동 관행, 환경보호를 실천하고, 미래 세대와 자연 세계의 가치를 존중하는 것으로 확장됩니다.

사티(Sati)

- **불교적 의미**: '정념', '마음챙김'과 동일한 의미입니다. 현재 순간에 대한 의도적이고 비판단적인 알아차림을 뜻합니다.
- **현대 경영 적용**: 리더의 스트레스 관리, 집중력 향상, 더 나은 의사결정, 동료에 대한 이해를 깊게 하는 데 기여합니다.

탐욕(貪, Lobha)

- **불교적 의미**: 삼독 중 하나. 끝없는 욕구와 소유에 대한 갈망입니다.
- **현대 경영 적용**: 현대 기업의 끝없는 성장 욕구입니다. 절제되지 않을 때 조직 병리를 유발합니다. 성장 지상주의의 함정으로, 마실수록 더 목이 마르듯, 성장할수록 더 큰 성장에 대한 갈망이 커지는 것을 의미합니다. 혁신 동력 약화, 고객 만족도 저하, 조직 문화 왜곡 등의 부작용을 낳습니다.

분노(瞋, Dosa)

- **불교적 의미**: 삼독 중 하나. 경쟁사를 적으로 여기거나, 불만족스러운 상황에 대한 적대적인 감정입니다.
- **현대 경영 적용**: 치열한 경쟁 환경에서 기업들이 경쟁사를 적으로 여기며 제로섬 게임에 몰입하는 것입니다. 상대방을 이기기 위해서라면 수단과 방법을 가리지 않는 분노의 에너지가 조직 전체를 지배하게 됩니다. 조직 내 부서 간 경쟁 유도로 인한 정보 공유 거부, 협력 및 시너지 약화 등의 부작용을 낳습니다.

어리석음(癡, Moha)

- **불교적 의미**: 삼독 중 하나. 세상의 상호연결성과 복잡성을 이해하지 못하는 근본적인 인식의 한계, 즉 진리를 제대로 보지 못하는 무명(無明)을 의미합니다.
- **현대 경영 적용**: 세상의 모든 것이 끊임없이 변한다는 무상(無常)의 진리를 받아들이지 못하고, 과거의 성공 경험에 안주하며 현실을 왜곡해서 바라보는 것입니다. 기업을 독립적이고 자족적인 존재로 바라보는 착각, 단기적 성과만을 추구하는 근시안적 사고, 경쟁을 적대시하는 이분법적 사고를 포함합니다.

중도(中道)

- **불교적 의미**: 극단적인 고행이나 쾌락이 아닌, 양 극단에 치우치지 않는 중간의 길을 의미합니다.
- **현대 경영 적용**: 극한의 고행(무리한 경영)이 아닌 균형 잡힌 접근의 중요성을 강조합니다. 성장과 만족, 효율성과 인간적인 가치 사이의 균형을 찾는 데 적용될 수 있습니다.

비애착(非愛着)

- **불교적 의미**: 무관심이 아닌 건전한 거리두기를 의미합니다.
- **현대 경영 적용**: 성과에 최선을 다하되, 그 결과에 집착하지 않는 것을 의미합니다. 탐욕, 에고, 무지라는 세 가지 독을 제거하는 데 필요한 지혜로 제시됩니다.

재생적 경영(Regenerative Business)

- **불교적 의미**: 기존의 지속 가능 경영이 '덜 나쁘게 하기(less bad)'에 초점을 맞췄다면, 재생적 경영은 '더 좋게 만들기(better than before)'를 목표로 합니다.
- **현대 경영 적용**: 열반의 개념과 놀랍도록 닮아있습니다. 단순히 환경 파괴를 줄이는 것을 넘어, 적극적으로 생태계를 복원하고 사회를 더 나은 방향으로 변화시키는 것을 의미합니다.

공생적 ESG

- **불교적 의미**: 불교의 연기법(緣起法)에 바탕을 둔 개념으로, 모든 존재가 서로 의존하고 있다는 깊은 깨달음에서 출발합니다.
- **현대 경영 적용**: 외부 압력이 아닌 내재적 동기에서 나오는 진정한 변화를 의미합니다. 기업이 단순히 이윤을 추구하는 조직을 넘어서, 인류의 공존과 번영, 그리고 지구의 지속 가능한 발전에 기여하는 주체로 거듭날 수 있는 비전을 제시합니다.

참고문헌(References)

주자료

각묵. (2017). 『초기불교입문-초기불교, 그 핵심을 담다』. 경남:초기불전연구원.

이중표. (2019). 『정선 디가 니까야』. 서울: 불광출판사.

이중표. (2020). 『정선 맛지마 니까야』. 서울: 불광출판사.

이중표. (2021). 『정선 쌍윳따 니까야』. 서울: 불광출판사.

장승희. (2016). 초기불교에 나타난 행복의 의미와 추구 방법-니까야 경전을 중심으로-. 倫理硏究, 1(106), 89-127.

이중표. (2021). 『정선 쌍윳따 니까야』. 서울: 불광출판사.

최경아. (2025). 『인문학 독자를 위한 니까야』. 서울: 불광출판사.

Acharya, D. P. (2020). Buddhist leadership: The path leading to the better society. Prajñā. Journal of Buddhist Studies, 1(1), 1-10.

Brandt, F., & Georgiou, K. (2016). Shareholders vs stakeholders capitalism. In Comparative Corporate Governance and Financial Regulation(Spring 2016).

Suryanadi, J., & Pramono, E. (2023). Educational leadership: Characteristics of buddhist leadership in 21-century education. In Lighthouse International conference proceeding (Vol. 1, pp. 169-174).

주석(annotation)

1) Lipton. M. (2021). Was Milton Friedman Right about Shareholder Capitalism?. Harvard Law school Forum. searched from 2025. 7. 28. https://corpgov.law.harvard.edu/2021/04/21/was-milton-friedman-right-about-shareholder-capitalism/

2) Journal Innovations. (n.d.). Journal innovations report. searched form 2025. 7. 28. https://journal-innovations.com/assets/uploads/doc/cd9af-283-299.11987.pdf

3) Friedland, D. (2016). Leading well from within: a neuroscience and mindfulness-based framework for conscious leadership. SuperSmartHealth.

4) Jump Associates. (2023). The Payback on Purpose: How Purpose-Driven Companies Outperform the Competition. Jump Associates LLC. https://www.jumpassociates.com/wp-content/uploads/2023/10/Jump-The-Payback-on-Purpose-Oct-2023.pdf

5) Herron, A. (2025. 1. 28.). Surprising Employee Turnover and Retention Statistics. Webmdhealthservices. searched from 2025. 7. 28. https://www.webmdhealthservices.com/blog/surprising-statistics-about-employee-retention

6) Dhingra, N. et al. (2021. 4. 5.). Help your employees find purpose—or watch them leave. Mckinsey. searched from 2025. 7. 28. https://www.mckinsey.com/capabilities/people-and-organizational-performance/our-insights/help-your-employees-find-purpose-or-watch-them-leave

7) The Pluralism Project. (n.d.). Prince Siddhartha: Renouncing the world. https://pluralism.org/prince-siddhartha-renouncing-the-world

8) Columbia University Libraries. (n.d.). Philanthropy of Andrew Carnegie. searched from 2025. 7. 28. https://library.columbia.edu/libraries/rbml/units/carnegie/andrew.html.

9) Page, W. (2021). Pivot: Eight Principles for Pivoting through Disruption. Simon and Schuster.

10) Toyota Motor Corporation. (n.d.). Toyota production system. https://global.toyota/en/company/vision-and-philosophy/production-system/

11) Mod Op Strategic. (n.d.). Lessons learned from Netflix's double pivot. searched from 2025. 7. 28. https://dprism.com/insights/lessons-learned-netflixs-double-pivot/

12) 조선일보(2022. 1. 12.). [스타트업] 마법같은 동구밭, 이건 비누에 대한 이야기가 아니. searched from 2025. 7. 28. https://www.chosun.com/economy/smb-venture/2022/01/12/M4K4ILC3YRCGNESHUQVDTB63UA/?utm_source=naver&utm_medium=referral&utm_campaign=naver-news57

13) 매일경제(2024. 07. 09.). 현대차, 옥스퍼드대에 미래연구센터 설립. searched from 2025. 7. 28. https://www.mk.co.kr/news/business/11062859

14) Medium. (2025.1.19.). Jeff Bezos' Method of Decision Making: The Two-Way Door Strategy. https://medium.com/illumination/jeff-bezos-method-of-decision-making-the-two-way-door-strategy-52513f389020

15) MEDITOPIA. (2025. 6. 13). Meditation for Business Owners: 10 CEOs Who Meditate. https://meditopia.com/en/forwork/articles/successful-leaders-who-swear-by-meditation

16) SIY global(n.d.). search inside yourself. https://www.siyglobal.com/emotional-

intelligence-programs/search-inside-yourself

17) 삼성뉴스룸. (2019. 9. 18.). 삼성전자서비스, 임직원 마음건강을 위한 '힐링캠프' 운영. searched from 2025. 7. 28. https://news.samsung.com/kr/%EC%82%BC%EC%84%B1%EC%A0%84%EC%9E%90%EC%84%9C%EB%B9%84%EC%8A%A4-%EC%9E%84%EC%A7%81%EC%9B%90-%EB%A7%88%EC%9D%8C%EA%B1%B4%EA%B0%95%EC%9D%84-%EC%9C%84%ED%95%9C-%ED%9E%90%EB%A7%81%EC%BA%A0.

18) emlife(2014. 1. 26.). Mindfulness Training: A Case Study in Managed Care. https://emindful.com/2014/01/29/mindfulness-training-a-case-study-in-managed-care/

19) Romano, S., Conforti, A., Guidetti, G., Viotti, S., Ceschin, R., & Scanniello, G. (2025). MBSR at Work: Perspectives from an Instructor and Software Developers. arXiv preprint arXiv:2506.11588.

20) Dalio, R. (n.d.). Meditate - Principles by Ray Dalio. https://www.principles.com/principles/e25fd729-9772-48e0-8768-973bf3207ded/

21) Essex University Repository. (2019). B Corp certification and its impact on organizations over time. https://repository.essex.ac.uk/39025/1/Accepted_Manuscript_11_11_2019.pdf

22) ResearchGate. (2019). The Toyota production system - The key elements and the role of Kaizen within the system. https://www.researchgate.net/publication/289519018_The_Toyota_Production_System_-_The_Key_Elements_and_the_Role_of_Kaizen_within_the_System

23) Asana. (n.d.). What is deep work? 7ways to boost your concentration. https://asana.com/resources/what-is-deep-work/

24) Accountancy Cloud. (n.d.). WeWork's $2billion disaster: What went wrong?

https://accountancycloud.com/blogs/weworks-2-billion-disaster-what-went-wrong

25) Harvard DCE Professional & Executive Development. (n.d.). What is ethical leadership and why is it important? https://professional.dce.harvard.edu/blog/what-is-ethical-leadership-and-why-is-it- important/

26) Mehrabian, A. (1971). Silent messages (Vol. 8, No. 152, p. 30). Belmont, CA: Wadsworth.

27) PRNewswire. (2024. 9. 26.). New Research from meQuilibrium Reveals Alarming Levels of Stress and Burnout Among Managers. https://www.prnewswire.com/news-releases/new-research-from-mequilibrium-reveals-alarming-levels-of-stress-and-burnout-among-managers-302258910.html

28) Hölzel, B. K., Carmody, J., Vangel, M., Congleton, C., Yerramsetti, S. M., Gard, T., & Lazar, S. W. (2011). Mindfulness practice leads to increases in regional brain gray matter density. Psychiatry research: neuroimaging, 191(1), 36-43.

29) Rogerson, O., Wilding, S., Prudenzi, A., & O'Connor, D. B. (2024). Effectiveness of stress management interventions to change cortisol levels: A systematic review and meta-analysis. Psychoneuroendocrinology, 159, 106415.

*쉬운 참고를 위해 경영 이슈와 연구자료는 미주 처리하였습니다.

붓다의 경영

마음챙김으로 이끄는 지혜로운 리더십

발행일	2025년 12월 30일
지은이	오인택 · 김준근 · 안혜진 · 서국선
펴낸곳	도서출판 알토란
출판등록	2005년 8월 9일 제 2-4212호
주소	서울시 중구 퇴계로 264 이테크타워 304호
전화	02-2272-5989
팩스	02-2272-5998
전자우편	design802@naver.com

ISBN 979-11-86407-55-4(13320)